科學與人生觀

亞東圖書館 編

科學與人生觀

民國滬上初版書·復制版

亞東圖書館 编

上海三联书店

图书在版编目(CIP)数据

科学与人生观 / 亚东图书馆编. ——上海:上海三联书店,2014.3
(民国沪上初版书·复制版)
ISBN 978-7-5426-4676-7
Ⅰ.①科… Ⅱ.①亚… Ⅲ.①科学—关系—人生观 Ⅳ.①B261.5
中国版本图书馆 CIP 数据核字(2014)第 047667 号

科学与人生观
编　　者 / 亚东图书馆编
责任编辑 / 陈启甸 王倩怡
封面设计 / 清风
策　　划 / 赵炬
执　　行 / 取映文化
加工整理 / 嘎拉 江岩 牵牛 莉娜
监　　制 / 吴昊
责任校对 / 笑然
出版发行 / 上海三联书店
(201199)中国上海市闵行区都市路 4855 号 2 座 10 楼
网　　址 / http://www.sjpc1932.com
邮购电话 / 021-24175971
印刷装订 / 常熟市人民印刷厂

版　　次 / 2014 年 3 月第 1 版
印　　次 / 2014 年 3 月第 1 次印刷
开　　本 / 650×900　1/16
字　　数 / 460 千字
印　　张 / 40.25
书　　号 / ISBN 978-7-5426-4676-7/B·356
定　　价 / 178.00 元

民国沪上初版书·复制版

出版人的话

如今的沪上，也只有上海三联书店还会使人联想起民国时期的沪上出版。因为那时活跃在沪上的新知书店、生活书店和读书出版社，以至后来结合成为的三联书店，始终是中国进步出版的代表。我们有责任将那时沪上的出版做些梳理，使曾经推动和影响了那个时代中国文化的书籍拂尘再现。出版"民国沪上初版书·复制版"，便是其中的实践。

民国的"初版书"或称"初版本"，体现了民国时期中国新文化的兴起与前行的创作倾向，表现了出版者选题的与时俱进。

民国的某一时段出现了春秋战国以后的又一次百家争鸣的盛况，这使得社会的各种思想、思潮、主义、主张、学科、学术等等得以充分地著书立说并传播。那时的许多初版书是中国现代学科和学术的开山之作，乃至今天仍是中国学科和学术发展的基本命题。重温那一时期的初版书，对应现时相关的研究与探讨，真是会有许多联想和启示。再现初版书的意义在于温故而知新。

初版之后的重版、再版、修订版等等，尽管会使作品的内容及形式趋于完善，但却不是原创的初始形态，再受到社会变动施加的某些影响，多少会有别于最初的表达。这也是选定初版书的原因。

民国版的图书大多为纸皮书，精装（洋装）书不多，而且初版的印量不大，一般在两三千册之间，加之那时印制技术和纸张条件的局限，几十年过来，得以留存下来的有不少成为了善本甚或孤本，能保存完好无损的就更稀缺了。因而在编制这套书时，只能依据辗转找到的初版书复制，尽可能保持初版时的面貌。对于原书的破损和字迹不清之处，尽可能加以技术修复，使之达到不影响阅读的效果。还需说明的是，复制出版的效果，必然会受所用底本的情形所限，不易达到现今书籍制作的某些水准。

民国时期初版的各种图书大约十余万种，并且以沪上最为集中。文化的创作与出版是一个不断筛选、淘汰、积累的过程，我们将尽力使那时初版的精品佳作得以重现。

我们将严格依照《著作权法》的规则，妥善处理出版的相关事务。

感谢上海图书馆和版本收藏者提供了珍贵的版本文献，使“民国沪上初版书·复制版”得以与公众见面。

相信民国初版书的复制出版，不仅可以满足社会阅读与研究的需要，还可以使民国初版书的内容与形态得以更持久地留存。

2014年1月1日

亞東圖書館编

科學與人生觀

中華民國十二月出版

科學與人生觀目次

科學與人生觀序

陳獨秀

亞東圖書館匯印討論科學與人生觀的文章，命我作序，我方在病中而且多事，却很歡喜的做這篇序。 第一，因爲文化落後的中國，到現在才討論這個問題，（文化落後的俄國前此關於這問題也有過劇烈的討論，現在他們的社會科學進了步，稍懂得一點社會科學門徑的人，都不會有這種無常識的討論了，和我們中國的知識階級現在也不至於討論什麽天圓地方天動地靜電線是不是蜘蛛精這等問題一樣。）而却已開始討論這個問題，進步雖說太緩，總算是有了進步；只可惜一班攻擊張君勱梁啓超的人們，表面上好像是得了勝利，其實并未攻破敵人的大本營；不過打散了幾個支隊，有的還是表面上在那裏開戰，暗中却已投降了。（如范壽康先天的形式說，及任叔永人生觀的科學是不可能說。） 就是主將丁文江大攻擊張君勱唯心的見解，其實他自己也是以五十步笑百步，這是因爲有一種可以攻破敵人大本營的武器，他們素來不相信，因此不肯用。『科學何以不能支配人生觀，』敵人方面却舉出一些似是而非的證據出來；『科學何以能支配人生觀，』這方面却一個證據也沒舉出來，我以為不但不會得着勝利，而且幾乎是卸甲丟盔的大敗戰，大家的文章寫得雖多，大半是『下筆千言離題萬里，』令人看了好像是『科學概論講義，』不容易看出他們和張君勱的爭點究竟是什麽，張君勱那邊離開爭點之枝葉更加倍之多，這乃一場辨論的最大遺憾！第二，因為適之最近對我說，『唯物史觀至多只能解釋大部分的問題，』經過這回辨論之後，適之必能百尺竿頭更進一步！因為這兩個緣故，我很歡喜的做這篇序。

數學物理學化學等科學和人生觀有什麽關係，這問題本不用着討論。可是後來科學的觀察分類說明等方法應用到活動的生物更應用到最活動的人類社會，於是便有人把科學略分為自然科學與社會科學二類。社會科學中最主要的是經濟學社會學歷史學，心理學，哲學。（這裏所指是實驗主義的及唯物史觀的人生哲學，不是指本體論宇宙論的玄學，即所謂形而上的哲學。）這些社會科學，不用說和那些自然科學都還在幼稺時代，然卽是幼稺，已經有許多不可否認的成績，若因爲還幼稺便不要他，我們不必這樣蠢。自然科學已經說明了自然界許多現象，這是我們不能否認的；社會科學已經說明了人類社會許多現象，這也是我們不能否認的。自然界及社會都有他的實際現象：科學家說明得對，他原來是那樣；科學家說明得不對，他仍舊是那樣；玄學家無論如何胡想亂說，他仍舊是那樣；他的實際現象是死板板的，不是隨着你們唯物論唯心論改變的；哥白尼以前，地球原來在那裏繞日而行，孟軻以後，漸漸變成了無君的世界；科學的說明能和這死板板的實際一一符合，才是最後的成功；我們所以相信科學（無論自然科學或社會科學）也就是因爲『科學家之最大目的，曰擯除人意之作用，而一切現象化之爲客觀的，因而可以推算，可以窮其因果之相生，』（張君勱語）必如此而後可以根據實際尋求實際，而後可以說明自然界及人類社會死板板的實際，和玄學家的胡想亂說不同。

人生觀和（社會）科學的關係是很顯明的，爲什麼大家還要討論？ 哈哈！ 就是討論這個問題之本身，也可以證明人生觀和科學的關係之深了。 孔德分人類社會爲三時代，我們還在宗教迷信時代；你看全國最大多數的人，還是迷信巫鬼符咒算命卜卦等超物質以上的神秘；次多數像張君勱這樣相信玄學的人，舊的士的階級全體，新的士的階級一大部分皆是；像丁在君這樣相信科學的人，其數目幾乎不能列入統計。 現在由迷信時代進步到科學時代，自然要經過玄學先生的狂吠；這種社會的實際現象，想無人能夠否認。倘不能否認，便不能不承認孔德三時代說是社會科學上一種定律。 這個定律便可以說明許多時代許多社會許多個人的人生觀之所以不同。 譬如張君勱是個飽學秀才，他一日病了，他的未嘗學問的家族要去求符咒仙方，張君勱立意要延醫診脈服藥；他的朋友丁在君方從外國留學回來，說漢醫靠不住，堅勸他去請西醫，張君勱不但不相信，并說出許多西醫不及漢醫的證據；兩人爭持正烈的時候，張君勱的家族說，西醫漢醫都靠不住，還是符咒仙方好：他們如此不同的見解，也便是他們如此不同的人生觀，他們如此不同的人生觀，都是他們所遭客觀的環境造成的，决不是天外飛來主觀的意志造成的，這本是社會科學可以說明的，决不是形而上的玄學可以說明的。

張君勱舉出九項人生觀，說都是主觀的，起於直覺的，綜合的，自由意志的，起於人格之單一性的，而不爲客觀的，論理的，分析的，因果律的科學所支配。今就其九項人生觀看起來：第一，大家族主義和小家族主義，純粹是由農業經濟宗法社會進化到工業經濟軍國社會之自然的現象。第二，男女尊卑及婚姻制度，也是由於農業宗法社會親與夫都把子女及妻當作生產工具，當作一種財產，到了工業社會，家庭手工已不適用，有了雇工制度，也用不着拿家族當生產工具，於是女權運動自然會興旺起來。第三，財產公有私有制度，在原始共產社會，人弱於獸，勢必結羣合作，原無財產私有之必要與可能；（假定有人格之單一性的張先生，生在那個社會，他的主觀，他的直覺，他的自由意志，忽然要把財產私有起來，怎奈他所得的果物獸肉無地存儲，幷沒有防腐的方法，又不能變賣金錢存在銀行，結果恐怕只有放棄他私有財產的人生觀。）到了農業社會，有了一定的住所，有了倉庫，穀物又比較的易於保存，獨立生產的小農，只有土地占有的必要，沒有通力合作的必要，私有財產觀念，是如此發生的；到了工業社會，家庭的手工的獨立生產制已不能存立，成千成萬的人組織在一個通力合作的機關之內，大家無工做便無飯吃，無工具便不能做工，大家都沒有生產工具，生產工具已爲少數資本家私有了，非將生產工具收歸公有，大家只好賣力給資本家，公有財產觀念，是如此發生的。第四，守舊維新之爭持，乃因爲現社會有了經濟的變化，而與此變化不適應的前社會之制度仍舊存在，束縛着這變化的發展，於是在經濟上利害不同的階級，自然會隨着變化之激徐，或激或徐的衝突起來。第五，物質精神之異見，少數人因爲有他的特殊環境，一般論起來，慢說工廠裏體力工人了，就是商務印書館月薪二三十元的編輯先生，日愁衣食不濟，那有如許閑情像張君勱梁啓超高談什麼精神文明東方文化。第六，社會主義之發生，和公有財產制是一事。第七，人性中本有爲我利他兩種本能，個人本能發揮的機會，乃由於所遭環境及所受歷史的社會的暗示之不同而異。第八，悲觀樂觀見解之不同，亦由於個人所遭環境及所受歷史的社會的暗示而異，試觀各國自殺的統計，不但自殺的原因都是環境使然，而且和年齡性別職業節季等都有關係。第九，宗教思想之變遷，更是要受時代及社會勢力支配的：各民族原始的宗教，依據所傳神話，大都是崇拜太陽，火，高山，巨石，毒蛇，猛獸等的自然教；後來到了農業經濟宗法社會，族神祖先農神等多神教遂至流行；後來商業發達，隨着國家的統一運動，一神教遂至得勢；後來工業發達，科學勃興，無神非宗教之說隨之而起；即在同一時代，各民族各社會產業進化之遲速不同，宗教思想亦隨之而異，非洲美洲南洋蠻族，仍在自然宗教時代，中國印度，乃信多神，商工業發達之歐美，多奉基督；使中國聖人之徒生於倫敦，他也要奉洋教，歌頌耶和華；使基督信徒生在中國窮鄉僻壤，他也要崇拜祖宗與狐狸。以上九項種種不同的人生觀，都為種種不同客觀的因果所支配，而社會科學可一一加以分析的論理的說明，找不出那一種是沒有客觀的原因而由於個人主觀的直覺的自由意志憑空發生的。

梁啟超究竟比張君勱高明些，他說：『君勱列舉「我對非我」之九項，他以為不能用科學方法解答者，依我看來，什有八九倒是要用科學方法解答。』梁啟超取了騎牆態度，一面不贊成張君勱，一面也不贊成丁在君，他自己的意見是：

『人生問題，有大部分是可以——而且必要用科學方法來解決的。 却有一小部分——或者還是最重要的部分是超科學的。』

他所謂大部分是指人生關涉理智方面的事項，他所謂一小部分是指關于情感方面的事項。 他說：『旣涉到物界，自然爲環境上—時間空間—種種法則所支配。』 理智方面事項，固然不離物界，難道情感方面事項不涉到物界嗎？ 感官如何受刺激，如何反應，情感如何而起，這都是極普通的心理學。 關于情感超科學這種怪論，唐鉞已經駁得很明白。 但是唐鉞駁梁啓超說：『我們論事實的時候，不能羼入價値問題。』 而他自己論到田橫事件，解釋過于淺薄，幷且說出『沒有多大價値』的話，如此何能使梁啓超心服！ 其實孝子割股療親，程嬰杵臼代人而死，田橫乃木自殺等主動，在社會科學家看起來，無所謂優不優，無所謂合理不合理，無所謂有價値無價値，無所謂不可解，無所謂神秘，不過是農業的宗法社會封建時代所應有之人生觀。 這種人生觀乃是農業的宗法社會封建時代之道德傳說及一切社會的暗示所鑄而成，試問在工業的資本主義社會，有沒有這樣舉動，有沒有這樣情感，有沒有這樣的自由意志？

范壽康也是一個騎牆論者，他主張科學是指廣義的科學，他主張科學決不能解決人生問題的全部。他說：『人生觀一部分是先天的，一部分是後天的。先天的形式是由主觀的直覺而得，決不是科學所能干涉。後天的內容應由科學的方法探討而定，決不是主觀所應妄定。』他所謂先天的形式，即指良心命令人類做各人所自認爲善的行爲。

什麼先天的形式，什麼良心，什麼直覺，什麼自由意志，一概都是生活狀況不同的各時代各民族之社會的暗示所鑄而成：一個人生在印度婆羅門家，自然不願意殺人，他若生在非洲酋長家，自然以多殺爲無上榮譽；一個女子生在中國閥閱之家，自然以貞節爲他的義務，他若生在意大利，會以多獲面首誇示其羣；西洋人見中國人赤膊對女子則駭然，中國人見西洋人用字紙揩糞則驚訝；匈奴可汗父死遂妻其母，滿族初入中國不知漢人禮俗，皇太后再嫁其夫弟而不以爲恥；中國人以厚葬其親爲孝，而蠻族有委親尸于山野以被鳥獸所噬為榮幸者；歐美婦女每當稠人廣衆吻其所親，而以為人妾為奇恥大辱；中國婦人每以得為貴人之妾為榮幸，而當衆接吻雖娼妓亦羞為之：由此看來，世界上那裏眞有什麼良心，什麼直覺，什麼自由意志！

丁在君不但未曾說明『科學何以能支配人生觀，』并且他的思想之根底，仍和張君勱走的是一條道路。我現在舉出兩個證據：

第一，他自號存疑的唯心論，這是沿襲了赫胥黎斯賓塞諸人的謬誤；你既承認宇宙間有不可知的部分而存疑，科學家站開，且讓玄學家來解疑。此所以張君勱說：『既已存疑，則研究形而上界之玄學，不應有醜詆之詞。』其實我們對于未發見的物質固然可以存疑，而對于超物質而獨立存在并且可以支配物質的什麼心，（心即是物之一種表現）什麼神靈與上帝，我們已無疑可存了。說我們武斷也好，說我們專制也好，若無證據給我們看，我們斷然不能拋棄我們的信仰。

第二，把歐洲文化破產的責任歸到科學與物質文明，固然是十分糊塗，但丁在君把這個責任歸到玄學家敎育家政治家身上，却也離開事實太遠了。歐洲大戰分明是英德兩大工業資本發展到不得不互爭世界商場之戰爭，但看他們戰爭結果所定的和約便知道，如此大的變動，那裏是玄學家敎育家政治家能夠製造得來的。如果離了物質的卽經濟的原因，排科學的玄學家敎育家政治家能夠造成這樣空前的大戰爭；那末我們不得不承認張君勱所謂自由意志的人生觀眞有力量了。

我們相信只有客觀的物質原因可以變動社會，可以解釋歷史，可以支配人生觀，這便是『唯物的歷史觀』。我們現在要請問丁在君先生和胡適之先生：相信『唯物的歷史觀』爲完全眞理呢，還是相信唯物以外像張君勱等類人所主張的唯心觀也能夠超科學而存在？

十二，十一，十三。

科學與人生觀序

胡適

亞東圖書館主人汪孟鄒先生近來把散見國內各種雜誌上的討論科學與人生觀的文章搜集印行，總名爲『科學與人生觀』。我從烟霞洞回到上海時，這部書已印了一大半了。孟鄒要我做一篇序。我覺得，在這回空前的思想界大筆戰的戰場上，我要算一個逃兵了。我在本年三四月間，因爲病體未復原，曾想把努力週報停刊；當時丁在君先生極不贊成停刊之議，他自己做了幾篇長文，使我好往南方休息一會。我看了他的玄學與科學，心裏很高興，曾對他說，假使努力以後向這個新方向去謀發展，——假使我們以後爲科學作戰，——努力便有了新生命，我們也有了新興趣，我從南方回來，一定也要加入戰鬥的。然而我來南方以後，一病就費去了六個多月的時間，在病中我只做了一篇很不莊重的孫行者與張君勱，此外竟不會加入一拳一脚，豈不成了一個逃兵了？我如何敢以逃兵的資格來議論戰場上各位武士的成績呢？

但我下山以後，得遍讀這次論戰的各方面的文章，究竟忍不住心癢手癢，究竟不能不說幾句話。一來呢，因爲論戰的材料太多，看這部大書的人不免有『目迷五色』的感覺，多作一篇綜合的序論也許可以幫助讀者對於論點的了解。二來呢，有幾個重要的爭點，或者不曾充分發揮，或者被埋沒在這二十五萬字的大海裏，不容易引起讀者的注意，似乎都有特別點出的需要。因此，我就大胆地作這篇序了。

（二）

這三十年來，有一個名詞在國內幾乎做到了無上尊嚴的地位；無論懂與不懂的人，無論守舊和維新的人，都不敢公然對他表示輕視或戲侮的態度。那個名詞就是『科學』。這樣幾乎全國一致的崇信，究竟有無價值，那是另一問題。我們至少可以說，自從中國講變法維新以來，沒有一個自命爲新人物的人敢公然毀謗『科學』的。直到民國八九年間梁任公先生發表他的歐游心影錄，科學方才在中國文字裏正式受了『破產』的宣告。梁先生說：

……要而言之，近代人因科學發達，生出工業革命，外部生活變遷急劇，內部生活隨而動搖，這是很容易看得出的。……依着科學家的新心理學，所謂人類心靈這件東西，就不過物質運動現象之一種。……這些唯物派的哲學家，託庇科學宇下建立一種純物質的純機械的人生觀。把一切內部生活外部生活都歸到物質運動的『必然法則』之下。……不惟如此，他們把心理和精神看成一物，根據實驗心理學，硬說人類精神也不過一種物質，一樣受『必然法則』所支配。於是人類的自由意志不得不否認了。意志既不能自由，還有什麼善惡的責任？……現今思想界最大的危機就在這一點。宗教和舊哲學既已被科學打得個旗靡幟亂，這位『科學先生』便自當仁不讓起來，要憑他的試驗發明個宇宙新大原理。卻是那大原理且不消說，敢是各科的小原理也是日新月異，今日認爲眞理，明日已成謬見。新權威到底樹立不來，舊權威卻是不可恢復了。所以全社會人心，都陷入懷疑沉悶畏懼之中，好像失了羅針的海船遇着風霧，不知前途怎生是好。既然如此，所以那些什麼樂利主義强權主義越發得勢。死後既沒有天堂，只好儘這幾十年盡情地快活。善惡既沒有責任，何妨盡我的手段來充滿我個人慾望。然而享用的物質增加速率，總不能和慾望的升騰同一比例，而且沒有法子令他均衡。怎麼好呢？只有憑自己的力量自由競爭起來，質而言之，就是弱肉强食。近年來甚麼軍閥，甚麼財閥，都是從這條路產生出來。這回大戰爭，便是一個報應。……

總之，在這種人生觀底下，那麼千千萬萬人前脚接後脚的來這世界走一躺住幾十年，幹什麼呢？獨一無二的目的就是搶麵包喫。不然就是怕那宇宙間物質運動的大輪子缺了發動力，特自來供給他燃料。果真這樣，人生還有一毫意味，人類還有一毫價值嗎？無奈當科學全盛時代，那主要的思潮，卻是偏在這方面，當時謳歌科學萬能的人，滿望着科學成功，黃金世界便指日出現。如今功總算成了，一百年物質的進步，比從前三千年所得還加幾倍。我們人類不惟沒有得着幸福，倒反帶來許多災難。好像沙漠中失路的旅人，遠遠望見個大黑影，拚命往前趕，以為可以靠他嚮導，那知趕上幾程，影子卻不見了，因此無限悽惶失望。影子是誰，就是這位『科學先生』。歐洲人做了一場科學萬能的大夢，到如今卻叫起科學破產來。（梁任公近著第一輯上卷，頁一九—二三）

梁先生在這段文章裏很動情感地指出科學家的人生觀的流毒：他很明顯地控告那『純物質的純機械的人生觀』把歐洲全社會『都陷入懷疑沈悶畏懼之中』，養成『弱肉強食』的現狀，——『這回大戰爭，便是一個報應。』他很明白地控告這種科學家的人生觀造成『搶麵包喫』的社會，使人生沒有一毫意味，使人類沒有一毫價值，沒有給人類帶來幸福，『倒反帶來許多災難』，叫人類『無限悽惶失望』。梁先生要說的是歐洲『科學破產』的喊聲，而他舉出的却是科學家的人生觀的罪狀；梁先生摭拾了一些玄學家誣衊科學人生觀的話頭，却便加上了『科學破產』的惡名。

梁先生後來在這一段之後，加上兩行自註道：

> 讀者切勿誤會，因此菲薄科學，我絕不承認科學破產，不過也不承認科學萬能罷了。

然而謠言這件東西，就同野火一樣，是易放而難收的。自從歐遊心影錄發表之後，科學在中國的尊嚴就遠不如前了。一般不曾出國門的老先生很高興地喊着，『歐洲科學破產了！梁任公這樣說的。』我們不能說梁先生的話和近年同善社悟善社的風行有什麽直接的關係；但我們不能不說梁先生的話在國內確曾替反科學的勢力助長不少的威風。梁先生的聲望，梁先生那枝『筆鋒常帶情感』的健筆，都能使他的讀若容易感受他的言論的影響。何況國中還有張君勱先生一流人，打着柏格森倭鏗歐立克……的旗號，繼續起來替梁先生推波助瀾呢？

我們要知道，歐洲的科學已到了根深蒂固的地位，不怕玄學鬼來攻擊了。幾個反動的哲學家，平素飽饜了科學的滋味，偶爾對科學發幾句牢騷話，就像富貴人家吃厭了魚肉，常想嘗嘗鹹菜豆腐的風味：這種反動並沒有什麽大危險。那光燄萬丈的科學，決不是這幾個玄學鬼搖撼得動的。一到中國，便不同了。中國此時還不曾享着科學的賜福，更談不到科學帶來的『災難』。我們試睜開眼看看：這遍地的乩壇道院，這遍地的仙方鬼照相，這樣不發達的交通，這樣不發達的實業，——我們那裏配排斥科學？至於『人生觀』，我們只有做官發財的人生觀，只有靠天吃飯的人生觀，只有求神問卜的人生觀，只有安士全書的人生觀，只有太上感應篇的人生觀，——中國人的人生觀還不曾和科學行見面禮呢！我們當這個時候，正苦科學的提倡不夠，正苦科學的教育不發達，正苦科學的勢力還不能掃除那迷漫全國的烏烟瘴氣，——不料還有名流學者出來高唱『歐洲科學破產』的喊聲，出來把歐洲文化破產的罪名歸到科學身上，出來菲薄科學，歷數科學家的人生觀的罪狀，不要科學在人生觀上發生影響！信仰科學的人看了這種現狀，能不發愁嗎？能不大聲疾呼出來替科學辯護嗎？

這便是這一次『科學與人生觀』的大論戰所以發生的動機。明白了這個動機，我們方才可以明白這次大論戰在中國思想史上占的地位。

（二）

張君勱的人生觀原文的大旨是：

人生觀之特點所在，曰主觀的，曰直覺的，曰綜合的，曰自由意志的，曰單一性的。惟其有此五點，故科學無論如何發達，而人生觀問題之解決，決非科學所能爲力，惟賴諸人類之自身而已。

君勱叙述那五個特點時，處處排斥科學，處處用一種不可捉摸的語言——『是非各執，絕不能施以一種試驗』，『無所謂定義，無所謂方法，皆其身良心之所命起而主張之』，『若強爲分析，則必失其眞義』，『皆出於良心之自動，而决非有使之然者』。這樣一個大論戰，却用一篇處處不可捉摸的論文作起點，這是一件大不幸的事。因爲原文處處不可捉摸，故駁論與反駁都容易跳出本題。戰線延長之後，戰爭的本意反不很明白了。（我常想，假如當日我們用了梁任公先生的『科學萬能之夢』一篇作討論的基礎，我們定可以使這次論爭的旗幟格外鮮明，——至少可以免去許多無謂的紛爭。）我們爲讀者計，不能不把這回論戰的主要問題重說一遍。

君勱的要點是『人生觀問題之解决，决非科學所能爲力。』我們要答覆他，似乎應該先說明科學應用到人生觀問題上去，會產生什麼樣子的人生觀；這就是說，我們應該先叙述『科學的人生觀』是什麼，然後討論這種人生觀是否可以成立，是否可以解决人生觀的問題，是否像梁先生說的那樣貽禍歐洲，流毒人類。我總觀這二十五萬字的討論，終覺得這一次為科學作戰的人——除了吳稚暉先生——都有一個共同的錯誤，就是不曾具體地說明科學的人生觀是什麼，卻去抽象地力爭科學可以解決人生觀的問題。這個共同錯誤的原因，約有兩種：第一，張君勱的導火線的文章內並不曾像梁任公那樣明白指斥科學家的人生觀，只是攏統地說科學對於人生觀問題不能為力。因此，駁論與反駁論的文章也都走上那『可能與不可能』的攏統討論上去了。例如丁在君的玄學與科學的主要部分只是要證明

『凡是心理的內容，真的概念推論，無一不是科學的材料。』

然而他卻始終沒有說出什麼是『科學的人生觀』。從此以後，許多參戰的學者都錯在這一點上。如張君勱再論人生觀與科學只主張

『人生觀超於科學以上』，『科學決不能支配人生』。

如梁任公的人生觀與科學只說

『人生關涉理智方面的事項，絕對要用科學方法來解決；關於情感方

面的事項，絕對的超科學。』

如林宰平的讀丁在君先生的玄學與科學只是一面承認『科學的方法有益於人生觀』，一面又反對科學包辦或管理『這個最古怪的東西』——人類。如丁在君答張君勱也只是說明

『這種（科學）方法，無論用在知識界的那一部分，都有相當的成績，所以我們對於知識的信用，比對於沒有方法的情感要好；凡有情感的衝動都要想用知識來指導他，使他發展的程度提高，發展的方向得當。』

如唐擘黃心理現象與因果律只證明

『一切心理現象都是有因的。』

他的一個癡人的說夢只證明

『關於情感的事項，要就我們的知識所及，儘量用科學方法來解決的。』

王撫五的科學與人生觀也只是說：

『科學是憑藉「因果」和「齊一」兩個原理而構造起來的；人生問題無論爲生命之觀念，或生活之態度，都不能逃出這兩個原理的金剛圈，所以科學可以解決人生問題。』

直到最後范壽康的評所謂科學與玄學之爭，也只是說

『倫理規範——人生觀——一部分是先天的，一部分是後天的。先天的形式是由主觀的直覺而得，決不是科學所能干涉。後天的內容應由科學的方法探討而定，決不是主觀所應妄定。』

綜觀以上各位的討論，人人都在那裏攏統地討論科學能不能解決人生問題或人生觀問題。幾乎沒有一個人明白指出，假使我們把科學適用到人生觀上去，應該產生什麼樣子的人生觀。然而這個共同的錯誤大都是因爲君勱的原文不曾明白攻擊科學家的人生觀，却只懸空武斷科學決不能解決人生觀問題。殊不知，我們若不先明白

科學應用到人生觀上去時發生的結果，我們如何能懸空評判科學能不能解決人生觀呢？

這個共同的錯誤——大家規避『科學的人生觀是什麼』的問題——怕還有第二個原因，就是一班擁護科學的人雖然抽象地承認科學可以解決人生問題，卻終不願公然承認那具體的『純物質，純機械的人生觀』爲科學的人生觀。我說他們『不願』，並不是說他們怯懦不敢，只是說他們對於那科學家的人生觀還不能像吳稚暉先生那樣明顯堅決的信仰，所以還不能公然出來主張。這一點確是這一次大論爭的一個絕大的弱點。若沒有吳老先生把他的『漆黑一團』的宇宙觀和『人欲橫流』的人生觀提出來做個押陣大將，這一場大戰爭眞成了一場混戰，只鬧得個一鬨散場！

關於這一點，陳獨秀先生的序裏也有一段話，對於作戰的先鋒大將丁在君先生表示不滿意。獨秀說：

『他（丁先生）自號存疑的唯心論，這是沿襲赫胥黎斯賓塞諸人的謬誤；你既承認宇宙間有不可知的部分而存疑，科學家站開，且讓玄學家來解疑。此所以張君勱說，「既已存疑，則研究形而上界之玄學，不應有醜詆之詞。」其實我們對於未發見的物質固然可以存疑，而對於超物質而獨立存在並且可以支配物質的什麼心，（心即是物之一種表現）什麼神靈與上帝，我們已無疑可存了。說我們武斷也好，說我們專制也好，若無證據給我們看，我們斷然不能拋棄我們的信仰。』

關於存疑主義的積極的精神，在君自己也曾有明白的聲明。（答張君勱，頁二一—二三。）『拿證據來！』一句話確然是有積極精神的。但赫胥黎等在當用這種武器時，究竟還只是消極的防禦居多。在十九世紀的英國，在那宗教的權威不曾打破的時代，明明是無神論者也不得不掛一個『存疑』的招牌。但在今日的中國，在宗教信仰向來比較自由的中國，我們如果深信現有的科學證據只能叫我們否認上帝的存在和靈魂的不滅，那麼，我們正不妨老實自居為『無神論者』。這樣的自稱並不算是武斷；因爲我們的信仰是根據於證據的：等到有神論的證據充足時，我們再改信有神論，也還不遲。我們在這個時候，既不能相信那沒有充分證據的有神論，心靈不滅論，天人感應論，……又不肯積極地主張那自然主義的宇宙觀，唯物的人生觀，……怪不得獨秀要說『科學家站開！且讓玄學家來解疑』了。吳稚暉先生便不然。他老先生寧可冒『玄學鬼』的惡名，偏要衝到那『不可知的區域』裏去打一陣。他希望『那不可知區域裏的假設，責成玄學鬼也帶着論理色采去假設着。』（宇宙觀及人生觀，頁九。）這個態度是對的。我們信仰科學的人，正不妨也做一番大規模的假設。只要我們的假設處處建築在已知的事實之上，只要我們認我們的建築不過是一種最滿意的假設，可以跟着新證據修正的，——我們帶着這種科學的態度，不妨衝進那不可知的區域裏，正如姜子牙展開了杏黃旗，也不妨衝進十絕陣裏去試試。

（三）

我在上文說的，並不是有意挑剔這一次論戰場上的各位武士。我的意思只是要說，這一篇論戰的文章只做了一個『破題』，還不會做到『起講』。至於『餘興』與『尾聲』，更談不到了。破題的工夫，自然是很重要的。丁在君先生的發難，唐擘黃先生等的響應，六個月的時間，二十五萬字的煌煌大文，大吹大擂地把這個大問題捧了出來，叫烏煙瘴氣的中國知道這個大問題的重要，——這件功勞眞不在小處！

可是現在眞有做『起講』的必要了。吳稚暉先生的『一個新信仰的宇宙觀及人生觀』已給我們做下一個好榜樣。在這篇『科學與人生觀』的『起講』裏，我們應該積極地提出什麼叫做『科學的人生觀』，應該提出我們所謂『科學的人生觀』，好教將來的討論有個具體的爭點。否則你單說科學能解決人生觀，他單說不能，勢必至於吳稚暉先生說的『張丁之戰，便延長了一百年，也不會得到究竟。』因爲若不先有一種具體的科學人生觀作討論的底子，今日泛泛地承認科學有解決人生觀的可能，是沒有用的。等到那『科學的人生觀』的具體內容拿出來時，戰線上的組合也許要起一個大大的變化。我的朋友朱經農先生是信仰科學『前程不可限量』的，然而他定不能承認無神論是科學的人生觀。我的朋友林宰平先生是反對科學包辦人生觀的，然而我想他一定可以很明白地否認上帝的存在。到了那個具體討論的時期，我們纔可以說是眞正開戰。那時的反對，才是眞反對。那時的贊成，才是眞贊成。那時的勝利，才是眞勝利。

我還要再進一步說：擁護科學的先生們，你們雖要想規避那『科學的人生觀是什麼』的討論，你們終于免不了的。因爲他們早已正式對科學的人生觀宣戰了。梁任公先生的『科學萬能之夢』，早已明白攻擊那『純物質的，純機械的人生觀』了。他早已把歐洲大戰禍的責任加到那『科學家的新心理學』上去了。張君勱先生在再論人生觀與科學裏，也很攏統地攻擊『機械主義』了。他早已說『關於人生之解釋與內心之修養，當然以唯心派之言爲長』了。科學家究竟何去何從？這時候正是科學家表明態度的時候了。

因此，我們十分誠懇地對吳稚暉先生表示敬意，因爲他老先生在這個時候很大胆地把他信仰的宇宙觀和人生觀提出來，很老實地宣布他的『漆黑一團』的宇宙觀和『人欲横流』的人生觀。他在那篇大文章裏，很明白地宣言

『那種駭得煞人的顯赫的名詞，上帝呀，神呀，還是取銷了好。』（頁十二）

很明白地

『開除了上帝的名額，放逐了精神元素的靈魂。』（頁二九）

很大胆地宣言：

『我以爲動植物且本無感覺，皆止有其質力交推，有其輻射反應，如是而已。譬之於人，其質構而爲如是之神經系，即其力生如是之反應。

所謂情感，思想，意志等等，就種種反應而强爲之名，美其名曰心理，神其事曰靈魂，質直言之曰感覺，其實統不過質力之相應。』（頁二二——二三）

他在人生觀裏，很『恭敬地又好像滑稽地』說：

『人便是外面止腠兩隻脚，却得到了兩隻手，內面有三斤二兩腦髓，五千零四十八根腦筋，比較占有多額神經系質的動物。』（頁三九）

『生者，演之謂也，如是云爾。』（頁四十）

『所謂人生，便是用手用腦的一種動物，輪到「宇宙大劇場」的第億垓八京六兆五萬七千幕，正在那裏出台演唱』。（頁四七）

他老先生五年的思想和討論的結果，給我們這樣一個『新信仰的宇宙觀及人生觀』。他老先生很謙遜地避去『科學的』的尊號，只叫他做『柴積上，日黃中的老頭兒』的新信仰。他這個新信仰正是張君勱先生所謂『機械主義』，正是梁任公先生所謂

『純物質的純機械的人生觀』。他一筆勾銷了上帝，抹煞了靈魂，戳穿了『人爲萬物之靈』的玄秘。這才是眞正的挑戰。我們要看那些信仰上帝的人們出來替上帝向吳老先生作戰。我們要看那些信仰靈魂的人們出來替靈魂向吳老先生作戰。我們要看那些信仰人生的神秘的人們出來向這『兩手動物演戲』的人生觀作戰。我們要看那些認愛情爲玄秘的人們出來向這『全是生理作用，並無絲毫微妙』的愛情觀作戰。這樣的討論，才是切題的，具體的討論。這才是眞正開火。這樣戰爭的結果，不是科學能不能解決人生的問題了，乃是上帝的有無，鬼神的有無，靈魂的有無，……等等人生切要問題的解答。

只有這種具體的人生切要問題的討論才可以發生我們所希望的效果，——才可以促進思想上的刷新。

反對科學的先生們！你們以後的作戰，請向吳稚暉的『新信仰的宇宙觀及人生觀』作戰。

擁護科學的先生們！你們以後的作戰，請先研究吳稚暉的『新信仰的宇宙觀及人生觀』：完全贊成他的，請準備替他辯護，像赫胥黎替達爾文辯護一樣。不能完全贊成他的，請提出修正案，像後來的生物學者修正達爾文主義一樣。從此以後，科學與人生觀的戰線上的押陣老將吳老先生要倒轉來做先鋒了！

（四）

說到這裏，我可以回到張丁之戰的第一個『回合』了。張君勱說：

『天下古今之最不統一者，莫若人生觀』。（人生觀頁一）

丁在君說：

『人生觀現在沒有統一是一件事，永久不能統一又是一件事，除非你能提出事實理由來證明他是永遠不能統一的，我們總有求他統一的義務。』（玄學與科學頁三）

『玄學家先存了一個成見，說科學方法不適用於人生觀；世界上的玄學家一天沒有死完，自然一天人生觀不能統一。』（頁四）

『統一』一個字，後來很引起一些人的抗議。例如林宰平先生就控告丁在君，說他『要把科學來統一一切』，說他『想用科學的武器來包辦宇宙。』這種控訴，未免過於張大其詞了。在君用的『統一』一個字，不過是沿用君勱文章裏的話；他們兩位的意思大概都不過是大同小異的一致，罷了。依我個人想起來，人類的人生觀總應該有一個最低限度的一致的可能。唐擘黃先生說的最好：

人生觀不過是一個人對于世界萬物同人類的態度，這種態度是隨着一個人的神經構造，經驗，知識等而變的。神經構造等就是人生觀之因。

我舉一二例來看。

無因論者以為叔本華（Schopenhauer）哈德門（Hartmann）的人生觀是直覺的，其實他們自己并不承認這事。他們都說根據經驗閱歷而來的。叔本華是引許多經驗作證的，哈德門還要說他的哲學是從歸納法得來的。

人生觀是因知識而變的。例如，柯白尼太陽居中說，同後來的達爾文的人猿同祖說發明以後，世界人類的人生觀起絕大變動；這是無可疑的歷史事實。若人生觀是直覺的，無因的，何以隨自然界的知識而變更呢？

我們因爲深信人生觀是因知識經驗而變換的，所以深信宣傳與教育的效果可以使人類的人生觀得着一個最低限度的一致。

最重要的問題是：拿什麼東西來做人生觀的『最低限度的一致』呢？

我的答案是：拿今日科學家平心靜氣地，破除成見地，公同承認的『科學的人生觀』來做人類人生觀的最低限度的一致。

宗教的功效已曾使有神論和靈魂不滅論統一歐洲（其實何止歐洲？）的人生觀

至千餘年之久。假使我們信仰的『科學的人生觀』將來靠教育與宣傳的功效，也能有『有神論』和『靈魂不滅論』在中世歐洲那樣的風行，那樣的普遍，那也可算是我所謂『大同小異的一致』了。

我們若要希望人類的人生觀逐漸做到大同小異的一致，我們應該準備替這個新人生觀作長期的奮鬥。我們所謂『奮鬥』，並不是像林宰平先生形容的『摩哈默得式』的武力統一；只是用光明磊落的態度，誠懇的言論，宣傳我們的『新信仰』，繼續不斷的宣傳，要使今日少數人的信仰逐漸變成將來大多數人的信仰。我們也可以說這是『作戰』，因爲新信仰總免不了和舊信仰衝突的事；但我們總希望作戰的人都能尊重對方的人格，都能承認那些和我們信仰不同的人不一定都是笨人與壞人，都能在作戰之中保持一種『容忍』(Toleration)的態度；我們總希望那些反對我們的新信仰的人，也能用『容忍』的態度來對我們，用研究的態度來考察我們的信仰。我們要認清：我們的真正敵人不是對方；我們的真正敵人是『成見』是

『不思想』。我們向舊思想和舊信仰作戰，其實只是很誠懇地請求舊思想和舊信仰勢力之下的朋友們起來向『成見』和『不思想』作戰。凡是肯用思想來考察他的成見的人，都是我們的同盟！

（五）

總而言之，我們以後的作戰計畫是宣傳我們的新信仰，是宣傳我們信仰的新人生觀。（我所謂『人生觀』，依唐擘黃先生的界說，包括吳稚暉先生所謂『宇宙觀』。）這個新人生觀的大旨，吳稚暉先生已宣布過了。我們總括他的大意，加上一點擴充和補充，在這裏再提出這個新人生觀的輪廓：

（1）根據於天文學和物理學的知識，叫人知道空間的無窮之大。

（2）根據於地質學及古生物學的知識，叫人知道時間的無窮之長。

（3）根據於一切科學，叫人知道宇宙及其中萬物的運行變遷皆是自然的，——自己如此的，——正用不着什麼超自然的主宰或造物者。

（4）根據於生物的科學的知識，叫人知道生物界的生存競爭的浪費與慘酷，——因此，叫人更可以明白那『有好生之德』的主宰的假設是不能成立的。

（5）根據於生物學，生理學，心理學的知識，叫人知道人不過是動物的一種，他和別種動物只有程度的差異，並無種類的區別。

（6）根據於生物的科學及人類學，人種學，社會學的知識，叫人知道生物及人類社會演進的歷史和演進的原因。

（7）根據於生物及心理的科學，叫人知道一切心理的現象都是有因的。

（8）根據於生物學及社會學的知識，叫人知道道德禮教是變遷的，而變遷的原因都是可以用科學方法尋求出來的。

（9）根據於新的物理化學的知識，叫人知道物質不是死的，是活的，不是靜的，是動的。

（10）根據於生物學及社會學的知識，叫人知道個人——『小我』——是要死滅的，而人類——『大我』——是不死的，不朽的；叫人知道『爲全種萬世而生活』就是宗教，就是最高的宗教；而那些替個人謀死後的『天堂』『淨土』的宗教，乃是自私自利的宗教。

這種新人生觀是建築在二三百年的科學常識之上的一個大假設，我們也許可以給他加上『科學的人生觀』的尊號。但爲避免無謂的爭論起見，我主張叫他做『自然主義的人生觀』。

在那個自然主義的宇宙裏，在那無窮之大的空間裏，在那無窮之長的時間裏，這個平均高五尺六寸，上壽不過百年的兩手動物——人——眞是一個藐乎其小的微生物了。在那個自然主義的宇宙裏，天行是有常度的，物變是有自然法則的，因果的大法支配着他——人——的一切生活，生存競爭的慘劇鞭策着他的一切行爲，——這個兩手動物的自由眞是很有限的了。然而那個自然主義的宇宙裏的這個眇小的兩手動物却也有他的相當的地位和相當的價值。他用的兩手和一個大腦，居然能做出許多器具，想出許多方法，造成一點文化。他不但馴伏了許多禽獸，他還能考究宇宙間的自然法則，利用這些法則來駕馭天行，到現在他居然能叫電氣給他趕車，以太給他送信了。他的智慧的長進就是他的能力的增加；然而智慧的長進却又使他的胸襟擴大，想像力提高。他也曾拜物拜畜生，也曾怕神怕鬼，但他現在漸漸脫離了這種種幼稚的時期，他現在漸漸明白：空間之大只增加他對於宇宙的美感；時間之長只使他格外明瞭祖宗創業之艱難；天行之有常只增加他制裁自然界的能力。甚至於因果律的籠罩一切，也並不見得束縛他的自由，因爲因果律的作用一方面使他可以由因求果，由果推因，解釋過去，預測未來；一方面又使他可以運用他的智慧，創造新因以求新果。甚至於生存競爭的觀念也並不見得就使他成爲一個冷酷無情的畜生，也許還可以格外增加他對於同類的同情心，格外使他深信互助的重要，格外使他注重人爲的努力以減免天然競爭的慘酷與浪費。——總而言之，這個自然主義的人生觀裏，未嘗沒有美，未嘗沒有詩意，未嘗沒有道德的責任，未嘗沒有充分運用『創造的智慧』的機會。

我這樣粗枝大葉的敘述，定然不能使信仰的讀者滿意，或使不信仰的讀者心服。這個新人生觀的滿意的敘述與發揮，那正是這本書和這篇序所期望能引起的。

附註　答陳獨秀先生

陳獨秀先生在他的序文的結論裏說：

『我們相信只有客觀的物質原因可以變動社會，可以解釋歷史，可以支配人生觀，這便是「唯物的歷史觀」。我們現在要請問丁在君先生和胡適之先生：相信「唯物的歷史觀」爲完全眞理呢？還是相信唯物以外像張君勱等類人所主張的唯心觀也能夠超科學而存在？』

我不知道丁先生要如何回答他；但我個人的意見先要說明：（1）獨秀說的是一種『歷史觀』，而我們討論的是『人生觀』。人生觀是一個人對於宇宙萬物和人類的見解；歷史觀是『解釋歷史』的一種見解，是一個人對於歷史的見解。歷史觀只是人生觀的一部分。（2）唯物的人生觀是用物質的觀念來解釋宇宙萬物及心理現象。唯物的歷史觀是用『客觀的物質原因』來說明歷史。（狹義的唯物史觀則用經濟的原因來說明歷史。）

說明了以上兩層，然後我可以回答獨秀了。我們信不信唯物史觀，全靠『客觀的物質原因』一個名詞怎樣解說。關於這一點，我覺得獨秀自己也不曾說的十分明白。獨秀在這篇序裏曾說，『心即是物之一種表現。』（序頁十。）那麽，『客觀的物質原因』似乎應該包括一切『心的』原因了，——即是智識，思想，言論，教育等事。這樣解釋起來，獨秀的歷史觀就成了『只有客觀的原因（包括經濟組織，知識，思想等等）可以變動社會，可以解釋歷史，可以支配人生觀。』這就是禿頭的歷史觀，用不着戴什麽有色采的帽子了。這種歷史觀，我和丁在君都可以贊成的。

然而獨秀終是一個不澈底的唯物論者。他一面說『心即是物之一種表現』，一面又把『物質的』一個字解成『經濟的』。（序頁十一，行五。）因此，他責備在君不應該把歐戰的責任歸到那班非科學的政治家與教育家的身上。他說：

『歐洲大戰分明是英德兩大工業資本制度發展到不得不互爭世界

商場之戰爭，但看他們戰爭結果所定的和約便知道，如此大的變動，那裏是玄學家教育家政治家能夠製造出來的？』

歐洲大戰之有經濟的原因，那是稍有世界知識的人都承認的。在君在他的兩篇長文裏那樣恭維安基爾的大幻想（玄學與科學頁二六，答張君勱頁一六），他豈不承認歐戰與經濟的關係？不過我們治史學的人，知道歷史事實的原因往往是多方面的，所以我們雖然極端歡迎『經濟史觀』來做一種重要的史學工具，同時我們也不能不承認思想知識等事也都是『客觀的原因』，也可以『變動社會，解釋歷史，支配人生觀』。所以我個人至今還只能說，『唯物（經濟）史觀至多只能解釋大部分的問題。』獨秀希望我『百尺竿頭更進一步』（序頁二），可惜我不能進這一步了。

其實獨秀也只承認『經濟史觀至多只能解釋大部分的問題』。他若不相信思想知識言論教育也可以『變動社會，解釋歷史，支配人生觀』，那麼，他儘可以袖着手坐待經濟組織的變更就完了，又何必辛辛苦苦地努力做宣傳的事業，謀思想的革新呢？如果獨秀眞信仰他們的宣傳事業可以打倒軍閥，可以造成平民革命，可以打破國際資本主義，那麼，他究竟還是丁在君和胡適之的同志，——他究竟還信仰思想知識言論教育等事也可以變動社會，也可以解釋歷史，也可以支配人生觀！

十二，十一，廿九，在上海。

答適之

獨秀

我對於適之先生這篇序，固然讚美其能成立一家言，但有不能同意之二點：

（一）這回的爭論當然有兩個問題，一個是『科學的人生觀是否錯誤？』一個是『科學能否支配一切人生觀？』後者的討論多於前者，適之說是共同的錯誤，其實是適之個人的錯誤。何以呢？梁啓超張君勱這班人，當初也未必不管經過極膚淺的唯物卽科學的人生觀，只因他們未曾敲過社會科學的門，閱世又稍稍久遠，接觸了許多稀奇古怪的人生觀，都和科學的原理原則相隔太遠，於是他們的第一觀念便是『人生觀超於科學以上』，『科學決不能支配人生』。他們對科學的信仰如此破壞了，第二觀念方思維到科學的人生觀本身之錯誤與否。並且梁啓超更聰明一點，他罵得科學簡直是罪孽深重不自隕滅禍延人類，而同時却又說：『我絕不承認科學破產，不過也不承認科學萬能罷了。』所以我們現在所爭的，正是科學是否萬能問題，此問題解決了，科學已否破產便不成問題了。照適之的意見，只須努力具體的說明科學的人生觀，不必去力爭科學可否解決人生觀的問題，像這樣縮短戰線，只立而不破的辯論法，不是縱敵，便是收兵。無論你科學的人生觀有如何具體的說明，張君勱梁啓超可以回答你：適之先生！我們佩服你科學的人生觀也很高明，我們本來不會承認科學破產；但是人類社會除了你這樣高明的人生觀以外，另外還有許多人生觀，如先生所說的做官發財的人生觀，靠天吃飯的人生觀，求神問卜的人生觀，安士全書的人生觀，太上感應篇的人生觀，其餘三天三夜也說不盡的人生觀，却都是超科學的，却都是科學所不能支配的，他們的世界大得很哩，科學的萬能在那裏？適之只重在我們自己主觀的說明，而疏忽了社會一般客觀的說明，只說明了科學的人生觀自身之美滿，未說明科學對於一切人生觀之威權，不能證明科學萬能，使玄學游魂尙有四出的餘地；我則以爲，固然在主觀上須建設科學的人生觀之信仰，而更須在客觀上對於一切超科學的人生觀加以科學的解釋，畢竟證明科學之威權是萬能的，方能使玄學鬼無路可走，無縫可鑽。

（二）社會是人組織的，歷史是社會現象之記錄，『唯物的歷史觀』是我們的根本思想，名爲歷史觀，其實不限於歷史，並應用於人生觀及社會觀。適之說：『獨秀說的是一種歷史觀（我明明說「只有客觀的物質原因可以變動社會，可以解釋歷史，可以支配人生觀，」何嘗專指歷史？）而我們討論的是人生觀。』我依據唯物史觀的理論來討論人生觀，適之便欲强爲分別；倘適之依據實驗主義的理論來討論人生觀，別人若說：『我們討論的是人生觀，適之說的是一種實驗主義的哲學，』適之服是不服？或者適之還不承認唯物史觀也是一種哲學，想適之不至如此。適之好像於唯物史觀的理論還不大清楚，因此發生了許多誤會，茲不得不略加說明。第一，唯物史觀所謂客觀的物質原因，在人類社會，自然以經濟（即生產方法）爲骨幹。第二，唯物史觀所謂客觀的物質原因，是指物質的本因而言，由物而發生之心的現象，當然不包括在內。世界上無論如何澈底的唯物論者，斷不能不承認有心的現象即精神現象這種事實（我不知適之所想像之澈底的唯物論是怎樣？）；唯物史觀的哲學者也並不是不重視思想文化宗教道德教育等心的現象之存在，惟只承認他們都是經濟的基礎上面之建築物，而非基礎之本身；這是因爲唯物史觀的哲學者，是主張如左表

經濟
- 制度
- 宗教
- 思想
- 政治
- 道德
- 文化
- 教育

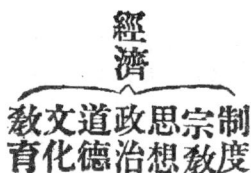

一元論，而非如左表

經濟
宗教
思想
政治
道德
文化
敎育

之多元論。這本是適之和我們爭論之焦點。我們何以不承認多元？別的且不說，單就適之先生所舉的思想及敎育來討論。中國古代大思想家莫如孔老，他們思想的來因，老是小農社會的產物，孔是宗法封建的結晶，他們的思想即他們社會經濟制度的映相，和希臘亞里斯多德擁護農奴制一樣，並無多少自由創造。他們思想的效果，中國周末農業品手工業品之交易漸漸發達起來（觀史記貨殖傳所述及漢朝種種抑制商人的法令可知），當時的社會已遠離了部落生活，已不是單純的農業經濟，已開始需要一個統一的國家，所以當時掛的是道家儒家招牌，賣的是法家藥料，並且自秦始皇一直到宣統，都是中韓世界。思想的價值如此。再說教育，我們有何方法在封建社會的經濟組織之下，使資本社會的教育制度實現？我們又有何方法在資本社會制度之下，使人人都有受教育的機會？漫說資本社會制度之下了，就是趨向社會主義的俄羅斯，非不極力推重教育，列寧屢次很沉痛的說：『在教育不普及的國家中建設共產社會是不可能的事。』『要使教育極不普及的俄羅斯很快的變成一個人民極開通的國家，是一件不可能的事。』但以物質的條件之限制，無論列寧如何熱誠，所謂教育普及，眼前還只是一句空話。歐美資本社會教育進步，完全是工業發達的結果，工業家不但需學術精巧的技師，並且需手藝熟練的工人，資本階級為發財計不得不發達教育，家庭農業家庭手工業社會自不需此，所以有些中國人一面絕不注意工業，一面却盲目的提倡教育，眞是癡人說夢。敎育本身的地位如此。適之說：『如果獨秀眞信仰他們的宣傳事業可以打倒軍閥，云云』我老實告訴適之，如果我們妄想我們的宣傳他本身的力量可以打倒軍閥，可以造成平民革命，可以打破國際資本主義，我們還配談什麽唯物史觀！常有人說：白話文的局面是胡適之陳獨秀一班人鬧出來的。其實這是我們的不虞之譽。中國近來產業發達人口集中，白話文完全是應這個需要而發生而存在的。適之等若在三十年前提倡白話文，只需章行嚴一篇文章便駁得烟消灰滅，此時章行嚴的崇論宏議有誰肯聽？適之又說：『他（指獨秀）若不相信思想知識言論敎育，也可以變動社會，解釋歷史，支配人生觀，那麽，他儘可以袖着手坐待經濟組織的變更就完了，又何必辛辛苦苦地努力做宣傳的事業，謀思想的革新呢？』我的解答是：在社會的物質條件可能範圍內，唯物史觀論者本不否認人的努力及天才之活動。我們不妄想造一條鐵路通月宮，但我們却不妨妄想造一條鐵路到新疆；我們不妄想學秦皇漢武長生不老，但我們却不妨極力衞生以延長相當的壽命與健康的身體。人的努力及天才之活動，本爲社會進步所必需，然其效力只在社會的物質條件可能以內。思想知識言論教育，自然都是社會進步的重要工具，然不能說他們可以變動社會解釋歷史支配人生觀和經濟立在同等地位。我們並不抹殺知識思想言論教育，但我們只把他當做經濟的兒子，不像適之把他當做經濟的弟兄。我們並不否認心的現象，但我們只承認他是物之一種表現，不承認這表現復與物有同樣的作用。適之贊成所謂禿頭的歷史觀，除經濟組織外，『似乎應該包括一切「心的」原因，——即是知識，思想，言論，教育等事。』『心的』原因，這句話如何在適之口中說出來！離開了物質一元論，科學便瀕於破產，適之頗尊崇科學，如何對心與物平等看待!!適之果堅持物的原因外，尚有心的原因，——即知識，思想，言論，敎育，也可以變動社會，也可以解釋歷史，也可以支配人生觀，——像這樣明白主張心物二元論，張君勱必然大搖大擺的來向適之拱手道謝！！！

十二，十二，九。

人生觀

張君勱

諸君平日所學，皆科學也。 科學之中，有一定之原理原則，而此原理原則，皆有證據。譬如二加二等於四；三角形中三角之度數之和，等於兩直角；此數學上之原理原則也。 速度等於以時間除距離，故其公式爲 $S=\frac{d}{t}$；水之元素爲 H_2O：此物理化學上之原則也。 諸君久讀教科書，必以爲天下事皆有公例，皆爲因果律所支配。 實則使諸君閉目一思，則知大多數之問題，必不若是之明確。 而此類問題，並非哲學上高尚之學理，而即在於人生日用之中。 甲一說，乙一說，漫無是非眞僞之標準。 此何物歟？ 曰，是爲人生。 同爲人生，因彼此觀察點不同，而意見各異，故天下古今之最不統一者，莫若人生觀。

人生觀之中心點，是曰我。 與我對待者，則非我也。 而此非我之中，有種種區別。 就其生育我者言之，則爲父母；就其與我爲配偶者言之，則爲夫婦；就我所屬之團體言之，則爲社會爲國家；就財產支配之方法言之，則有私有財產制公有財產制；就重物質或輕物質言之，則有精神文明與物質文明。　凡此問題，東西古今，意見極不一致，決不如數學或物理化學問題之有一定公式。　使表而列之如下：

（一）就我與我之親族之關係……
- 大家族主義。
- 小家族主義。

（二）就我與我之異性之關係……
- 男尊女卑。
- 男女平等。
- 自由婚姻。
- 專制婚姻。

（三）就我與我之財產之關係……
- 私有財產制。
- 公有財產制。

（四）就我對於社會制度之激漸態度……守舊主義。維新主義。

（五）就我在內之心靈與在外之物質之關係……物質文明。精神文明。

（六）就我與我所屬之全體之關係……個人主義。社會主義。（一名互助主義）

（七）就我與他我總體之關係……爲我主義。利他主義。

（八）就我對於世界之希望……悲觀主義。樂觀主義。

有神論。無神論。

（九）就我對於世界背後有無造物主義之信仰……

一神論。
多神論。
個神論。
汎神論。

凡此九項，皆以我爲中心，或關於我以外之物，或關於我以外之人，東西萬國，上下古今，無一定之解決者，則以此類問題，皆關於人生，而人生爲活的，故不如死物質之易以一例相繩也。試以人生觀與科學作一比較，則人生觀之特點，更易見矣。

第一，科學爲客觀的，人生觀爲主觀的。科學之最大標準，即在其客觀的效力。甲如此說，乙如此說，推之丙丁戊己無不如此說。換言之，一種公例，推諸四海而準焉。譬諸英國發明之物理學，同時適用於全世界。德國發明之相對論，同時適用於全世界。故世界只有一種數學，而無所謂中國之數學，英國之數學也；世界只有一種物理學化學，而無所謂英法美中國日本之物理化學也。然科學之中，亦分二項：曰精神科學，曰物質科學。物質科學，如物理化學等；精神科學，如政治學生計學心理學哲學之類。 物質科學之客觀效力，最爲圓滿；至於精神科學次之。 譬如生計學中之大問題，英國派以自由貿易爲利，德國派以保護貿易爲利，則雙方之是非不易解決矣；心理學上之大問題，甲曰智識起於感覺，乙曰智識以範疇爲基礎，則雙方之是非不易解決矣。 然卽以精神科學論，就一般現象而求其平均數，則亦未嘗無公例可求，故不失爲客觀的也。 若夫人生觀則反是：孔子之行健與老子之無爲，其所見異焉；孟子之性善與荀子之性惡，其所見異焉；楊朱之爲我與墨子之兼愛，其所見異焉；康德之義務觀念與邊沁之功利主義，其所見異焉；達爾文之生存競爭論與哥羅巴金之互助主義，其所見異焉。 凡此諸家之言，是非各執，絕不能施以一種試驗，以證甲之是與乙之非。 何也？ 以其爲人生觀故也，以其爲主觀的故也。

第二，科學爲論理的方法所支配，而人生觀則起於直覺。 科學之方法有二：一曰演繹的，一曰歸納的。 歸納的者，先聚若干種事例而求其公例也。 如物理化學生物學所採者，皆此方法也。 至於幾何學，則以自明之公理爲基礎，而後一切原則推演而出，所謂演繹的也。 科學家之著書，先持一定義，繼之以若干基本概念，而後其書乃成爲有系統之著作。譬諸以政治學言之，先立國家之定義，繼之以主權，權利，義務之基本概念，又繼之以政府內閣之執掌。 若夫既採君主大權說於先，則不能再採國民主權說於後；既主張社會主義於先，不能主張個人主義於後。 何也？ 爲方法所限也，爲系統所限也。 若夫人生觀，或爲叔本華哈德門的悲觀主義，或爲蘭勃尼孳黑智爾之樂觀主義，或爲孔子之修身齊家主義，或爲釋迦之出世主義，或爲孔孟之親疏遠近等級分明，或爲墨子耶穌之汎愛。 若此者，初無論理學之公例以限制之，無所謂定義，無所謂方法，皆其自身良心之所命起而主張之，以爲天下後世表率，故曰直覺的也。

第三，科學可以以分析方法下手，而人生觀則爲綜合的。 科學關鍵，厥在分析。 以物質言之，昔有七十餘種元素之說，今則分析尤爲精微，乃知此物質世界不出乎三種元素：曰陰電，曰陽電，曰以太。 以心理言之，視神經如何，聽神經如何，乃至記憶如何，思想如何，雖各家學說不一，然於此複雜現象中以求其最簡單之元素，其方法則一。 譬如羅素氏以爲心理元素有二：曰感覺，曰意象。至於杜里舒氏，則以爲有六類，其說甚長，茲不贅述。要之皆分析精神之表現也。至於人生觀，則爲綜合的，包括一切的，若强爲分析，則必失其眞義。譬諸釋迦之人生觀，曰普渡衆生。苟求其動機所在，曰，此印度人好冥想之性質爲之也；曰，此印度之氣候爲之也。如此分析，未嘗無一種理由，然即此所分析之動機，而斷定佛教之內容不過爾爾，則誤矣。何也？動機爲一事，人生觀又爲一事。人生觀者，全體也，不容於分割中求之也。又如叔本華之人生觀，尊男而賤女，並主張一夫多妻之制。有求其動機者曰，叔本華失戀之結果，乃爲此激論也。如此分析，亦未嘗無一種理由。然理由爲一事，人生觀又爲一事。人生觀之是非，不因其所包含之動機而定。何也？人生觀者，全體也，不容於分割中求之也。

第四，科學爲因果律所支配，而人生觀則爲自由意志的。物質現象之第一公例，曰有因必有果。譬諸潮汐與月之關係，則因果爲之也。豐歉與水旱之關係，則因果爲之也。乃至衣食足則盜賊少，亦因果爲之也。關於物質全部，無往而非因果之支配。即就身心關係，學者所稱爲心理的生理學者，如見光而目閉，將墜而身能自保其平衡，亦因果爲之也。若夫純粹之心理現象則反是，而尤以人生觀爲甚。孔席何以不暇暖，墨突何以不得黔，耶穌何以死於十字架，釋迦何以苦身修行：凡此者，皆出於良心之自動，而決非有使之然者也。乃至就一人言之，所謂悔也，改過自新也，責任心也，亦非因果律所能解釋，而爲之主體者，則在其自身而已。大之如孔墨佛耶，小之如一人之身，皆若是而已。

第五，科學起於對象之相同現象，而人生觀起於人格之單一性。科學中有一最大之原則，曰自然界變化現象之統一性(Uniformity of the course of nature) 植物之中，有類可言也。動物之中，有類可言也。乃至死物界中，亦有類可言也。既有類，而其變化現象前後一貫，故科學中乃有公例可求。若夫人類社會中，智愚之分有焉，賢不肖之分有焉，乃至身體健全不健全之分有焉。因此之故，近來心理學家，有所謂智慧測驗 (Mental Test)；社會學家有所謂犯罪統計。智慧測驗者，就學童之智識，而測定其高下之標準也。高者則速其卒業之期，下者則設法以促進之，智愚之別，由此見也。犯罪統計之中所發見之現象，曰冬季則盜賊多，以失業者衆也；春夏秋則盜賊少，以農事忙而失業者少也。 如是，則國民道德之高下，可窺見也。 竊以爲此類測驗與統計，施之一般羣衆，固無不可。 若夫特別之人物，亦謂由統計或測驗而得，則斷斷不然。 哥德（Goethe）之佛烏斯脫（Faust），但丁（Dante）之神曲（Divine Comedy），沙士比爾（Shakespeare）之劇本，華格那（Wagner）之音樂，雖主張精神分析或智慧測驗者，恐亦無法以解釋其由來矣。 蓋人生觀者，特殊的也，個性的也，有一而無二者也。 見於甲者，不得而求之於乙；見於乙者，不得而求之於丙。 故自然界現象之特徵，則在其互同；而人類界之特徵，則在其各異。 惟其各異，吾國舊名詞曰先覺，曰豪傑；西方之名曰創造，曰天才，無非表示此人格之特性而已。

就以上所言觀之，則人生觀之特點所在，曰主觀的，曰直覺的，曰綜合的，曰自由意志的，曰單一性的。 惟其有此五點，故科學無論如何發達，而人生觀問題之解決，決非科學所能爲力，惟賴諸人類之自身而已。 而所謂古今大思想家，即對於此人生觀問題，有所貢獻者也。 譬諸楊朱爲我，墨子兼愛，而孔孟則折衷之者也。 自孔孟以至宋元明之理學家，側重內心生活之修養，其結果爲精神文明。三百年來之歐洲，側重以人力支配自然界，故其結果爲物質文明。亞丹斯密，個人主義者也；馬克斯，社會主義者也；叔本華哈德門，悲觀主義者也；柏剌圖，黑智爾，樂觀主義者也。彼此各執一詞，而決無絕對之是與非。然一部長夜漫漫之歷史中，其秉燭以導吾人之先路者，獨此數人而已。

思潮之變遷，即人生觀之變遷也。中國今日，正其時矣。嘗有人來詢曰，何者爲正當之人生觀。諸君聞我以上所講五點，則知此問題，乃亦不能答覆之問題焉。蓋人生觀，既無客觀標準，故惟有返求之於己，而決不能以他人之現成之人生觀，作爲我之人生觀者也。人生觀雖非製成之品，然有關人生觀之問題，可爲諸君告者，有以下各項：曰精神與物質，曰男女之愛，曰個人與社會，曰國家與世界。

所謂精神與物質者：科學之爲用，專注於向外，其結果則試驗室與工廠遍國中也。朝作夕輟，人生如機械然，精神上之慰安所在，則不可得而知也。我國科學未發達，工業尤落人後，故國中有以開紗廠設鐵廠創航業公司自任，如張季直聶雲台之流，則國人相率而崇拜之。抑知一國偏重工商是否爲正當之人生觀，是否爲正當之文化，在歐洲人觀之，已成大疑問矣。歐戰終後，有結算二三百年之總帳者，對於物質文明，不勝務外逐物之感。厭惡之論已屢見不一見矣。此精神與物質之輕重不可不注意者一也。

所謂男女之愛者：方今國內，人人爭言男女平等戀愛自由，此對於舊家庭制度之反抗，無可免者也。且既言解放，則男女社交，當然在解放之列。然我以爲一人與其自身以外相接觸，不論其所接所觸者爲物爲人，要之不免於佔有衝動存乎其間，此之謂私，既已言私，則其非爲高尚神聖可知。故孟子以男女與飲食並列，誠得其當也。而今之西洋文學十書中無一書能出男女戀愛之外者，與我國戲劇中十有七八不以男女戀愛爲內容者，正相反對者也。男女戀愛，應否作爲人生第一大事，抑更有大於男女戀愛者，此不可不注意者二也。

所謂個人與社會者：重社會則輕個人之發展，重個人則害社會之公益，此古今最不易解決之問題也。世間本無離社會之個人，亦無離個人之社會。故個人社會云者，不過爲學問研究之便利計，而乃設此對待名詞耳。此問題之所以發生者，在法制與財產之關係上尤重。譬諸教育過於一律，政治取決於多數，則往往特殊人才爲羣衆所壓倒矣。生計組織過於集中，則小工業爲大工業所壓倒，而社會之富集中於少數人，是重個人而輕社會也。總之智識發展，應重個人；財產分配，應均諸社會；雖其大原則如是，而內容甚繁，此亦不可不注意者三也。

至於國家主義與世界主義之爭：我國向重平和，向愛大同，自無走入偏狹愛國主義之危險，然國中有所謂國貨說，有所謂收回權利說，此則二說之是非，尚在未決之中，故亦諸君所應注意者也。

方今國中競言新文化，而文化轉移之樞紐，不外乎人生觀。吾有吾之文化，西洋有西洋之文化。西洋之有益者如何採之，有害者如何革除之；凡此取舍之間，皆決之於觀點，觀點定，而後精神上之思潮，物質上之制度，乃可按圖而索。此則人生觀之關係於文化者所以若是其大也。諸君學於中國，不久即至美洲，將來溝通文化之責，即在諸君之雙肩上。

所以敢望諸君對此問題時時放在心頭，不可於一場演說後便爾了事也。

十二，二十四。

——轉錄北京清華週刊二七二期——

玄學與科學

——評張君勱的『人生觀』——

丁文江

玄學眞是個無賴鬼——在歐洲鬼混了二千多年，到近來漸漸沒有地方混飯吃，忽然裝起假幌子，掛起新招牌，大搖大擺的跑到中國來招搖撞騙。你要不相信，請你看看張君勱的『人生觀』！（見前）張君勱是作者的朋友，玄學却是科學的對頭。玄學的鬼附在張君勱身上，我們學科學的人不能不去打他；但是打的是玄學鬼，不是張君勱，讀者不要誤會。

玄學的鬼是很利害的；已經附在一個人身上，再也不容易打得脫，因爲我們打他的武器無非是客觀的論理同事實，而玄學鬼早已在張君勱前後左右砌了幾道牆。他叫他說人生觀是『主觀的，』『直覺的，』『自由意志的，』『起於良心之自動而決非有使之然者也，』『決非科學所能為力，惟賴諸人類之自身而已，』而且『初無論理學之公例以限制之，無所謂定義，無所謂方法。』 假如我們證明他是矛盾，是與事實不合，他儘可以回答我們，他是不受論理學同事實支配的。 定義，方法，論理學的公例，就譬如庚子年聯軍的鎗炮火器，但是義和團說鎗炮打不死他，他不受這種火器的支配，我們縱能把義和團打死了，他也還是至死不悟。

所以我做這篇文章的目的不是要救我的朋友張君勱，是要提醒沒有給玄學鬼附上身的青年學生。 我要證明不但張君勱的人生觀是不受論理學公例的支配，並且他講人生觀的這篇文章也是完全違背論理學的。 我還要說明，若是我們相信了張君勱，我們的人生觀脫離了論理學的公例，定義，方法，還成一個甚麼東西。

人生觀能否同科學分家？

我們且先看他主張人生觀不受科學方法支配的理由。 他說：

『諸君久讀教科書，必以爲天下事皆有公例，皆爲因果律所支配。實則使諸君閉目一思，則知大多數之問題，必不若是之明確。……甲一說，乙一說，漫無是非眞僞之標準。此何物歟？曰，是爲人生。同爲人生，因彼此觀察點不同，而意見各異，故天下古今之最不統一者莫若人生觀。』

然則張君勱的理由是人生觀『天下古今最不統一，』所以科學方法不能適用。但是人生觀現在沒有統一是一件事，永久不能統一又是一件事。除非你能提出事實理由來證明他是永遠不能統一的，我們總有求他統一的義務。何況現在『無是非眞僞之標準，』安見得就是無是非眞僞之可求？不求是非眞僞又從那裏來的標準？要求是非眞僞，除去科學方法，還有甚麼方法？

我們所謂科學方法，不外將世界上的事實分起類來，求他們的秩序。等到分類秩序弄明白了，我們再想出一句最簡單明白的話來概括這許多事實，這叫做科學的公例。事實複雜的當然不容易分類，不容易求他的秩序，不容易找一個概括的公例，然而科學方法並不因此而不適用。　不過若是所謂事實，並不是眞的事實，自然求不出甚麼秩序公例。譬如普通人看見的顏色是事實，色盲的人所見的顏色就不是事實。　我們當然不能拏色盲人所見的顏色，同普通所謂顏色混合在一塊來，求他們的公例。　況且科學的公例，惟有懂得科學的人方能了解。　若是你請中國醫生拏他的陰陽五行，或是歐洲中古的醫生拏他的天神妖怪，同科學的醫生來辯論醫學的觀念，如何能得統一？　難道我們就可以說醫學是古今中外不統一，無是非眞僞之標準，科學方法不能適用嗎？　玄學家先存了一個成見，說科學方法不適用於人生觀；世界上的玄學家一天沒有死完，自然一天人生觀不能統一。　但這豈是科學方法的過失嗎？

張君勱做的一個表，列舉九樣我與非我的關係，但是非我的範圍，豈是如此狹的？　豈是九件可以包括得了的？　我們可以照樣加幾條：

（十）就我對於天象之觀念……｛星占學
　　　　　　　　　　　　　　天文學

（十一）就我對於物種之由來……｛上帝造種論
天演論

再加（十二）（十三）以至於無窮，爲甚麼單舉他所列的九項？　試問有神論無神論等觀念的取捨與我所舉的（十）（十一）兩條是否有絕大關係？　照論理極端推起來，凡我對於非我的觀念無一不可包括在人生觀之中。　假若人生觀眞是出乎科學方法之外，一切科學豈不是都可以廢除了？

張君勱也似乎覺得這樣列舉有點困難，所以他加以說明：『人生爲活的，故不如死物質之易以一律相繩也。』　試問活的單是人嗎？　動植物難道都是死的？　何以又有甚麼動植物學？　再看他下文拿主觀客觀來分別人生觀同科學：

『物質科學之客觀致力最爲圓滿；至於精神科學次之。　譬如生計學中之大問題，英國派以自由貿易爲利，德國派以保護貿易爲利，則雙方之是非不易解決矣。　心理學上之大問題，甲曰智識起於感覺，乙曰知識以範疇爲基礎，則雙方之是非不易解决矣。 然卽以精神科學論，就一般現象而求其平均數，則亦未嘗無公例可求，故不失爲客觀也。』

諸君試拿張君勱自己的表式來列起來：

（十二）就我與我之貿易關係……｛自由貿易／保護貿易｝

（十三）就我與我之知識起源……｛感覺主義／範疇主義｝

試問我的（十二）（十三）與他的（一）至（九）有甚麼根本的分別？ 爲甚麼前二者『不失爲客觀，』而大家族主義小家族主義等等一定是主觀的？

學生物學的人誰不知道性善性惡和達爾文的生存競爭論同是科學問題，而且是已經解决的問題？ 但是他說他是主觀的，是人生觀，絕不能施以一種試驗以證甲之是與乙之非！ 只看他沒有法子把人生觀同科學眞正分家，就知道他們本來是同氣連枝的了。

科學的智識論

不但是人生觀同科學的界限分不開，就是他所說的物質科學同精神科學的分別也不是真能成立的。要說明這一點，不得不請讀者同我研究研究知識論。

我們所謂物，所謂質，是從何而知道的？我坐在這裏看着我面前的書櫃子。我曉得他是長方的，中間空的，黃漆漆的，木頭做的，很堅很重的。我視官所觸的是書櫃子顏色，形式，但是我聯想到木頭同漆的性質，推論到他的重量硬度，成功我書櫃子的概念。然則這種概念，是覺官所感觸，加了聯想推論，而所謂聯想推論，又是以前覺官所感觸的經驗得來的，所以覺官感觸是我們曉得物質的根本。我們所以能推論其他可以感觸覺官的物質，是因爲我們記得以前的經驗。我們之所謂物質，大多數是許多記存的覺官感觸，加了一點直接覺官感觸。假如我們的覺官的組織是另外一個樣子的，我們所謂物質一定也隨之而變——譬如在色盲的人眼睛裏頭薔薇花是綠的。所以冒根（Morgan）在他的動物生活與聰明（Animal life and Intelligence）那部書裏邊叫外界的物體為『思構』（Construct）

甚麼叫做覺官的感觸？　我拿刀子削鉛筆，誤削了左手指頭，連忙拿右手指去壓住他，站起來去找刀創藥上。　我何以知道手指被削呢？　是我的覺神經系從左手指通信到我腦經。　我的動神經系，又從腦經發令于右手，教他去壓住。　這是一種緊急的命令，接到信立刻就發的，生理上所謂無意的舉動。　發過這道命令以後，要經過很複雜的手續，纔去找刀創藥上：我曉得手指的痛是刀割的，刀割了最好是用刀創藥，我家裏的藥是在小櫃子抽屜裏面——這種手續是思想，思想結果的舉動是有意的。　手指的感覺痛，同上刀創藥，初看起來，是兩種了。　仔細研究起來，都是覺官感觸的結果。　前者是直接的，後者是間接的，是為以前的覺官感觸所管束的。　在思想的期間，我覺得經過的許多手續，這叫做自覺。　自覺的程度，是靠以前的覺官感觸的多寡，性質同腦經記憶他的能力。

然則無論思想如何複雜，總不外乎覺官的感觸：直接的是思想的動機，間接的是思想的原質。但是受過訓練的腦經，能從甲種的感觸經驗飛到乙種，分析他們，聯想他們，從直接的知覺，走到間接的概念。

我的覺官受了感觸，往往經過一個思想的期間，然後動神經系纔傳命令出去，所以說我有自覺。旁人有沒有自覺呢？我不能直接感觸他有，並且不能直接證明他有，我只能推論他有。我不能拿自己的自覺來感觸自己的自覺，又不能直接感觸人家的自覺，所以研究自覺的眞相是很困難。玄學家都說，自覺的研究是在科學範圍之外。但是我看見人家受了覺官的感觸也往往經過了一個期間，方纔舉動。我從我的自覺現象推論起來，說旁人也有自覺，是與科學方法不違背的。科學中這樣的推論甚多。譬如理化學者說有原子，但是他們何嘗能用覺官去感觸原子？又如科學說，假如我們走到其他的星球上面，蘋果也是要向下落；這也不是可以用覺官感觸的。所以心理上的內容至爲豐富，幷不限于同時的直接感觸，和可以直接感觸的東西——這種心理上的內容都是科學的材料。我們所曉得的物質，本不過是心理上的覺官感觸，由知覺而成概念，由概念而生推論。科學所研究的不外乎這種概念同推論，有甚麼精神科學，物質科學的分別？ 又如何可以說純粹心理上的現象不受科學方法的支配？

科學既然以心理上的現象爲內容，對於概念，推論，不能不有嚴格的審查。 這種審查方法是根據兩條很重要的原則：

（一）凡常人心理的內容，其性質都是相同的。 心理上聯想的能力，第一是看一個人覺官感觸的經驗，第二是他腦經思想力的強弱。 換言之，就是一個人的環境同遺傳。 我的環境同遺傳，無論同甚麼人都不一樣；但如果我不是一個反常的人——反常的人我們叫他爲瘋子癡子——我的思想的工具是同常人的一類的機器。 機器的效能雖然不一樣，性質却是相同。 覺官的感觸相同，所以物質的『思構』相同，知覺概念推論的手續無不相同，科學的眞相，纔能爲人所公認。 否則我覺得書櫃子是硬的，你覺得是軟的；我看他是長方的，你看他是圓的；我說二加二是四，你說是六；還有甚麼科學方法可言？

（二）上邊所說的，並不是否認創造的天才，先覺的豪傑。天才豪傑是人類進化的大原動力。人人看見蘋果從樹上向下落，惟有牛頓纔發明重心吸力；許多人知道羅任治的公式，惟有安因斯坦纔發明相對論；人人都看紅樓夢，西遊記，胡適之纔拿來做白話文學的材料；科學發明上這種例不知道多少。但是天才豪傑同常人的分別，是快慢的火車，不是人力車同飛機。因爲我們能承認他們是天才，是豪傑，正是因爲他們的知覺概念推論的方法完全與我們相同。不然，我們安曉得自命爲天才豪傑的人，不是反常，不是瘋子？

根據這兩條原則，我們來審查概念推論：

第一，凡概念推論若是自相矛盾，科學不承認他是眞的。

第二，凡概念不能從不反常的人的知覺推斷出來的，科學不承認他是眞的。

第三，凡推論不能使尋常有論理訓練的人依了所根據的概念，也能得同樣的推論，科學不承認他是眞的。

我們審查推論，加了『有論理訓練』幾個字的資格，因爲推論是最容易錯誤的。沒有論理的訓練，很容易以僞爲眞。戒文士（Jevons）的科學原則（Principles of Science）講得最詳細。我爲篇幅所限，不能詳述，讀者可以求之於原書。

我單舉一件極普通的錯誤，請讀者注意。就是所謂證據責任問題。許多假設的事實，不能證明他有，也不能證明他無，但是我們決不因爲不能反證他，就承認是眞的。因爲提出這種事實來的人有證明他有的義務。他不能證明，他的官司就輸了。譬如有一個人說他白日能看見鬼——這是他的自覺，我們不能證明他看不見鬼，然而證明的責任是在他，不在我們。況且常人都是看不見鬼的，所以我們說他不是說謊，就是有神經病。

以上所講的是一種淺近的科學知識論。用哲學的名詞講起來，可以說是存疑的唯心論（Skeptical idealism）凡研究過哲學問題的科學家如赫胥黎，達爾文，斯賓塞，詹姆士，（W. James）皮爾生，（Karl Pearson）杜威，以及德國馬哈（Mach）派的哲學，細節雖有不同，大體無不如此。因爲他們以覺官感觸爲我們知道物體唯一的方法，物體的概念爲心理上的現象，所以說是唯心。覺官感觸的外界，自覺的後面，有沒有物，物體本質是甚麼東西：他們都認爲不知，應該存而不論，所以說是存疑。他們是玄學家最大的敵人，因爲玄學家吃飯的傢伙，就是存疑唯心論者所認爲不可知的，存而不論的，離心理而獨立的本體。這種不可思議的東西，伯克萊（Berkeley）叫他爲上帝；康德，叔本華叫他爲意向；布虛那（Büchner）叫他爲物質，克列福（Clifford）叫他爲心理質，張君勱叫他爲我。他們始終沒有大家公認的定義方法，各有各的神秘，而同是強不知以爲知。旁人說他模糊，他自己却以爲玄妙。

我們可以拿一個譬喻來說明他們的地位。我們的神經系就譬如一組的電話。腦經是一種很有權力的接線生，覺神經是叫電話的線，動神經是答電話的線。假如接線生是永遠封鎖在電話總局裏面，不許出來同叫電話答電話的人見面，接線生對於他這班主顧，除去聽他們在電話上說話以外，有甚麼法子可以研究他們？存疑唯心論者說，人之不能直接知道物的本體，就同這種接線生一樣弄來弄去，人不能跳出神經系的圈子，覺官感觸的範圍，正如這種接線生不能出電話室的圈子，叫電話的範圍 玄學家偏要叫這種電話生說，他有法子可以曉得打電話的人是甚麼樣子，穿的甚麼衣服 豈不是騙人？

張君勱的人生觀與科學

讀者如果不覺得我上邊所講的知識論討厭，細細研究一遍，再看張君勱的『人生觀』下半篇，就知道他爲甚麼一無是處的了。 他說人生觀不爲論理學方法所支配；科學回答他，凡不可以用論理學批評研究的，不是眞知識。 他說『純粹之心理現象』在因果律之例外；科學回答他，科學的材料原都是心理的現象，若是你所說的現象是眞的，決逃不出科學的範圍。 他再三的注重個性，注重直覺，但是他把個性直覺放逐於論理方法定義之外。 科學未嘗不注重個性直覺，但是科學所承認的個性直覺，是『根據於經驗的暗示，從活經驗裏湧出來的』（參觀胡適之『五十年世界之哲學』） 他說人生觀是綜合的，『全體也，不容於分割中求之也。』 科學答他說，我們不承認有這樣混沌未開的東西，況且你自己講我與非我，列了九條，就是在那裏分析他。他說人生觀問題之解決，『決非科學之所能爲力；』科學答他說，凡是心理的內容，眞的概念推論，無一不是科學的材料。關於最後這個問題，是科學與玄學最重要的爭點，我還要引申幾句。

科學與玄學戰爭的歷史

玄學（Metaphysics）這個名詞，是纂輯亞列士多德遺書的安德龍聶克士（Andronicus）造出來的。亞列士多德本來當他爲根本哲學（First philosophy）或是神學（Theology）包括天帝，宇宙，人生，種種觀念在內，所以廣義的玄學在中世紀始終沒有同神學分家。到了十七世紀天文學的祖宗嘉列劉（Galileo）發明地球行動的時候，玄學的代表是羅馬教的神學家。他們再三向嘉列劉說，宇宙問題，不是科學的範圍，非科學所能解決的。嘉列劉不聽。他們就於一千六百三十三年六月二十二日開主教大會，正式宣言道：

『說地球不是宇宙的中心，非靜而動，而且每日旋轉，照哲學上神學上講起來，都是虛偽的……』

無奈眞是眞，偽是偽，眞理既然發明，玄學家也沒有法子。 從此向來屬於玄學的宇宙，就被科學搶去。 但是玄學家總說科學研究的是死的，活的東西不能以一例相繩。（與張君勸一鼻孔出氣。） 無奈達爾文不知趣，又做了一部物種由來，（讀者注意，張君勸把達爾文的生存競爭論歸入他的人生觀！）證明活的東西也有公例。 雖然當日玄學家的忿怒不減於十七世紀攻擊嘉列劉的主教，眞理究竟戰勝，生物學又變做科學了。 到了十九世紀的下半期，連玄學家當做看家狗的心理學，也宣告了獨立。 玄學於是從根本哲學，退避到本體論（Ontology） 他還不知悔過，依然向哲學攞他的架子，說『自覺你不能研究；覺官感觸以外的本體，你不能研究。 你是形而下，我是形而上；你是死的，我是活的。』 科學不屑得同他爭口舌：知道在知識界內科學方法是萬能，不怕玄學終久不投降。

中外合璧式的玄學及其流毒

讀者諸君看看這段歷史，就相信我說玄學的鬼附在張君勱身上，不是寃枉他的了。況且張君勱的人生觀，一部分是從玄學大家柏格森化出來的。對於柏格森哲學的評論、讀者可以看胡適之的『五十年來世界之哲學』。他的態度很是公允，然而他也說他是『盲目衝動』。羅素在北京的時候，聽說有人要請柏格森到中國來演講，卽對我說，『我很奇怪你們爲甚麼要請柏格森。他的盛名是騙巴黎的時髦婦人得來的。他對於哲學可謂毫無貢獻；同行的人都很看不起他。』

然而平心而論，柏格森的主張，也沒有張君勱這樣鹵莽。我們細看他說『良心之自動，』又說『自孔孟以至於宋元明之理學家，側重內心生活之修養，其結果爲精神文明。』可見得西洋的玄學鬼到了中國，又聯合了陸象山，王陽明，陳白沙高談心性的一班朋友的魂靈，一齊鑽進了張君勱的『我』裏面。無怪他的人生觀是玄而又玄的了。

玄學家單講他的本體論，我們決不肯荒廢我們寶貴的光陰來攻擊他。但是一班的青年上了他的當，對於宗教，社會，政治，道德一切問題眞以爲不受論理方法支配，眞正沒有是非眞僞；只須拿他所謂主觀的，綜合的，自由意志的人生觀來解決他。果然如此，我們的社會是要成一種甚麼社會？果然如此，書也不必讀，學也不必求，知識經驗都是無用，只要以『自身良心之所命，起而主張之，』因爲人生觀『皆起于良心之自動，而決非有使之然者也』讀書求學，知識，經驗，豈不都是枉費功夫？況且所有一切問題，都沒有討論之餘地——討論都要用論理的公例，都要有定義方法，都是張君勱人生觀所不承認的。假如張獻忠這種妖孽，忽然顯起魂來，對我們說，他的殺人主義，是以『我自身良心之所命，起而主張之，以爲天下後世表率，』我們也只好當他是叔本華，馬克斯一類的大人物，是『一部長夜漫漫歷史中秉燭以導吾人之先路者，』這還從何說起？況且人各有各的良心，又何必有人來『秉燭，』來做『表率；』人人可以拿他的不講理的人生觀來『起而主張之，』安見得孔子，釋迦，墨子，耶穌的人生觀比他的要高明？何況是非眞僞是無標準的呢？一個人的人生觀當然不妨矛盾，一面可以主張男女平等，一面可以實行一夫多妻。只要他說是『良心之自動，』何必管甚麼論理不論理？他是否是良心之自動，旁人也當然不能去過問他。這種社會可以一日居嗎？

對於科學的誤解

這種不可通的議論的來歷，一半由於迷信玄學，一半還由於誤解科學，以為科學是物質的，機械的。歐洲的文化是『物質文化。』歐戰以後工商業要破產，所以科學是『務外逐物。』我再來引一引張君勱的原文：

『所謂精神與物質者科學之為用，專注於向外，其結果則試驗室與工廠遍國中也。朝作夕輟，人生如機械然，精神上之慰安所在，則不可得而知也。我國科學未發達，工業尤落人後，故國中有以開紗廠設鐵廠創航業公司自任，如張季直聶雲台之流，則國人相率而崇拜之。抑知一國偏重工商，是否為正當之人生觀，是否為正當之文化，在歐洲人觀之，已成大疑問矣。歐戰終後，有結算二三百年之總帳者，對於物質文明，不勝務外逐物之感。厭惡之論已屢見不一見矣。……』

這種誤解在中國現在很時髦，很流行。因為他的關係太重要，我還要請讀者再耐心聽我解釋解釋。我們已經講過，科學的材料是所有人類心理的內容，凡是真的概念推論，科學都可以研究，都要求研究。科學的目的是要屏除個人主觀的成見，——人生觀最大的障礙——求人人所能共認的真理。科學的方法，是辨別事實的真偽，把真事實取出來詳細的分類，然後求他們的秩序關係，想一種最單簡明瞭的話來概括他。所以科學的萬能，科學的普遍，科學的貫通，不在他的材料，在他的方法。安因斯坦談相對論是科學，詹姆士講心理學是科學，梁任公講歷史研究法，胡適之講紅樓夢，也是科學。張君勱說科學是『向外』的，如何能講得通？

科學不但無所謂向外，而且是教育同修養最好的工具，因為天天求真理，時時想破除成見，不但使學科學的人有求眞理的能力，而且有愛眞理的誠心。無論遇見甚麼事，都能平心靜氣去分析研究，從複雜中求單簡，從紊亂中求秩序；拿論理來訓練他的意想，而意想力愈增；用經驗來指示他的直覺，而直覺力愈活。了然於宇宙生物心理種種的關係，纔能彀眞知道生活的樂趣。這種『活潑潑地』心境，只有拿望遠鏡仰察過天空的虛漠，用顯微鏡俯視過生物的幽微的人，方能參領得透徹，又豈是枯坐談禪，妄言玄理的人所能夢見。諸君只要拿我所舉的科學家如達爾文，斯賓塞，赫胥黎，詹姆士，皮爾生的人格來同甚麼叔本華，尼采比一比，就知道科學教育對於人格影響的重要了。又何況近年來生物學上對於遺傳性的發現，解決了數千年來性善性惡的聚訟，使我們恍然大悟，知道根本改良人種的方法，其有功於人類的前途，正未可限量呢？

工業發達當然是科學昌明結果之一，然而試驗室同工廠絕對是兩件事——張君勱無故的把他們混在一齊——試驗室是求眞理的所在，工廠是發財的機關。工業的利害，本來是很複雜的，非一言之所能盡；然而使人類能利用自然界生財的是科學家；建築工廠，招募工人，實行發財的，何嘗是科學家？ 歐美的大實業家大半是如我們的督軍巡閱使，出身微賤，沒有科學知識的人。 試問科學家有幾個發大財的？ 張君勱拿張季直聶雲台來代表中國科學的發展，無論科學未必承認，張聶二君自己也未必承認。

歐洲文化破產的責任

至於東西洋的文化，也決不是所謂物質文明，精神文明，這種籠統的名詞所能概括的。這是一個很複雜的問題，我沒有功夫細講。 讀者可以看四月份讀書雜誌胡適之批評梁漱溟『東西文化』那篇文章。 我所不得不說的是歐洲文化縱然是破產，（目前並無此事）科學絕對不負這種責任，因為破產的大原因是國際戰爭。 對於戰爭最應該負責的人是政治家同教育家。 這兩種人多數仍然是不科學的。 這一段歷史，中國人了解的極少，我們不能不詳細的說明一番。

歐洲原來是基督教的天下。 中世紀時代，神學萬能。 文學復興以後又加入許多希臘的哲學同神學相混合。十七十八兩世紀的科學發明，都經神學派的人極端反對。嘉列劉的受辱，狄卡兒的受驚，都是最顯明的事實。嘉列劉的天文學說，爲羅馬教所嚴禁，一直到了十九世紀之初方才解放。就是十九世紀之初，高等學校的教育，依然在神學家手裏；其所謂科學教育，除去了算學同所謂自然哲學（物理）以外，可算一無所有。在英國要學科學的人，不是自修，就是學醫。如達爾文，赫胥黎，都是醫學生。學醫的機關，不在牛津，圜橋兩個大學，却在倫敦同愛丁堡。一直到了物種由來出版，斯賓塞同赫胥黎極力鼓吹科學教育，維多利亞女皇的丈夫亞爾巴特王改革大學教育，在倫敦設科學博物館，科學院，鑛學院，倫敦纔有高等教育的機關；化學，地質學，生物學才逐漸的侵入大學，然而中學的科學依然缺乏。故至今英國大學的入學試驗，沒有物理化學。在幾個最有勢力的中學裏面，天然科學都是選科，設備也是很不完備。有天才的子弟，在中學的教育，幾乎全是拉丁希臘文字同粗淺的算學。入了大學以後，若不是改入理科，就終身同科學告辭了。這種怪狀一直到二十年前作者到英國留學的時代，還沒有變更。

英國學法律的人在政治上社會上最有勢力，然而這一班人受的都是舊教育；對於科學，都存了敬而遠之的觀念，所以極力反對達爾文至死不變的，就是大政治家首相格蘭斯頓。提倡科學教育最有勢力的是赫胥黎。公立的中學同新立的大學加入一點科學，他的功勞最大，然而他因爲幫了達爾文打仗，爲科學做宣傳事業，就沒有功夫再對於動物學有所貢獻。學科學的人，一方面崇拜他，一方面都以他爲戒，不肯荒了自己的功課。所以爲科學做衝鋒的人，反一天少一天了。

到了二十世紀，科學同神學的戰爭，可算告一段落。學科學的人，地位比五十年前高了許多；各人分頭用功，不肯再做宣傳的努力。神學家也改頭換面，不敢公然反對科學，然而這種休戰的和約，好像去年奉直山海關和約一樣，仍然是科學吃虧，因爲教育界的地盤都在神學人手裏。全國有名的中學的校長，無一個不是教士；就是牛津，圜橋兩處的分院院長，十個有九個是教士。從這種學校出來的學生，在社會上政治上勢力最大，而最與科學隔膜。格蘭斯頓的攻擊達爾文，我已經提過了。近來做過首相外相的巴爾福很可以做這一派人的代表。他著的一部書叫『信仰的根本』(The Foundation of Belief)依然是反對科學的。社會上的人，對於直接有用的科學，或是可以供工業界利用的科目，還肯提倡，還肯花錢；眞正科學的精神，他依然沒有了解：處世立身，還是變相的基督教。這種情形，不但英國如此，大陸各國同美國亦大抵如此。一方面政治的勢力都在學法律的人手裏，一方面教育的機關脫不了宗教的臭味。在德法兩國都有新派的玄學家出來宣傳他們的非科學主義，間接給神學做辯護人。德國浪漫派的海格爾的嫡派，變成功忠君衞道的守舊黨。法國的柏格森拿直覺來抵制知識。都是間接直接反對科學的人。他們對於普通人的影響雖然比較的小，對於握政治教育大權的人却很有偉大的勢力。我們只要想歐美做國務員，總理，總統的，從來沒有學過科學的人，就知道科學的影響，始終沒有直接侵入政治了。不但如此，做過美國國務卿，候補大總統的白賴安(Bryan)至今還要提倡禁止傳佈達爾文的學說。一千九百二十一年倫敦舉行優生學家嘉爾登的紀念講演，改造部總長紀載士(Geddes)做名譽主席的時候，居然說科學知識不適用於政治他們這班人的心理，很像我們的張之洞，要以玄學爲體，科學爲用。他們不敢掃除科學，因爲工業要利用他；但是天天在那裏防範科學，不要侵入他們的飯碗界裏來。所以歐美的工業雖然是利用科學的發明，他們的政治社會卻絕對的缺乏科學精神。這和前清的經師儘管承認閻百詩推翻了僞古文尚書，然而科場考試仍舊有僞尚書在內，是一樣的道理。人生觀不能統一，也是爲此；戰爭不能廢止，也是爲此。歐戰沒有發生的前幾年，安基爾 Norman Angell 做一部書，叫做『大幻影』（The Great Illusion）用科學方法研究戰爭與經濟的關係，詳細證明戰爭的結果，戰勝國也是一樣的破產，苦口的反對戰爭。當時歐洲的政治家沒有不笑他迂腐的。到了如今，歐洲的國家果然都因爲戰爭破了產了。然而一班應負責任的玄學家，教育家，政治家，卻絲毫不肯悔過，反要把物質文明的罪名加到純潔高尚的科學身上，說他是『務外逐物』，豈不可憐！

中國的『精神文明』

許多中國人不知道科學方法和近三百年經學大師治學的方法是一樣的。他們誤以爲西洋的科學是機械的，物質的，向外的，形而下的。庚子以後，要以科學爲用，不敢公然誹謗科學。歐戰發生，這種人的機會來了。產生科學的歐洲要破產了！趕快抬出我們的精神文明來補救物質文明。他們這種學說自然很合歐洲玄學家的脾胃。但是精神文明是樣甚麼東西？張君勱說『自孔孟以至宋元明之理學家側重內心生活之修養，其結果爲精神文明』。我們試拿歷史來看看這種精神文明的結果。

提倡內功的理學家，宋朝不止一個，最明顯的是陸象山一派，不過當時的學者還主張讀書，還不是完全空疏。然而我們看南渡時士大夫的沒有能力，沒有常識，已經令人駭怪。其結果叫我們受野蠻蒙古人統治了一百年，江南的人被他們屠割了數百萬，漢族的文化幾乎絕了種。明朝陸象山的嫡派是王陽明，陳白沙。到了明末，陸王學派，風行天下。他們比南宋的人更要退化：讀書是玩物喪志，治事是有傷風雅。所以顧亭林說他們『聚賓客門人之學者數十百人……與之言心言性。舍多學而識以求一貫之方，置四海之困窮不言，而終日講危微精益之說。』士大夫不知古又不知今，『養成嬌弱，一無所用。』有起事來，如癡子一般，毫無辦法。陝西的兩個流賊，居然做了滿清人的前驅。單是張獻忠在四川殺死的人，比這一次歐戰死的人已經多了一倍以上，不要說起滿洲人在南幾省作的孽了！我們平心想想，這種精神文明有什麼價值？配不配拿來做招牌攻擊科學？以後這種無信仰的宗教，無方法的哲學，被前清的科學經師費了九牛二虎之力，還不曾完全打倒；不幸到了今日，歐洲玄學的餘毒傳染到中國來，宋元明言心言性的餘燼又有死灰復燃的樣子了！懶惰的人，不細心研究歷史的實際，不肯睜開眼睛看看所謂『精神文明』究竟在什麼地方，不肯想想世上可有單靠內心修養造成的『精神文明』；他們不肯承認所謂『經濟史觀』，也還罷了，難道他們也忘記了那『衣食足而後知禮節，倉廩實而後知榮辱』的老話嗎？

『言心言性的玄學，『內心生活之修養，』所以能這樣哄動一般人，都因為這種玄談最合懶人的心理，一切都靠內心，可以否認事實，可以否認論理與分析。顧亭林說的好：

『……躁競之徒，欲速成以名於世，語之以五經，則不願學；語之以白沙陽明之語錄，則欣然矣。以其襲而取之易也。』

我們也可套他的話，稍微改動幾個字，來形容今日一班玄學崇拜者的心理：

『今之君子，欲速成以名於世，語之以科學，則不願學；語之以柏格森杜里舒之玄學，則欣然矣。以其襲而取之易也。』

結論

我要引胡適之『五十年世界之哲學』上的一句話來做一個結論。他說：

『我們觀察我們這個時代的要求，不能不承認人類今日最大的責任與需要是把科學方法應用到人生問題上去。』

科學方法，我恐怕讀者聽厭了。我現在只舉一個例來，使諸君知道科學與玄學的區別。張君勱講男女問題說『我國戲劇中十有七八不以男女戀愛爲內容。』他並沒有舉出甚麼證據；大約也是起於他『良心之自動而決非有使之然者也。』　我覺得他提出的問題很有研究的興味。　一時沒有材料，就拿我廚子看的四本『戲曲圖考』來做統計。這四本書裏面有二十九齣戲，十三齣與男女戀愛有關。　我再看戲曲圖考上面有『劉洪昇楊小樓祕本』幾個字，想到一個鬚生，一個武生的祕本，恐怕不足以做代表。　隨手拿了一本綴白裘來一數，十九齣戲，有十二齣是與男女戀愛有關的。　我再到了一個研究曲本的朋友家裏把他架上的曲本數一數，三十幾種，幾乎沒有一種不是講男女戀愛的。　後來又在一個朋友家中借得一部元曲選，百種之中有三十九種是以戀愛爲內容的；又尋得汲古閣的六十種曲，六十種之中竟也有三十九種是以戀愛爲內容的！　張君勱的話自然不能成立了。　這件事雖小但也可以看出那『主觀的，直覺的，綜合的，自由意志的，單一性的』人生觀是建築在很鬆散的泥沙之上，是經不起風吹雨打的。　我們不要上他的當！

十二，四，十二。

——轉錄北京努力週報四十八和四十九期——

再論人生觀與科學並答丁在君

張君勱

二月十四日，我之清華學校演講中所舉人生觀與科學之異點五：

一曰，科學爲客觀的，人生觀爲主觀的。

二曰，科學爲論理的方法所支配，而人生觀則起於直覺。

三曰，科學可以以分析方法下手，而人生觀則爲綜合的。

四曰，科學爲因果律所支配，而人生觀則爲自由意志的。

五曰，科學起於對象之相同現象，而人生觀起於人格之單一性。

吾友丁在君，地質學家也，夙以擁護科學爲職志者也。讀我文後，勃然大怒，曰，誠如君言，科學而不能支配人生，則科學復有何用？ 吾兩人口舌往復，歷二時許，繼則以批評之文萬餘字發表於努力週報。 科學能支配人生乎？ 抑不能支配人生乎？ 此一問題，自十九世紀之末歐美人始有懷疑之者，今尚爲一種新說，故在君聞我說而駭然，本無足怪。 蓋二三十年來，吾國學界之中心思想，則曰科學萬能。 教科書之所傳授者科學也。 耳目之所接觸——電燈，電話，自來水，——科學也。 乃至遇有學術之名，以 ics 或 logy 結尾者，無不以科學名之。 一言及於科學，若臨以雷霆萬鈞之力，唯唯稱是，莫敢有異言。 國人之著書，先之以定義，繼之以沿革，又繼以分類，分章分節，眉目瞭然，則曰是乃科學的也。 在此空氣之中，我乃以科學能力有一定界限之說告我青年同學，其爲逆耳之言，復何足異。 以吾友在君之聰明，乃竟以我言爲異端邪說，一則曰無賴鬼，再則曰鬼上身，三則曰義和團，四則曰張獻忠之妖孽。 此等口調，與中世紀羅馬教士之鞠訊蓋律雷（G. Galilei）（丁稿譯嘉列劉）後之宣告有何以異？ 自己中了迷信科學之毒，乃責人爲鬼怪，爲荒唐，此眞所謂自己見鬼而已。

在君之文所反對者，則在人生觀無論理，無科學公例一語。誠能舉出一二事，示我以人生觀之公例，則我之清華講演，拉雜摧燒可也，治以妖言惑衆之罪可也。顧其縷縷萬言中，乃幷一事而不能反證，而字裏行間，惟見謾罵之詞。嗚呼！號爲求證之科學家，其立言乃若是乎？

吾於反駁之始，先與讀者諸君相約：國人質難文字，隨在而有，然彼此相詆之語，多於辨析義理之文，我認爲此種論調，非學者所宜出，故在君之開口便罵，惟有置之不理。抑有一語當聲明者，則超於官覺以上，在君既謂不可知，故存而不論，自號曰存疑的惟心論。既已存疑，則研究形上界之玄學，不應有醜詆之詞。不知自謂存疑，而實已先入爲主，此則在君先已自陷於矛盾而不自知。

我所欲與在君討論者，則有以下各問題：

第一，物質科學中何以有公例？

第二精神科學公例何以不如物質科學公例之明確？

第三，人生觀何以不爲論理方法與因果律所支配？

（以上爲上篇）

第四，所謂科學的知識論是否正確？

第五，科學家根據推論公例所得之『眞』以外，是否尙有他項事物可認爲眞的？

第六，玄學在歐洲是否『沒有地方混飯吃？』（用丁語）

（以上爲中篇）

第七，我之對於科學與玄學之態度。

第八，我之對於物質文明之態度。

第九，我對於心性之學與考據之學之態度。

第十，私人批評之答覆。

（以上爲下篇）

（上篇）

第一　物質科學精神科學之分類

國人迷信科學，以科學爲無所不能，無所不知，此數十年來耳目之習染使之然也。雖然，試詢以何謂科學，則能爲明確之答覆者甚鮮。乃至同爲科學，有爲物質科學，有爲精神科學，二者異同之故安在，則其能爲明確之答覆尤鮮矣。數學名 Mathematics，物理學名 Physics，生計學名 Economics，統計學名 Statistics，四者同以 ics 結尾，則以爲四種科學所得之結論與其效力必相等也。生物學名 Biology，心理學名 Psychology，社會學名 Sociology，三者同以 logy 結尾，則以爲三種科學所得之結論與其效力必相等也。國人之思想混沌若此，乃欲語以科學原理，語以科學與人生觀之異同，宜其扞格而不相入。即以在君言之，於我所舉九者之外，爲之增加兩項如下：

（十）就我對於天象之觀念………{ 星占學 / 天文學

（十一）就我對於物種之由來………{ 上帝造種 / 天演論

我所舉之九項，其標準安在，在君全不知曉，妄爲人點竄，以自鳴得意而不知適以證其自昧於科學原理，自昧於物質科學精神科學之區別而已。蓋我所舉九者，皆屬於精神方面，皆可以主觀作用消息其間。若夫天體之運行，則有力學天文學之原理以範圍之。物種由來雖至今尚無定論，（詳後）然生物學中一部分之現象，則亦有公例可求。故關於天象，關於物種，當然在科學範圍以內，而不屬於人生觀。此種限界至爲明晰，而在君僞爲不知，乃欲以『陰陽五行』之徽號加人，以爲藉此四字可以亂人觀聽。不知舊醫學及新醫學之異同，與人生觀及科學之異同，有不可以相提並論者。

雖然，在君則云『有甚麼精神物質科學的分別。』以吾淺學之所見及，世界科學家，哲學家，無不承認科學之可以分類。　斯賓塞有斯賓塞之分類法，孔德有孔德之分類法，英國生物學家托摩生(J. A. Thomson)有托摩生之分類法，乃至德哲學家翁特(Wundt)有翁特之分類法，英槐特亨(Whetham)則有槐特亨之分類法。　若夫我之分類曰物質科學與精神科學之分，取材於翁特氏論理學中之二分法，曰確實科學(Exakte Wissenschaft)，曰精神科學(Geiste Wissenschaft)　吾所以不取確實科學之名者，以物質二字與精神相對待，爲明曉計，故取而代之。　然各科學之所隸屬，則吾與翁特所見，絕無二致。　翁特氏之分類法如下：

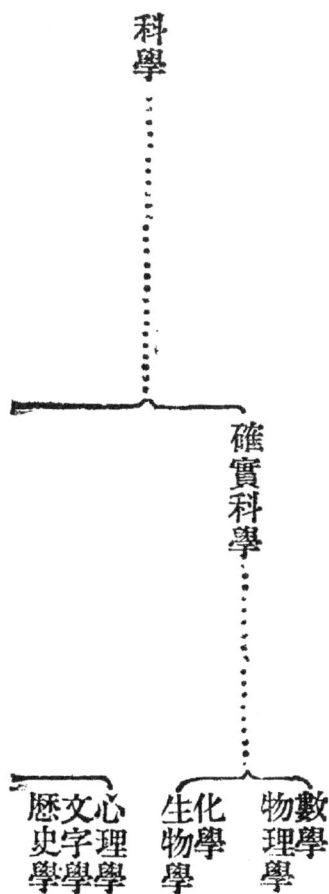

科學

- 確實科學
  - 數學
  - 物理學
  - 化學
  - 生物學
-
  - 心理學
  - 文字學
  - 歷史學

精神科學……文字歷史的學
　　　　　　社會學
　　　　　　法律學
　　　　　　生計學

由確實不確實之標準觀之，可知二者已有差別。　吾之清華講演，側重人生觀，故不能節外生枝，來講科學分類與科學公例之强弱。　然精神科學，依嚴格之科學定義，已不能認爲科學，則即此標準，已足以證之。　其理由當俟後詳。　而在君乃以心理內容與科學本身混爲一譚，故有不認二者差別之怪論。　誠如在君言，科學材料同爲心理內容，則尙何物理學，生物學，心理學（槐德亭之三分法）之可言？　在君立言之目的，豈不曰吾推諸認識之源，則物質精神本無區別。　然不知死物自死物，（物理學）活物自活物，（生物學）活物之中又有心理現象；（心理學）故物理學，生物學，心理學之區別，乃科學之鴻溝，而不容抹殺者也。　夫何謂物，何謂心，誠有爭執之可言，然因爭執之故，乃幷物質科學精神科學之分類而否認之，此世界之所未聞，有之自在君始。

第二　科學發達之歷史及自然公例之性質

科學家之最大目的，曰擯除人意之作用，而一切現象化之爲客觀的，因而可以推算，可以窮其因果之相生。故在君最得意之證據，則爲蓋律雷之地動說，爲達爾文之物種由來。其意若曰，昔人以天文現象屬之神意，自有蓋律雷，克魄雷（Kepler）與奈端，而後神意之說無所可用，而天文現象乃爲科學的。自有達爾文輩，而後神意之說無所可用，而生物現象乃爲科學的？由既往以推將來，安知人生觀不亦等於天文與生物，脫離人意而爲科學的？欲知此事之能否實現，第一當求之科學之歷史，第二當明物質科學與精神科學之異同。

近世科學之發生，始自十六世紀以降。昔人以爲物之重者下降遲，物之輕者下降速，及蓋律雷（G. Galilei 1564—1642）試驗於碧薩塔上，而後知物之重輕無擇，其下降爲同時；繼乃求下墜體之遲速，於是得一公例，曰遲速與下墜時刻爲正比例，第一秒爲一尺，第二秒為四尺，第三秒為九尺。奈端（J. Newton 1642－1727）繼之，於是有力學三大公例，且得各種公式如：

$$Mv = Constant$$

$$力 = m\left(\frac{v_2 - v_1}{t_2 - t_1}\right) = ma$$

$$力 = G\frac{mm}{r}\ 力單位$$

此後大家繼起，而其研究方法則先後如出一轍，曰觀察，曰比較，曰假設及其驗諸各事而準，而後所謂自然公例（Natural Law）者乃以成立。自然公例之特徵則有二：一曰兩現象之因果關係，有甲象起，則乙象隨之而至，如物之運動，必起於外力之加，故運動與外力則有因果關係者也；二曰已成公例者，可以推及於一切新事實，如克魄雷之公例，可適用於無論何種天體，是其例也。近年以來，則有愛因斯坦之說，雖其公例之適用範圍有不同，然奈端公例之至今猶能適用，一切物理學家所公認者也。由此觀之，可知物理學之公例，其不易動搖為何如。

十八世紀以降，有欲以物理學之方法施之生物現象者，於是有李爾（Lyell 1797—1872）之地質學，有拉馬克（Larmarck 1744—1829）之動物學。至達爾文之物種由來一書既成，而後各國翕然宗之。以在君之語言之，則以爲生物學之進化論皆已解決矣。雖然，果解決耶，果未解決耶，試證之杜里舒之言。杜里舒之玄學，爲在君所不樂聞，若夫杜氏之實驗胎生學，嘗埋頭於那泊爾海濱生物試驗所十二年，當爲在君所不能否認者矣。試錄其武昌講演之一段如下：

吾人得達氏學說之要義，競爭生存（Struggle for Existence）一也；自然選擇（Natural Selection）二也；微變之積累三也；其微變之宜者，由甲代傳諸乙代四也。

（一）自然選擇　達氏之意，以爲物競之要義，在抵抗環境，其抵抗而勝者，即爲自然之所選擇。然今日之所謂適者，明日又在競爭生存之中，故爭存無盡期，而自然之選擇亦無盡期。雖然，以吾人觀之，大地之上種種物種，其因爭存而敗者，謂爲自然選擇之力所淘汰以去可矣。　若其所以因爭存而勝者，非自然選擇四字所能說明焉。　何也？　物種爭存，因而有生者有滅者，而其器官因以徵異。　若其滅者，概以歸因於自然選擇，固無不可；若其生者，而其器官因以徵異者，固別有創造之動因，（Der Sohaffendefaktor）而不得以自然選擇四字了之。　蓋物種之所以滅，有滅之之理由在；其所以生，有生之之理由在。滅者，其不存在者也；生者，其存在者也。　若指所以不存在之理由，而卽視爲所存在之理由，是以消極與積極混爲一談也。　三十年前南德孟勳大學植物學教授奈格里（Nageli）嘗譬以評達氏自然選擇之理曰，設有問者，此街上之樹何以有葉？　答之者曰，因花匠未嘗將樹葉剪去。　夫樹葉本繁盛今已不如前次之多，其所以然者，則花匠爲之，故減少之部分，當然歸因於剪栽者。　若夫剪栽後之所存留者，則自有其所以存在之理，非花匠未剪栽云云所能說明也。故以自然選擇爲新種發生之理由者，何異以花匠未剪去爲樹葉尙存之理由乎？

吾人雖反對以自然選擇解釋新種之由來，然非否認自然選擇之効果。蓋物種因與環境爭鬥，因而有生有滅，此生滅之狀態，以自然選擇之名概括之可也；至新種之由來，則又別有原因在。譬之北冰洋之熊，因在冰天雪地中，故盡由灰色變爲白色。狼與兎同生一地，兎之能疾走者，則尤能保其生命。若此者，皆自然選擇之効力之顯著焉。雖然，宜種之生，不宜種之滅，固盡由達爾文之所謂天然選擇乎？曰否。瑞士動物學家華爾孚氏（G. Wolff.）嘗有言曰，物種之生滅，有時不因於生理之健康與否，而因於位置。火車相衝時，其幸而存者，非必骨格堅强身體健全之人，乃去衝突點較遠者也。疾疫之生，其幸而存者，亦非骨格堅强身體健全之人，乃其所居去疫地較遠者也。由此二例觀之，則達氏自然選擇之中所謂宜不宜，非生滅之惟一標準明矣。

（二）徵變遺傳說　達氏謂生物器官之變化，由於徵變之積累所致。然一九〇九年丹麥之約翰生（Johansen）著正確遺傳原論一書（Elemente der Erblichkeitslehre）不啻對於達爾文之微變說宣告死刑。蓋近世之動植物學者，關於物種變遷，若其葉之多寡色之黑白，皆有一定統計，且根據哥司氏曲線以得其平均數。而約翰生氏之植物試驗方法，謂當求變化之統計時（Variationsstatistik）不應用雜種，而應用純種。所謂雜種者，聚一羣之植物，而其原種之遺傳性，本不平等，故名爲同種植物。而實包含無數種，此無數種之中，每種各有其平均數，故混合以求之，必不能得正確之統計。反之若以純種求之，則遺傳不遺傳之數，乃可得而推求。譬之如中國之菊花，德國之地草菊花（Kamille）或牛乳油花（Butterblumen）皆所謂複雜之種，以其葉數顏色至不一定者也。然約翰生氏取各種花而試之，譬有某花，其葉數少者十，中者二十五，多者四十。其少者十葉之種，至下一代時，葉數由十而躍至二十五，是極端之種，其不能維持原有之平均數明矣。不能維持平均數云者，即達氏之所謂流動變化（Fluctuating Variation）之本可確定者。驗之純種，適得其反，故吾人可下一斷語，純種之流動變化，決非遺傳的也。或者曰，達氏亦嘗有變化非繼續的之說，故與約翰生之言，未嘗不合。然自命爲正宗的達氏派者，堅持繼續之說，故約翰生之言，至少已足以倒正宗派之壁壘矣。

即令吾人所引之華爾孚氏約翰生之駁論均不存在，而達氏之學說仍不能成立。何也？持極端之達氏主義者，謂生物之變化，無目的，無方向。然器官者，與動物之生存死亡有極大關係者也。假令器官之構成，純出於偶值，則器官何以能完整而適於用？此達氏學說所不能解釋者一也。耳與聽神經相關，目與視神經相關，種種器官皆以複雜之分子組織而成，而彼此又有相關之處，其自成一系統，而非偶然明矣。此達氏學說所不能解釋者二也。乃至人之耳目手足皆成雙數，亦有某某動物，其目之多至二十三十，何得委爲偶然？

此達氏學說所不能解釋者三也。

雖然，以上三者，尚非吾人駁難達氏之最後語也。動物中有復生能力（Re-generation）如火蛇（Salamander）之類，去其前脚，則前脚復生；去其後脚，則後脚復生；乃至蚯蚓，去其頭，則其頭又生，去其尾，則其尾又生。此種復生能力，如達氏言，必出於父母之所遺傳者也。誠爲父母所遺傳，必其父母無一不遭去頭尾去脚之禍而後可。且不僅去一脚已也，必四脚盡去而後可，以火蛇之四脚無一無復生能力也。換詞言之，凡火蛇或蚯蚓之生存者，皆曾喪失頭尾或脚者也。此持達氏說者所必至之奇論一。火蛇之類，其喪失兩脚而尚能爲適者而生存者，必以其傷痕易於醫治，卽傷痕之細維，較多於其他火蛇者也。此種推定，非不在事理之中。然謂每經一次自然選擇，獨其傷痕上細維多者，乃能中選，則細維雖多，而尚未成脚，何能爲爭存之用？此持達氏說者必至之奇論二。且以胚胎學之試驗，凡海膽之細胞，無論其爲二分期四分期八分期，任取二分之一四分之一八分之一而蓄之，均能成一全胎。　依達氏主義者之言，凡屬海膽，其前身必盡遭宰割之刑而後可。　否則，此長成全胎之能力，海膽之卵，必無從取得也。　此又爲奇中之奇。　而號爲達氏之徒者，惟有瞠目咋舌，不知所對而已。

我所以引此段，幷非證生物學之不能成科學。　以我所確認者，凡關於物質者，必有公例可求，有公例，則自可以成爲科學。　故生物學當然不能與人生觀並論。　而吾所以舉杜氏言者，凡以明生物學上之進化論，除在君之武斷的科學家外，鮮有認爲旣已解決者。　若在君以杜里舒頭腦糊塗，（此爲在君之言，亦適之之言）則請證之英國現代生物學大家托摩生氏。　托氏曰：

『試於生物進化之學說史中求其一例，科學的進化論者，每欲求種種可證的動因，且語人曰，吾人所習見之奇偉結果，卽由此動因相合而成。　然此種工夫，不能謂爲已告成功，（注意）無俟多言，以其果常遠逾於所已知之因也。

所最難者，即在生物進化中之大變遷，如脊椎動物如鳥如哺乳動物之由來，其動因所在，實難於確言。此問題吾人不能不自安於昧昧，科學家於神造之說，則深惡而拒之，然其不能謂為既已解決，則顯然無疑。或者永非人力所能及亦未可知。』（科學引論二一三頁）

托氏之言如此，則達爾文進化論之價值如何，可以想見。而生物學之為科學之價值，其視物理學如何，又可見矣。

實驗方法，既由物理而生物，於是十九世紀以降，則有所謂實驗的心理學。漢姆霍爾茲（Helmholtz）試之於生理之解剖，米勒（G. E. Muller）試之於記憶，范希納（Fechner）試之於感覺。范氏之所以成名者，則有范希納威伯公例（Fechner Weber Law）曰感覺與刺激之對數為比例。范氏獲此公例，欣然色喜，以為心理學從此可成正確的科學，與數學等。然後來學者，攻擊者蠭起，范氏公例今已不復成立矣。近來所謂實驗心理者，大抵所試驗者，以五官及腦神經系為限，若此者，謂為生理的心理學則可，謂為純正心理學則不可。何也？純正心理學以思想爲主題。若不問思想，（胡爾孳堡學派除外）而但於官感方面有所發明，是所實驗者，乃生理而非心理也。生理方面，如范希納之公例存立與否暫不論。然就比較上言之，以其對象屬於物質方面，故尚非無公例可言。我故曰精神科學就其一般現象而求其平均數，亦未嘗無公例可求，卽就此範圍內言之也。范氏而後實驗的心理學風行一時，而尤以德之翁特，美之詹姆士爲宗匠，構造派可也，機械派可也，行爲派可也，苟其鄰於官覺者，尚非無一種之說明，然已不易爲各派所同認。若夫關於純粹之思想，除英國經驗派之聯想公例（Law of Association），及德國之先天範疇說，向爲哲學上爭執之問題外，此外則漫無定說。雖各派各持門戶之見，自以其所得爲眞心理學，然自他人視之，鮮有不反對之者。故以我觀之，心理學豈特不能比確實科學，亦視生物學又下一等矣。十九世紀之末年（一八八九）柏格森氏時間與自由意志一書出版，闡明人生之本爲自覺性。此自覺性頃刻萬變，過而不留，故甲秒之我，至乙秒則已非故我。惟心理狀態變遷之速，故絕對無可量度，無因果可求。以可量度可求因果者，必其狀態固定。以前狀態爲因，後狀態爲果，於是因果可見焉。若夫頃刻萬變之心理，則可無狀態之可言，任意畫定某態爲態，移時而後，卽已成過去。惟其然也，故心理變爲自由行爲，而人生之自由亦在其中。自其說出，而詹姆士氏五體投地以崇拜之，其稱道柏氏，雖康德之於休謨，不是過焉。卽此觀之，純粹心理無公例可求之說，非柏氏一人之私言，以詹姆士之尊重實驗，亦傾倒若此，其不得以玄學目之明矣。

物理學，生物學，心理學三者，根本科學也。物理學本爲我所承認之確實科學，無待在君之正告外，若夫生物學之進化論是否已爲科學所搶去，（搶字用丁語）心理學是否爲科學所搶去，就以上所言觀之，已屬甚明。故我卽讓一步，承認在君所謂知識界與非知識界之分，（其詳見後）試問知識界如生物學心理學中，科學萬能四字，（丁語）其已實現耶，其未實現耶，請在君有以語我。

第三　物質科學與精神科學之異同

雖然，科學家不甘自認其力之薄弱，則有一種藏身之妙計。 語之曰人生觀無因果無公例，故不能統一。 彼則答曰，今天不能，安知將來亦永久不能？ 在君口調正與此類，故其言曰『人生觀現在沒有統一是一件事，永久不能統一又是一件事。』 竊以爲事之比較，當以今日爲限，不得諉諸將來；若諉諸將來，則無一事之能決。 譬諸甲曰世界爲進化的，歷舉種種發明與夫政治情形爲之證 乙則反之曰，今之世界，未必勝於古代，幷舉歐戰情形與白人之淩虐異族爲證。 甲駁之曰，如君所舉病徵，我固無異言，然今日如此，安知他日亦必如此？ 於是乙之抱悲觀主義者，從而答之曰，吾人但論現在，不問將來。 甲聞乙言，乃瞠目咋舌不知所對。 故吾以爲科學家推諉於將來之說，不啻明認其自己之失敗，與反對派之勝利矣。 卽讓一步，幷代科學家爲之辨護曰，生物學心理學皆後起之學，當然不能與物理學相提並論，安知待了一二百年後，生物學心理學之爲嚴正科學，不與今日之物理學等？吾以爲此種立言，非無一面之理由。 研究尤精，則發見尤多，然不知生物學心理學與物理學有根本上之不同，雖俟千百年後，決不能幷此根本上之不同而鋤去之，故二者之能否成爲嚴正科學，已爲絕大疑問。　何也？　物理學之所研究，限於死物質；生物學之所研究，則爲有生之物；心理學之所研究，則爲有生而又有心理現象者。　惟其有生，故內部先有活動，而拉馬克乃有自覺的努力之說，與達爾文之環境說相反對。　此反對所表示者無他，曰進化論之根本概念之不易確定耳。　惟其有生而又有心，甲派則就其可以固定（Solidfiel）者，而分爲某狀態，某狀態，繼乃就其狀態而求其因果；乙派則曰人之心理頃刻萬變，故無所謂狀態，因無所謂因果。　此反對所表示者無他，曰心理學上根本概念之不易確定耳。　夫物理學之所以爲嚴正科學，不僅因果關係也，卽其因果之分量亦可從而量度者也。　吾人姑不以因果之量度求之生物與心理，卽但就生命界與心理界而求其因果關係之明確，亦已不易矣。　不見杜里舒氏發見細胞之協和平等可能系乎？　欲求其因果於物理界而不可得，乃歸其因於『隱德來希』。　『隱德來希』者非他，生命構成不可知之代名詞耳。豈唯杜氏，卽英國第一流之生物學家如托摩生，其不帶杜氏之玄學氣味，嘗爲海內科學家所公認。　顧杜氏何以躊躇四顧，而卒有進化論恐終非人力所及之語乎？　豈唯生物，柏氏心理萬變與眞時間之說，苟其不能否認，則眞心理之必無因果，可以斷言。 嗚呼！ 讀者諸君勿以吾言爲孟浪，此問題盤旋腦際者，旣已數年，世界哲人或者懷抱於心，不敢昌言，吾則坦白率直而昌言之。 然而非吾一人之私言也，托摩生之言與柏格森之心理學，皆可爲我左證者也。

科學家對於生物學心理學之無定說，常藉口於年代之幼稚，以爲假以歲月，必可與物理學等。 然吾人不必求諸遠，即以一九〇五年以降言之，一九〇五年愛因斯坦相對各論發表，一九〇八年明可夫斯基（Minkovski）有四度幾何之說，一九一五年愛氏相對通論成立，十年之間，物理學之根本學說之發見者至如是之多，豈生物學心理學所得而望其肩背？ 嗚呼！ 原因安在乎？ 蓋不得以年代先後爲發達不發達之惟一原因也。 竊嘗求之，蓋有四故：

第一，凡在空間之物質易於試驗，而生物學之爲生活力（Vital force）所支配者，不易試驗，至於心理學則更難。

第二，凡在空間之物質，前後現象易於確指，故其求因果也易；生物界前後現象雖分明，而細胞之所以成為全體，其原因已不易知；若夫心理學則頃刻萬變，更無固定狀態可求。

第三，三坐標或四坐標，驗諸一質點之微而準者，可推及於日月星辰，此尤為生理學心理學所不能適用之原則。

第四，物理上之概念，曰阿頓，曰原子，曰質量，曰能力：此數者得之抽象（Abstraction）而絕不為物體之具體的實在（Concrete Reality）（此名之義見詹姆士書中）所擾。至於生物學，有所謂種別，有所謂個性；而心理學為尤甚。因而生物心理兩界日為個性之差異所擾，而不易得其純一現象。（Uniformity）

當英天文學者愛丁敦氏（Eddington）赴南美測驗日蝕之日，德物理學者鮑恩 M. Born 詢愛斯坦曰：苟測而不驗奈何？愛氏答曰，誠如君言，吾惟有駭怪。（Da wurde ich mich sehr wundern） 此言也，所以表示其自信力之强，言其不能不驗也。 夫愛氏何以能自信如是？ 曰，以有吾所謂上述之四大原則故也。

物理現象惟有此四大原則，故日趨於正確；生物心理現象惟無此四原則，故不能日就於正確。 即此不正確之故，而精神科學之價值乃可得而推求。

精神科學之種類，前表已詳，不復再論。 吾所欲問者，則精神科學中有何種公例牢固不拔如物理學之公例者乎？ 有何種公例可以推算未來之變化，如天文學之於天象，力學之於物體者乎？ 吾敢斷言曰：必無而已。 天文學，世界統一者也，未聞有所謂英國天文學法國天文學也。 數學，世界統一者也，未聞有所謂美國數學德國數學也。 一言及於精神科學如政治與生計之類，每曰甲國之政制，不必適於乙國；甲國之政策，不必適於乙國。 乃至同在一國之內，忽而君主，忽而共和，果有一定之公例乎？ 忽而資本主義，忽而社會主義，果有一定之公例乎？ 無他，精神科學無牢固不拔之原則，且決不能以已成之例推算未來也。

或者以爲各國生計之進化，大抵由漁牧而農業，由農業而工商，是安得謂爲無公例？

貨幣之原則，曰良貨驅逐惡貨，是安得不謂爲公例？聲音之推遷，則有格李姆法（Grimm Gesetz）是安得不謂爲公例？誠有公例，安在人生觀之盡出於主觀？吾敢答曰，人生既爲血肉之軀，寒思衣，饑思食，其不能無待於外，奚俟辨而後明？故以上所云公例，大抵鄰於物質者也。惟其鄰於物質，故狀態固定，而易有公例可求。雖然，即有公例，然與物理學上之公例大異。何也？精神科學之公例，惟限於已過之事，而於未來之事，則不能推算一也。蓋社會日進不已者也，其進步既已過去，似有公例可求。當其進也，決非人所能預測，由漁牧而農業，而工商，雖若有一定階級，然所以變者，則又視人意如何，而不盡因於物質二也。此則精神科學所以與物理學迥不相侔者也。

穆勒約翰，經驗哲學家者也，實證主義者也，嘗論生計學之性質曰：

『余之生計原理一書之目的與前人等，曰在所假定之狀態下，求種種原因之作用之科學的瞭解。雖然，與前人異者，則不以此種狀態爲一成不變的。蓋生計學中概括之論，不生於自然界之必至，而起於社會之制度，故爲暫時的。

因社會之進步而變遷者也。』

當日學者頗有持社會科學公例一成不變之說者，穆氏起而反對之，謂社會現象有人意轉移其間，(Human Will, Human Effort)（自傳二四六頁）故非一成而不變。然穆氏受當日科學空氣之包圍，故於精神科學所以日變之故，未盡發明焉。

豈惟生計，政治亦然。近年以來，狄驥(Duguit)拉司幾氏(Laski)柯爾氏(Cole)反對國家主權說，乃欲以社會職司(Function; Service)之說代之。自其說出，於是治者被治者之關係爲之一變焉。議會之選舉，曰不以地域爲標準，而以職業爲標準，又爲之一變焉。既無主權，而一切人同居於服務之地位，則權利義務之說，必從而剷除，又可知焉。讀者試一思之，號爲科學者，而其根本觀念可以一朝推翻若是其易，是尙得謂爲科學乎？諸君或者起而駁曰，奈端之說何嘗不爲愛斯坦所推翻？可知此爲學術發達之結果，何獨於精神科學而疑之？雖然，奈端之說，正確程度或不如愛斯坦，故於光折之實驗，奈氏說已不能適用。若夫地球上之物體運行，至今猶爲奈端公式所支配，故愛氏學說不能推翻舊物理學，與狄驥輩之盡改政治學之面目者，不可同日而語。無他也，物質科學與精神科學之異同本如是也。

穆勒約翰氏雖嘗想及社會公例之不能久持，而猶不知其所以然之故。近年以來，研究社會科學者始有發明，而其人以倫敦社會學校主任王家學校生計學教授歐立克氏(Urwick)為首屈一指。歐氏書名社會進步之哲學，(Philosophy of Social Progress)字字珠璣，吾百讀而不厭者也。錄歐氏言數段如下：

『有良好之溝渠，可以減少疾病，可以使人口健康，此吾人所知者也。若夫人口健康以後，其德性如何，其毅力如何，是否有貧血症，是否有瘋癱症，是否繁滋，則不可知也。

『工作久，工價賤，則工人之效率必低，此吾人所知者也。然而優其工資，減其工時，其工人是否滿意，是否益趨於革命的或趨於宗教的，則不可知也。

『有健康之父母，必生健康之子女，此吾人所知者也。然而優生狀態之子女，智愚如何，柔暴如何，不可知也。

『以上所舉乃社會智識或科學之數例。此類智識於吾人之行動亦有用處，故吾人尤多得則尤有益。雖然，吾人之行爲非彼能決定者也。(Yet it does not determine our actions)』

歐氏更進而定社會科學之力之所能屆曰：

『科學之所能爲力者，不過排除某種行爲之方法，不過確定所以達某部目的之條件。至於全社會大目的之決定，吾人所應選擇之方向之決定，則非科學範圍內事。此決定何從而來乎？曰，視社會中各力所構成之活的衝動之複體。所謂社會各力有五：曰物理的，曰生物的，曰心理的，曰社會的，曰精神的。而精神力一端，決非科學所能研究。其潛伏於改良衝動或決定之後，且爲達某種理想之意力之最要成分者，遠強於其他科學所研究之自然力也。

『全社會之大目的，吾人名之曰社會幸福，無定的也，無限的也。人類生存之第一條件，卽在將其所謂大目的，時時加以畫定，以達於更美之境。　而此畫定之行歷，謂爲一部分起於生活變化之衝動的可也，謂爲一部分起於有目的之半理性的可也，謂爲一部分起於理想化的亦可也。　要而言之，則非科學的。』

歐立克氏全書所闡發者，曰全社會變化，決不能預測，故決非科學的。　凡上所舉，不過寥寥數段。　全書精義，尙不能盡其十一。　然社會現象，決非科學之所能盡究，則已顯然。且歐氏亦知世界社會科學家亦有頑固不化如在君者，又從而聲明之曰：

『吾之立脚點，至今無人承認，且恐不易得人承認，以科學之誘力之强，不亞於百年前之孔德時代。　彼等常繼續要求曰，卽令今日不能，安知來日亦復不能？　然以已往數年之事觀之，已大可助我張目。　社會之發展，翻倒而來，或善或惡，暫不必問，要之，非理性衝動之結果，故無人能預測也。』

夫事之可以預測者，必爲因果律所支配者也，今旣不能預測，則因果律安在？　而科學之技安從而施？　故社會科學之爲學，雖學者至今以科學視之，實則斷不能與物理學生物學同類而並觀。　常人不察，惑於政治科學（Political Science）社會科學（Social Science）之名，相率視爲玉律金科，蓋皆不知精神科學之眞性質者，而在君亦其一人也。

第四　人生觀

或者讀吾關於精神科學（或社會科學）之言論，必反詰曰，依君言觀之，似不絕對否認精神科學中之公例，果何以於人生觀？　則曰，決不爲科學所支配。　讀者當注意者：清華講演爲人生觀與科學之對照，非精神科學與物質科學之對照，故不能以我對於社會科學之態度，反駁吾人生觀絕對自由之說也。　社會科學固與人生觀相表裏，然社會科學其一部對象爲物質部分。（如生計學中之土地資本等）　物質固定而凝滯，故有公例可求。除此而外，歐立克所謂不可測度之部分，即我之所謂人生觀也。

人之生於世也，內曰精神，外曰物質。　內之精神變動而不居，外之物質凝滯而不進。

所謂物質者，凡我以外者皆屬之。 如大地山河，如衣服田宅，則我以外之物也；如父母妻子，如國家社會，則我以外之人也。 我對於我以外之物與人，常求所以變革之，以達於至善至美之境。 雖謂古今以來之大問題，不出此精神物質之衝突可也。 我對於我以外之物與人，常有所觀察也，主張也，希望也，要求也，是之謂人生觀。 甲時之所以爲善者，至乙時則又以爲不善而求所以革之；乙時之所以爲善者，至丙時又以爲不善而求所以革之。 人生一日不滅，則人生目的之改進亦永無已時。 故曰人生者，變也，活動也，自由也，創造也。 惟如是，忽君主，忽民主，試問論理學上之三公例，（曰同一，曰矛盾，曰排中，）何者能證其合不合乎？ 論理學上之兩大方法，（曰內納，曰外繹，）何者能推定其前後之相生乎？ 忽而資本主義，忽而社會主義，試問論理學之三大公例，何者能證其合不合乎？ 論理學上之兩大方法，何者能推定其前後之相生乎？ 乃至我于清華講演中所舉九項，試問論理學上之三大公例，何者能證其合不合乎？ 論理學上之兩大方法，何者能推定其前後之相生乎。

我嘗求其故而不得，則命之曰良心之所命。 以康德之名名之，則曰斷言命令。（Cattegorical Imperative）以倭伊鏗之名名之，則曰精神生活。而英人之中，發揮此義最透闢者，莫如歐立克氏。歐氏於其社會進步之哲學第二版序論中，既言社會科學不能與自然科學相提並論，又繼之以辭曰：（歐氏文僅譯其大意）

『吾之持論之一部分，卽在否認以理智爲人事之指導者。社會事實，以成見夾雜其間，故不易得公平之剖解。然此事實之變化非他，卽個人與團體之衝動爲之耳。此衝動之自來，不在自覺性中，非理智之所支配，情感爲之，意志爲之。此等衝動，乃個人之生活動機，（Life-motive）亦團體之生活動機。生活緊要關頭之行動自此而決。若其力之大小方向之所至，不能測度，不能預言。或者以爲吾言類於柏格森之惟用主義之部分，然吾以爲此生活衝動之背後另有物在，是名精神元素，（Spiritual Element）個人之品性與人格，卽自此而來。故個人之行爲與團體之行爲之決定，有三元素之結合：第一曰生活衝動，是爲半自覺的，以求適應於新需要；第二曰自覺的目的，是爲理智，所以解決問題之方法於此存焉；第三曰精神元素之作用，此爲一種深遠能力，非常人所能察知。此三者中除第二項外，皆非人之所知也。』

歐氏三元素之說，其術語與吾稍異，要其爲直覺，爲自由意志，則與吾所見如出一轍。總之，以人生觀爲可以理智剖解，可以論理方法支配，數十年前或有如在君之所深信者，今則已無一人矣。在君引適之經驗的暗示之說，以明科學家未嘗排斥直覺，不知此乃柏格森舉出種種證據，迫令經驗主義者不能不承認之結果也。既已認其實，復不願居其名，則以暗示之語代之，適足以證經驗主義者之無聊而已。

抑在君聞歐氏之言，必又曰此與柏格森張君勱一鼻孔出氣者，是玄學也，必不可信。則吾舉韋爾斯（H. G. Wells）之言。韋氏者科學的文學家也，去神秘主義者甚遠者也。其所著『最初物與最終物』一書中，嘗有論理學爲靜的，生活爲動的（Logic Statio and Life Kinetio）之驚語。繼之以伸論曰：

『普通之三段論式的論理學，每以爲凡爲甲者，或爲乙，或爲非乙。其實世間之物，何嘗有若是固定者？　其爲甲者，或變而去乙近，或變而去乙遠。　然人類之心理，於所謂變而尤近，或變而尤遠云云，每以爲難於說明。　於是好爲斷定之語，名甲爲乙，或名曰非乙，以其固定，則思攷易也。　其於變動不居之流，嘗求所以阻止之彼約修（Joshua）之阻止太陽之進行。　蓋川流不息之體，難於思攷，於是對於外界之事物，好暫時攝取小影，以求得一固定之形。　換詞言之，去其變動不居者，而後從而研究之，與自然科學家之死一蝴蝶，以達研究生活之目的者等也。』（二十六頁）

韋氏此段文章，於世界實在本爲活的動的，而論理學家必分之爲甲爲乙，使之歸於固定，以便思攷，可爲描畫盡旨矣。　如是，豈惟本活者超於論理學以上，即所謂本死者，亦難爲論理學之所範圍矣。

韋氏既論世界活的實在，不如論理學家所分畫之明確，於是謂世界有一種反動之趨勢，承認個體之單一性，而否認數學家之計算方法。　其言曰：

『算也，量也，數學之全部構造也，皆出於人之主觀，而與事實之世界相背。個體之單一性，乃客觀的眞理也。』（三十五頁）

此所云云，韋氏敍世界之傾向如是，而其關於人事之終結語曰：

『科學的嚴確之否認，推諸一切人事而準。至於關於個人之動機，如自克如虔敬之類則尤甚。』（三十八頁）

韋氏之言，可謂推闡盡矣，不容我更贊一詞。然在君必曰，此文學家也，常好爲驚世駭俗之言，故不可信。然詹姆士，則在君所認爲科學家也，其言宜爲在君所樂聞，錄之如下：

『論理學之關於人身有不可磨滅之用處；然其爲用，不能使人親自領略實在之眞性。實在也，生活也，經驗也，具體性也，直接性也，超於論理學以上者也，包圍之而淹沒之者也。』（多元宇宙二一二頁）

嗚呼！誠人生而超於論理學以上也，尙何定義可言？尙何方法可言？尙何科學可學家雖好因果，雖好公例，其何能顚倒此事實乎？

吾之所以答在君關於科學與人生觀之論辨，至此可以止矣。茲舉在君之質問，簡單答覆，並舉其要點如左：

（問）在君曰，物質科學與精神科學的分別不能成立。

（答）物質科學與精神科學內容不同，絕對可以分別；即以科學分類，久爲學者所公認一端，可以證之。

（問）在君曰，試問活的單是人嗎？ 動植物難道是死的？ 何以又有動植物學？

（答）人與動植物同是活的，然動植物學之研究之對象爲動植物，精神科學之所研究者爲人類心理與心理所生之結果，故不得相提並論。

（問）在君曰，如何可以說純粹心理上的現象不受科學方法的支配？

（答）凡爲科學方法所支配者，必其爲固定之狀態。 純粹心理，頃刻萬變，故非科學方法所能支配。

（問）人生觀能否同科學分家？

（答）人生觀超於科學以上，不能對抗，故分家之語，不能成立。

抑在君所慮者，人生觀既日變而不窮，人人標舉一義以為天下倡，致有張獻忠之類奈何？曰，人生者，介於精神與物質之間者也；其所謂善者皆精神之表現，如法制，宗教，道德，美術學問之類也；其所謂惡者皆物質之接觸，如奸淫擄掠之類也。古往今來之大思想家，每於物質精神之不調和，不勝其悲憫，於是靜思默索，求得一說焉，以佈於衆。故以吾國言之，自孔孟以下逮於陸王，以歐洲言之，自柏拉圖以下逮於所謂馬克斯，雖立言各有不同，然何一非舍己為人，以圖人類之解放者？人類目的，屢變不已；雖變也不趨於惡而必趨於善；其所以然之故至為玄妙，不可測度。然據既往以測將來，其有持改革之說者，大抵圖所以益世而非所以害世，此可以深信而不疑者也。詹姆士有言，惟心主義者，好以全體解釋部分。以詹氏言驗諸惟心主義者之道德論，可謂其小我之中以已具有大我性為前提，故其立言自能貫徹。在君如能棄其惟物主義或惟覺主義（如皮耳生是也）從我而學為惟心主義者，則人生觀雖出於自由意志而不至於不可以一朝居者，其義自可豁然貫通。若抱其惟物主義惟覺主義而不變，雖我百端辨說，恐亦無法以回在君之觀聽也。

（中篇）

第一 君子之襲取

在君之言曰：『今之君子……以其襲而取之易也。』此言也，在君之所以責當世者。乃讀其所謂科學的知識論，無一語非英人皮耳生（K. Pearson）之言，故君子之襲取，正在君之所以自謚也。

（一）在君曰，玄學是無賴鬼。又有詛咒玄學家死完之語。皮耳生曰，玄學家爲社會中最危險之分子。（皮氏著科學規範十七頁）

（二）在君引胃根氏動物生活與聰明一書中『思構』之語。

皮耳生亦引冐氏動物生活與聰明一書中『思構』之語。（皮氏書四十一頁）

（三）在君云，推論之眞僞，應參考耶方思（丁譯戒文士）科學原理。

皮耳生曰，關於推論之科學的効力，應參考耶方思科學原理第四章至第七章，第十章至第十二章。（皮氏書五十五頁）

（四）在君曰，此種不可思議東西，伯克萊（Berkeley）叫他爲上帝，康德叔本華叫他爲意向，布虛那叫他爲物質，克列福叫他爲心理質，張君勱叫他爲我。

皮耳生曰，官覺背後之物，惟物主義者名之曰物質，伯克萊名之曰上帝，康德叔本華名之曰意志，克列福名之曰心質。（皮氏書六十八頁）

（五）在君所用譬喩，曰書櫃，長方的，中間空的，黃漆漆的，木頭做的，很堅很重。

皮耳生所用譬喩，曰黑板，亦曰長方的，黃色的，很堅很重。（皮書三十九頁）

（六）在君說明覺神經腦經動神經之關係，以刀削左手指頭，乃去找刀創藥爲喩。

皮耳生說明覺神經腦經動神經之關係，以脚膝爲書桌之角所撞破，乃以手壓住，乃去求藥爲喩。（皮氏書四十二頁）

（七）在君以電話接線生比腦經。

皮耳生以腦爲中央電話交換所。（皮氏書四十四，四十五頁）

在君之襲取之定義如何，我不得而知之。上所列舉者，亦應視爲襲取否耶？我實告在君，今國中號爲學問家者何一人能眞有所發明，大家皆抄襲外人之言耳。各人讀書，各取其性之所近者，從而主張之。然同爲抄襲，而有不抄襲者在，以各人可以自由選擇也。適之何嘗不抄襲杜威？公產黨何嘗不抄襲馬克思？以吾觀之，卽令抄襲，不足爲病。惟在君既已標榜不襲取主義，而其文字不顧他人之版權至於如是，則我不能不爲在君惜耳。雖然，此閒話也。苟皮耳生之言誠能於眞理之發明有所補益，我並不以其出於在君之抄襲而蔑視之。故吾人且進而研究所謂科學的知識論。

第二　所謂科學的知識論

我所最不解者，則『科學的知識論』之名詞是也。若以『科學的』三字作爲已有定論解耶？則知識論應早已爲一種科學，與物理學生物學等，何待於今日哲學家紛紛聚訟。蓋古今所以有惟心主義，惟實主義，經驗主義，理性主義之別者，卽以知識論之漫無定說實使之然也。既已無定說，而必冠以『科學的』三字，斯之謂不通。若在君所引之知識論，以其爲科學家之言論，乃冠以『科學的』三字耶？則古今科學家中有關於知識論之主張者，不止赫氏，達氏，詹氏，杜氏，馬氏數人。德醫學家布虛那(Buchner)有心爲物質之說。生理學家馬勒蓄氏（Moleschott 1822—1893）有無燐質則無思想（No Plcsphorus no Thought）之說。以在君之尊重科學家，何獨於布虛那氏，馬勒蓄氏而薄之。在君知之乎？知識論者，哲學範圍內事也，與科學無涉者也。科學家之知識論，不必優於哲學家之知識論；哲學家之知識論，不必劣於科學家之知識論。自陸克康德以下，迄於今日英美之新惟實主義，同爲惟心主義，而其中有大同小異；同爲惟物主義，而其中亦有大同小異千差萬別，幾於不可爬梳。惟其然也，欲執一二家之言名之曰科學的知識論，此必不可得者也。

科學的知識論之名詞，既已不能成立，則在君所倚爲根據之知識論，已有一二百年之哲學史代吾人作辨護士。而皮耳生之言，已無取一一細究。然吾人姑讓一步，以皮耳生爲訴訟之一造而與之對質。皮氏立言，以我所見，其重要之點有三：

（一）思想內容之所以組成，則在官覺之感觸。

（二）因知覺或經歷之往復不已，因而科學上有因果概念。

（三）科學之所有事者，卽將此官覺之感觸，分類而排列之，以求其先後之序。

在君善讀皮氏書，然經歷之往復不已一條，乃忘却列舉，不知是何用意？英國學派好以經驗或感覺爲出發點，然反詰以感覺之中並無無形之因果概念在，則彼必答曰，是由其事之屢屢出現，成爲一種往復不已之態，此因果概念之所由來也。惟如是有因必有果者，非必然（Necessity）之眞理也；乃心理上之信仰或習慣爲之也。此說也，出自休謨（Hume）今已成爲傳統的學說。即北美行爲派之好以言語習慣（Language—Habit）解釋思想作用者，亦由此來也。

雖然，吾人試將皮氏之所謂感覺所謂知覺之往復不已，與夫因果律之本於知覺之往復不已三義，分析而論之。

皮氏有言曰：

『就科學就吾人言之，此在外的世界之實在，即形，色，觸三者之結合。換言之，即官覺的印象而已。人類所得之印象，猶之電話接線生之所得之叫號。彼之所知者，但有叫號者之音；至叫號者之爲何如人，非彼之所知。故腦神經他一端之本體如何，亦非吾人之所知也。吾人拘束於感覺之世界內，猶之接

線生拘束於叫號之世界內，而不能越雷池一步。』（科學規範六十三頁）

皮氏以爲分析世界之事物，其最終而不可分之元素，必歸於官覺之印象。除官覺之印象外，無他物焉。然以我觀之，苟人類之始生，若其所得於外界者只有感覺，則並感覺而亦不可能。何也？名此爲甲感覺，名此爲乙感覺，此甲乙之分，已有一種論理之意義。此意義也甲乙感覺所由以構成之分子也。吾人居此世界中，若所謂感覺僅有色之紅白，觸之剛柔，味之辛酸，形之大小，則所謂辨別性者安從而起？惟其不僅有色形觸三者，而尚有與覺俱來之物。譬之紅色，一至簡之感覺也；然與紅俱來者尚有二事：一曰紅色如此，二曰此眞是紅；此二者，即我之所謂論理的意義也。（以上皆採德國思想心理學之言）惟其有此二者，而後有彼此之分，而後有眞僞之辨，此則推理之所由以本也。一切感覺不能脫離意義，則皮氏純官覺主義何自成立耶？

蓋人類之於世界，既已以辨眞僞求秩序爲惟一要義，則與生俱來者，必有一種辨眞僞求秩序之標準。此標準爲何，即論理的意義也。前既言之，假令但有感覺，則即欲求感覺而亦終於不可能。惟其不僅有感覺，而又有意義，故能分別感覺之彼此。然更進一步言之，眞僞之意義既含於感覺之中，至於推理亦有一定之標準否？曰有，是爲康德之先天綜合判斷說。譬云『金屬因熱而澎漲，』金屬，主辭也；因熱而澎漲，謂詞也：是之謂判斷。此判斷中因果相生之觀念，必具於先天，而後此因熱而澎漲之命題乃能成立。休謨輩之言曰，安知此非積平日之經驗，覩其往復不已之狀而後有此判斷乎？康德曰，不然，平日經驗之所得，是爲官覺之所接觸，然伏於官覺接觸之後者，必有理性之作用，因果相生者，乃理性上之概念也。因此概念，而後金屬因熱而澎漲之判斷乃以成立，此所謂理性之概念，與前所謂論理的意義，名詞雖二，而精神則一。如是，感覺之往復不已，必非推理之惟一標準矣。

由以上二段觀之，可知科學家推本人類知識於感覺之說，無自而成立。然此類言論屢見而不一見者，皆自忘其立言之本也。譬之在君師法皮耳生之言曰，事物之實在，皆感覺而已。不知此一語中已含有非感覺的成分。何也？贊成感覺而排斥其他各物，則已有一種是非之標準。是非之標準，非感覺也。又如美之行爲派常曰，人類心理之研究，只有見於行爲者爲可依據。不知此一語中亦已含有非行爲的成分。何也？贊成行爲而排斥自覺性，已別有一種是非之標準。是非之標準，非行爲也。持惟物主義與持惟覺主義者往往自忘其出發點，以爲以覺爲始基，則天下事物皆覺矣；以爲以行爲爲始基，則心理現象除行爲外，無他物矣。不知其出發處旣誤，雖滔滔數萬言，自謂足以自圓其說者，而實則棋輸一著，全局皆空。

科學之所重者，厥在因果律之必然性。自馬哈（Mach）以來，以因果律必然性之說，不便於說明物理學一切現象，乃爲因果律重下一種定義，曰因果律者，無所謂必然性也，不過記現象之先後，且以至簡之公式表示之，以圖思想上之省事（Economy of Thought）。如數學上甲爲乙之函數，則乙亦甲之函數。故因果之相依，亦猶甲乙之相依，此外無他意焉。皮耳生之書，其論因果，一本馬哈之說。故其言曰：

『科學上之公例，乃以心理的縮寫法，記述知覺之先後之序。

『科學不能證明現象之先後中有內在的必然性。』

然以吾人觀之，力學上之現象，如一物件上左右各加一力，則其所行之路，爲平行方形之對角線。夫物件線路之方向，且能爲之算定，則必然性之强可以想見。馬氏皮氏輩爲維持其惟覺主義故，乃擅改定因果律之定義。實則惟覺主義本無成立之根據，而因果律之本意，猶之天經地義，初不以一二人之點竄而動搖也。

自以上三點觀之，皮氏知識論之脆薄爲如何。皮氏亦自知僅恃惟覺主義之不能自存，乃有所謂推理之說，而其標準則有三：

（一）概念之不能自相矛盾。

（二）以非反常的人之知覺爲標準。

（三）各觀察者所得推論之一致。

曰概念之不應矛盾也，曰所得推論之一致也，此本爲各學者公認之說，非皮氏之所特創。然惟覺主義者之皮氏，則不能資之以爲論據。何也？矛盾也，推論之一致也，惟理性中乃能有之，非官覺中之所表現也。皮氏之承認此三標準，不啻自棄其感覺一元論，而走人惟心派之先天範疇說矣。然而皮氏亦有說曰，吾舉三標準中，厥以非反常的人之知覺一條為中心？換詞言之，以各人官覺組織之同一，生理組織之同一，乃能得推論之同一，故與感覺主義無背焉。雖然，以人事言之，明明有官覺的印象相同，而其所得結論則大異。器官之徵異，達爾文曰，是環境使然；拉馬克曰，是用不用使然。果達氏拉氏官覺組織之不同耶？果如在君所謂誰為瘋子，誰為非瘋子耶？關於時空問題，奈端曰，時空絕對；愛因斯坦曰，時空相對。果兩氏官覺組織之不同耶？果如在君所謂誰為瘋子，誰為非瘋子耶？休謨陸克曰，知識起於感覺；康德曰，知識之成立，除覺攝外，依賴理性為根據。果三家官覺組織之不同耶？果如在君所謂誰為瘋子，誰為非瘋子耶？馬哈不認有所謂我，而詹姆士承認之。果兩氏官覺組織之不同耶？果如在君所謂誰為瘋子，誰為非瘋子耶？此數人者，所以各持一說之故，理由甚多，姑置勿論。要之，以感覺為知識材料之最後根源，（Sensation as the ultimate source of the materials of knowledge）以常人官覺組織之相同為推理相同之惟一根據，則斷斷乎其不可通。

皮耳生之知識論之駁難，大略盡於此矣。然中央電話交換所爲皮氏最愛用之譬喻，故不可不一論之。皮氏之意，人心如電話局之接線生，然接綫生但知兩家之報號，至報號者之爲何如人，非接綫生之所知。人心亦然，但能接受感覺，至感覺之背後爲何物，則非人之所能知。然依以上所言，人類之辨別眞僞，乃思想之本質。故所謂心之爲用，決非如接線生之接線而已。此意本與惟覺主義相反。若惟覺主義既破，則接線生之喻亦無自而成立。故美人羅傑司（Rogers）嘗評皮氏曰：

『苟接線生之全世界，僅以叫號者之聲音爲限，則所謂電話交換所，將如空氣之騰於虛空中，不移時而化爲烏有。』

羅氏之意，接線生不僅與聲音接觸，且嘗與世界實在相接觸，故交換作用之依據，不僅限於聲音。誠如是，人類之所接觸者，決不限於感覺。而感覺之後，必另有他物在，雖其爲物之本體如何，爲哲學爭論之焦點，然吾人之知識世界，決不僅以感覺充斥，則可以斷言。人心之辨是非也，別眞僞也，卽爲實在之一點，而豈感覺之所能盡哉？

抑吾尚有駢指之言告在君與適之公等：讀吾駁皮氏之言，必以我純守德菲希德以後惟心主義者之規矩矣而實非也。世界哲學之潮流二：曰英，曰德。英人好以外釋內，故爲後天主義，惟覺主義。德人好以內釋外，故爲先天主義，惟心主義。惟英人以外釋內也，故在哲學上有陸克休謨之感覺說，或經驗說，倫理學上有邊沁之功利主義，進化論則有達爾文之生存競爭微變積疊說，心理學上則有行爲主義，教育哲學則有環境適應說。惟德人以內釋外也，故哲學上有康德之純理性說，倫理學上有康德之義務說，生物學上則有杜里舒之生機主義，心理學上則有思想心理學，（胡爾荸學派）教育哲學上注重精神之自發雖主內者不能幷外而盡去之，主外者不能幷內而盡去之，然其大經緯如是，固不易混而同之。吾國當此新學說輸入之際，取德乎？取英美乎？吾則以爲皆非也。曰，取二者而折衷之耳。蓋惟心，惟物，惟理，惟覺，本爲一種無聊之爭執。吾國學者若取歐美人門戶以樹之國中，行見其徒費口舌，而於學理一無裨益。然我默察國人心理所趨，倚傍門戶之見解深入人心，故英德內外之爭，先天後天之爭，經驗理性之爭，環境與精神之爭，恐亦不免在吾學術界上重演一過。何也？學於英美者，師法英美人；學於德者，師法德人；其能融會而貫通，以期超於英德之上而自成一家言者，其人本不易得焉。

古往今來之哲學家，自成一系統，包舉一切現象，而其說足饜人心者，無如康德。康德哲學之系統如左：

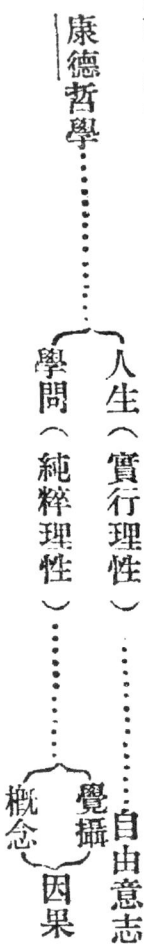

康德哲學
- 人生（實行理性）……自由意志
- 學問（純粹理性）
  - 覺攝
  - 概念
  - ……因果

人類好於一切現象求其因果之相生，於是有知識有科學。然欲以因果律概括一切，則於人生現象中，如懺悔，如愛，如責任心，如犧牲精神之屬於道德方面者，無法以解釋之。於是康德氏分之為二：曰關於倫理者是自由意志之範圍也；關於知識者是因果律之所範圍也。自由與因果二義乃不相衝突，而後人事與知識方面各有正當之說明。此康德之所長一也。至於知識為物是否起於感覺，抑起於理性，康德則有一種調和之說，曰有覺攝而無概念，是為盲目：有概念而無覺攝，是為空洞。此言也，即所以調和兩派也。此康德之所長二也。康氏之哲學，本取英休謨與德華爾孚而折衷之，惜焉後人不能發揮光大，致陷哲學界於分裂。繼今以後，誠能本康氏之說，以施之於英德之哲學，英德之倫理學，英德之生物學，英德之心理學，英德之教育學，必能有所發明，而於學術界有一種新貢獻。此責也，以誰任之爲宜？曰吾以爲莫如吾國人。何也？少國界之拘牽，不爲陳言所束縛，非英德人之所能也。合二者而一之，斯上策也。否則兩利而俱存之，猶不失爲中策。若執一方之言以誇耀於國人，則無聊之甚，莫過是矣。此段文字吾自知其爲題外之文，然所以不能不言者，一則辨明感覺與概念同爲知識構成之分子，不能幷感覺而排斥之，惟如皮耳生氏以此爲惟一元素，則爲吾所不贊成；二則希望國中研究哲學者如適之者，不可徒執一先生之說，以分門別戶，若能以調和英德之說爲己任，則於學術界必能自闢途徑，而此業正爲吾國人所應努力。愚意如此，不敢執國人而強同之也。

第三　科學以外之知識（一名科學之限界）

世間事物之『眞』者，皮氏曰惟有感覺。我以爲苟無辨別眞僞之思想，則幷感覺之彼此而亦不辨。故所謂『眞』者，除感覺外必認思想，或曰論理的意義，此乃學術上之天經地義，不容動搖者也。

然而在君旣以皮氏感覺之說爲出發點，於是除科學方法所得之『眞』外，概不認爲『眞』。故其言曰：

第一，凡概念推論若是自相矛盾，科學概不承認他是眞的。

第二，凡概念不能從不反常的人的知覺推斷出來的，科學不能承認他是眞的。

第三，凡推論不能使尋常有論理訓練的人，依了所根據的概念，也能得同樣的推論，科學不承認他是眞的。

此三條文之性質如何，前文已嘗及之。其所以立此標準者無他，曰定知識非知識之限界。

皮氏亦曰：

『苟有說者，謂某某區域內，如玄學（或形上學）之類，科學旣遭擯除，其方法又不適用云云，是無異謂方法的觀察之原則論理的思想之公例，皆不適用於此區域內之事實耳。

『苟誠有此類區域，吾人惟有答曰，此區域必在知識一名之正當的界說以外。』

皮氏毅然決然畫一條界線，凡爲科學方法之所適用者，名之爲知識，反是者不名之曰知識。

吾人可簡單答曰：皮氏此類界說絕對不能成立者也。 何也？ 誠如皮氏言，則人事之大部分，皆不得以知識名之。 曾子曰，吾日三省吾身，爲人謀而不忠乎？ 與朋友交而不信乎？ 傳不習乎？ 忠不忠信不信之辨，惟己知之最深，而與在君所舉之三標準無涉焉。 吾人其能以其不合於三標準，并此類之知而不認爲眞乎？ 此關於道德之知一。 子語魯太師樂曰，樂其可知也。 樂之美不美，亦惟一己能知之，而與在君所舉之三標準無涉焉。 吾人其能以其不合於三標準，并此類之知而不認爲眞乎？　此關於美術之知二。　子曰，未知生，焉知死？　又曰，知之爲知之，不知爲不知，是知也。　此生死之知不知，可知與不可知之界限已爲一種科學知識與非科學知識之界線，亦與在君所舉之三標準無涉焉。　吾人其能以其不合於三標準，并此類之知而不認爲眞乎？　此關於形上界之知三。　凡此三者，苟以其非科學之技所能施，乃并其爲知識之性質而亦否認之，適足以證科學家自知其力之有限，乃於其力之所不及者，閉目而不欲見，充耳而不欲聞耳。

幸焉科學家中非必人人狹小如皮耳生。　有直認科學之力之所不及，而以哲學美術宗教三者爲輔佐，則英生物學家托摩生其人是也。　托氏於所謂科學方法所適用之知識外，同時承認三項，曰哲學，曰美術，曰宗教。

托氏所以承認哲學者有二故。　各科學以一定之達坦（Data）爲出發點，至達坦之是否正確，不暇細究。　物理學以物質以愛納湼爲宇宙之本，一若有此二者，則宇宙可以立就。　抑知所謂物質所謂愛納湼，（Energy）其在大宇宙中，應作何解，不可不加研究。

種變也，遺傳也，進化也，在生物學上視之爲定論；然此數者之意義，是否正確，亦不可不經一番研究。此爲一科學思想之徹底計（Consistent Thinking）不可不有批評之者，此哲學之所有事者一。自物理學視之，此宇宙一機械的宇宙也；自生物學家視之，此宇宙一有目的之宇宙也。究竟此兩種宇宙觀如何使之合一，以成一徹始徹終之宇宙觀，此哲學之所有事者二。

托氏之論美術曰：

『人類之大目的，其於自然界，不僅知之，——此科學之事——又在能享受之。人者，有情感者也。其與自然界語也，不發之於理智而發之於心。有詩人焉，寄其所感於詩歌，否則默默不言之中，亦有悠然自得者。語夫情感之變，忽焉喜，忽焉懼，忽焉憂戚，忽焉驚疑。天空星羅之偉觀也，山脈起伏之秘奧也，海潮之川流不息，鷲鷹之自由飛翔，花果之隨時開落，無時無地不使人勃然興起，曰：此天地之偉觀也。』

托氏又論科學與美術之關係曰：

『吾人深信科學之價値，在求得敍述的公式，使人之理解與實行上便於把捉自然界。以云科學之結論，謂能令人滿意，則吾人殊不之覺。人之於宇宙必欲解釋其由來。有人語吾輩曰，此種希冀，殊不正當。然吾人初不爲所動。吾信崇拜自然之詩歌與宗敎之情感，可以與科學相輔而行。此二者，直覺的衝動的也，非理智的也。二者皆求所以超於科學之上者，而吾人深信此二者之有成而無敗也。』

托氏解釋宗敎曰：

『宗敎者，無定義可下者也。對於獨立之精神的實在，與以實行上情感上理智上之承認，斯卽宗敎之義。』

托氏又論科學與宗敎之關係曰：

『人也，自然界也，二者之歷史也，科學對於此諸問題求所以解答之，然世界甚大，科學甚稚，故其答案必不圓滿。卽令關於全宇宙之答案已達圓滿之境，與今日對於各部分之答案同，則必有他問題生，而爲人所不能答覆者。卽令答覆矣，其不滿人意自若焉。欲求補充的答覆，惟有詩歌與宗敎之感情。故視科學方法爲達於眞理之惟一途徑，此吾人所不信者也』（科學引論二一八頁）

吾人徵引托氏之說者，所以證在君與皮耳生之所謂知識所謂眞乃一偏之見，不足措信。科學方法非達於眞理之惟一途徑，明明出諸科學家托摩生之口，在君亦視爲玄學而抹殺之耶？

托氏所以認哲學美術宗敎爲『眞』者，凡以見科學之力有所不及。故托氏之所明白昌言者，則曰科學之限界。物理家以物質爲基本概念，然物質之本質爲何，非物理家所能解釋也。生物學家以細胞爲基本概念，然細胞之本質爲何，非生物學家所能解釋也。推之生物之來源，心理與身體之關係，科學家之無法解釋正與此同。於是托氏從而斷之曰，小秘密去，大秘密又來，宇宙之神奇，決非科學所能盡滅，或者因研究之深淺暫時遷移之耳。（科學引論一九一頁）　托氏又引蘭克司德（R. Lankester）之語曰，……（上略）此等事物，非今日科學所能解釋，且永非他日之科學所能解釋。　嗚呼！　吾讀此數家之言，何自謙抑若是。　以之較在君科學萬能之語，雖不能不佩其螳臂當車之勇，然吾惟有嘆蟪蛄之不知春秋而已。

第四　玄學在歐洲是否『沒有地方混飯吃』

在君所念念不忘者，爲吃飯問題。　一曰玄學……（略）到近來漸漸沒有地方混飯吃。　再則曰玄學家吃飯的傢伙……（下略）　玄學之在歐美，生耶死耶，請與讀者一研究之。　在君之文，題曰玄學與科學，以其明知今之青年聞玄學之名而惡之，故取此名以投合時好。　惟玄學一名含義之混，故於研究之始，不可不先定範圍。

玄學之名，本作爲超物理界超官覺界解釋。　惟其有此解釋，於是凡屬覺官以上者，概以歸之玄學。譬之因蓋律雷罪狀之宣告，而想及羅馬教，曰此玄學之過。然而玄學不任受也。因蓋律雷之發明力學而上溯之中世紀，則有以星學占吉凶者，有以巫蠱易牛乳之色者，（皮氏科學規範二十二頁）曰此玄學之過。然而玄學不任受也。乃至十七八世紀之交有德人華爾孚氏（Christian Wolff 1679—1754）之玄學，以爲獨特純粹理性可以解決上帝問題宇宙問題者，亦早爲康德所駁斥矣。雖然，自十九世紀末年以來，代表現代思潮之各大哲學，無不有玄學之著作。其所以然之故，姑俟後詳。先將其書名及出版年月列表如下：

一八七四，法國蒲脫羅氏（Boutroux）『自然律之偶然性』

一八八八，德國倭伊鏗氏『精神生活之統一』

一八九七，美國詹姆士氏『信仰之意志』

一九〇一，倭氏『宗教之真諦』

一九〇二，詹氏『宗教的經驗之各樣』

一九〇三，法國柏格森氏『形上學序論』

一九〇七，柏氏『創造的進化論』

一九〇七，倭氏『宗敎哲學根本問題』

一九〇八，蒲氏『科學與宗敎』

一九一六，杜里舒之形上學『實在論』

一九二二，杜氏『實在論』再版

此外以形上學之復活名其書者，尤屢見不一見。然則在君所謂『玄學在歐洲鬼混了二千多年，到近來漸漸沒有地方混飯吃，』又曰『不怕玄學終久不投降，』豈不是白日說夢話？國人所以聞玄學之名而惡之者，蓋惑於孔德氏人智進化三時期之說也。孔氏曰，神學時代重冥想；玄學時代推究萬物而歸之於一源，如化學力或生活力之類；至實證時代則以觀察爲重，棄絕對原因說，而但求現象之公例。然以我觀之，卽爲神話或宗敎最古優勢之時代，而少不了舟車之製作，耕耘之勤動。則實證之功，又豈絕無？卽今日號爲科學時代，而於物質之究爲何物，生命之究自何來，何謂宇宙觀，何謂人生觀，未嘗無論及之者。則神學形上學之討論，豈得謂無？故孔德三時代之說，初不合於進化之事實，而時代與玄學有無之界綫，乃不能畫定者也。

竊嘗推之，十九世紀末年以來，玄學運動之所以勃興者，蓋有數故。科學家以官覺達坦（Sense-data）爲張本，苟其解釋能滿足人心之要求，斯亦已矣。無如其所謂解釋者，不外乎前後現象之相關，而宇宙之神祕，初不之及。此其反動之因一也。科學家以理智（即論理公例）解釋一切，而活社會之事實，非論理或定義所能限定。此其反動之因二也。科學家好以因果律爲根據，然驗之人事，其出於因果外者，往往而有。心靈之頃刻萬變，更非因果所能範圍，於是哲學家起而大昌自由意志之說。此其反動之因三也。既不以形下爲滿意，乃求所以達乎形上；而形上之中，其所慰安人心者，則曰宗教；於是有提倡耶教改革者如倭伊鏗，亦有自實用主義以明宗教之爲用者，則曰詹姆士。此反動之因四也。要之，此二三十年之歐洲思潮，名曰反機械主義可也，名曰反主智主義可也，名曰反定命主義可也，名曰反非宗教論亦可也。 若吾人略仿孔德時代三分之法，而求現時代之特徵之一，吾必名之曰新玄學時代。 此新玄學之特點，曰人生之自由自在，不受機械律之支配，曰自由意志說之闡發，曰人類行為可以參加宇宙實在。 蓋振拔人群於機械主義之苦海中，而鼓其努力前進之氣，莫逾於此。

雖然，同為主張玄學而立脚點各異。 有以玄學作為哲學解釋以達科學思想一貫之目的者，如韋爾斯氏托摩生氏是也。 有以玄學求變求實在者，柏格森是也， 有以玄學作為達於精神生活之境者，倭伊鏗是也。 有以玄學與宗教分論之者，詹姆士是也。

韋爾斯曰：

『流俗之見，每以玄學為無益為煩難，且事屬玄妙，無關實用。 然就事實言之，為圖思想之明確計，則玄學的研究乃必要之條件也。

『現代心理，須對於玄學重行研究，今正其時矣。』

托摩生曰：

『各科學供給此大宇宙之部分的影片，以其影片之立脚點各異故也。此種種影片，非僅依次排列已也，將合之以成一立體鏡中之景色，此玄學之事也。玄學建設之業，在求一首尾貫澈之宇宙觀，而其所以達此目的者，不採先天的方法，而以科學爲根據。』

此二氏者，爲圖各科學之會通計，所以承認玄學之必要也。

柏格森曰：

『理智之所得者，只有外表，而不反於事物之內部。

『所以認識者非爲認識而認識也，所以圖有所得也，』

柏氏斷言理智之爲用，不適於求實在。然而人心之隱微處，活動也，自發也，是之謂實在，是之謂生活。既非理智之範疇所能把捉，故惟有一法，曰直覺而已。是柏氏玄學之內容也。

倭伊鏗之哲學之大本曰精神生活。人生者介於物質與精神之間者也。物質常爲吾人之障礙，故超脫物質，以靖獻於大我生活之中，是倭氏立言之要旨也。

若夫詹姆士，其以玄學爲學也，則立論與韋氏托氏同。以爲各科學各有其立脚點，故不能得思想之會通；欲求所以一之，惟賴玄學。（小心理學四二六頁）若其關於宗教之論，雖亦自實用主義出發，然以爲信仰之爲物，初不在證驗（Verification）之有無。亦有因意志堅强，而導人以達於成功，則謂信仰能構成證驗（Faith Create its Verification）亦無不可。是詹姆士深於形上之信仰爲何如。

吾於各家之說，縷縷言之不已者，似已出乎答辨範圍之外。雖然，因此諸家之言，可知在君所云，苟非盲人瞎馬，則必爲有意朦混矣。近三百年之歐洲，以信理智信物質之過度，極於歐戰，乃成今日之大反動。吾國自海通以來，物質上以砲利船堅爲政策，精神上以科學萬能爲信仰，以時考之，亦可謂物極將返矣。故新玄學之爲學，其所以異於舊玄學者何如，其與各科學之關係如何，其與人心風俗之關係如何，本我之所引爲己責，而欲介紹於吾學界，因在君之醜詆，令我有感於中，而更不能不長言之矣。

（下篇）

第一　我對於科學教育與玄學教育之態度

自以上兩篇觀之，吾人之立脚點，可以簡括言之：

（一）官覺界以上，尚有精神界。　學問上之是非眞僞，卽此精神之綜合作用之表示。

（二）官覺與槪念相合，知識乃以成立；然除學問上之知識外，尙有宗敎美術亦爲求眞之途徑。

（三）學問上知識之成立，就固定狀態施以理智之作用；若夫人生所以變遷之故，則出於純粹心理，故爲自由的。　仲言之，歷史之新陳代謝，皆人類之自由行爲，故無因果可言。

惟其如是科學決不能支配人生，乃不能不舍科學而別求一種解釋於哲學或玄學中。（或曰形上學）此語也吾人對於科學與玄學之理論的評價也。雖然，人類之於學問也，每好以學問爲手段，以輔助其人生上之目的。而輔助之法，莫如敎育，於是有科學玄學之實用的價値問題。換詞言之，卽其在敎育上之位置如何，斯爲本節之所欲研究。

敎育之方法，無論或隱或顯，常以若干人生之理想爲標準，標準定而後有科目之分配。我之視人生觀爲自由意志的，故敎育方法爲一種。皮耳生與在君以人生觀爲可以統一的，故其方法又爲一種。在君之言曰：一個人的腦經思想的强弱，就是一個人的環境與遺傳。此在君之意，以環境與遺傳爲原因，而一人思想則其結果也。皮氏亦然，嘗論社會之變遷曰：

『吾人見社會上有大活動之時代，有外表靜止之時代，此社會制度之大變。吾人所以歸其因於少數個人，而名之曰維新與革命，卽以吾人對於社會進化之確實途徑，尙有所未知。』

是皮氏之意，亦以爲社會之變遷，必爲因果律所支配；特以今日知識尙未到家，乃歸其功於少數提倡者。皮氏與在君本此類觀察，於是其敎育方針，則爲注重科學。皮氏書中有論科學與公民一節，其大意曰，事實之分類也，求其先後之序也，乃科學之所有事也。此祛除成見，以事實爲本之精神，不獨科學家應有之，即一般國民亦無不當有之。在君所言，與皮氏同一精神，惟不如皮氏之簡單明瞭。其言曰：

『科學……是敎育同修養最好的工具，因爲天天求眞理，時時想破除成見，不但使學科學的人有求眞理的能力，而且有愛眞理的誠心。』

而其所深惡痛絕者，一則爲英國敎育上自然科學之不完備，二則爲科學知識不適用於政治。夫人類之政治能否爲科學所支配，前已論之矣。若夫科學與求眞之關係何如耶？科學與愛眞之誠心關係何如耶？敎育上注重科學之利害關係何如耶？不可不分析論之。

求眞云云，一切人所公認決無反對之者也。雖然，所謂眞者，作何解釋耶？依在君之意，所謂眞者，官覺的印象，而經推論工夫之鍊鑄者也。其所謂眞，獨限科學之智識，則與吾人之立脚點既異趨；卽令認其所謂眞者爲眞，則人類之求瞭解此宇宙，自昔日而已然。或曰宇宙之原質爲水，或曰火，或曰阿頓，或曰電子。依吾觀之，最終之眞者爲何，終非人所能解決。不見托摩生之說乎？小秘密去，大秘密又來。故秘密之轉移則有之，解決則未也。

法國當十九世紀之初期，其大科學家有醫學家之伯司德（Pasteur）倍爾那，（Claude Bernard 1813—1878）有化學家之倍德魯，（Berthelot 1827—1907）皆信科學之進步的力量；同時則有文學家之藍農（Renan）鼓吹其說。自哥諾氏（Cournot 1807—1877）魯諾徵（Renouvier 1818—1903）先後輩出，攻擊科學之無上主權，於是學者對於科學之觀念爲之大變。十九世紀之末，樸因卡勒氏（Poincare）至有『科學公式者，方便也，非眞理』之語。夫誠爲方便，則除我所謂向外，更又有何說？在君不認爲向外，乃曰修養的最好工具，豈事物之觀察實驗可作爲向內之修養工具耶？豈在君之二大推論原則，可作爲向內之修養工具耶？雖然，吾知之矣。在君理想中之科學家之模範，則爲赫胥黎氏。（Huxley 1825—1895）赫氏於十九世紀之後半，以科學智識普及於勞動者，同時則反抗宗教家而贊成達爾文之進化論。惟其惡陳言而好實證，故嘗以理智的誠實（Intellectual Honesty）爲人類最高之道德。又曰，即令妻子死亡，名譽掃地，然以謊語之人期我，我不爲焉。赫氏之事事必徵驗，吾豈不佩！然吾以爲此一人之人格爲之，何與於科學？蘇格臘底氏之生，距近世科學文明之發端千八百餘年矣，堅持所信，傳授教義，卒以遇毒而死，視赫氏又何多讓？此一人之內生活使然，與科學教育無涉焉。夫智識慾者，人類之天性也，因文字意見之不同，觸犯時忌，竟以身殉者，古今無代無之，安得以此獨歸功於科學耶？

以上所云，但就求眞與愛眞兩點言之，尚未及於科學與教育之關係。夫科學之有益於實用，孰得而否認之？然其流弊所屆，亦不可不研究。試略舉之，則有五端：

（一）自十九世紀後，英德各國列自然科學於學校科目之中，然物理也，生理也，博物也，同屬自然現象，故同以官覺爲基礎。官覺發達之過度，其非耳之所能聞，目之所能見，則以爲不足憑信。

（二）科學以對待（Relative）以因果爲本義。　有力而後生動，（奈端第一律）物理上之因果也；思想與腦神經相表裏，生理上心理上之因果也；生命之基礎在細胞，生物上之因果也；社會進化，視其國之地理氣候如何，歷史上之因果也。　若此云云，豈無一面之眞理？　然學生腦中裝滿了此種學說，視己身爲因果網所纏繞，幾忘人生在宇宙間獨往獨來之價值。

（三）科學智識之充滿，以爲人生世上之意義，惟官覺所及者足以了之，於是求物質之快樂，求一時之虛榮，而權利義務之對照表，尤時時懸在心目之間，皆平日之對待觀念有以養成之。

（四）科學以分科研究爲下手方法，故其答案常限於本範圍內。　然人類所發之問，往往牽及數種學科，故科學之所答者，非卽吾人之所需，惟有令人常以此另一事四字了之。　且分之尤細，則入之尤精。　然時時在顯微鏡中過生活致人之心思才力流於細節而不識宇宙之大。

（五）教育家爲應付社會中之生計制度計，常以現時生計制度爲標準，而養育人才。 於是學一藝而終身於一藝，爲無產者謀生之不二法門。 若夫變更社會之貧富階級，使凡爲人類各得爲全人格之活動，皆得享全人格之發展，則爲適應環境之科學的教育家所不敢道。

十九世紀之初，科學的信仰，如日中天，故赫胥黎輩毅然與宗教家抗，要求以自然科學加入學校科目中。 今其行之也，暫者數十年，久者已及百年，利害得失，皎然大明。 謂將自然現象詳細分類，且推求其秩序，謂將望遠鏡仰察天空的虛漠，用顯微鏡俯視生物的幽微，（以上皆丁語）已足以盡教育之能事乎？ 不獨前此所不適用，（教育上不能無倫理，即教育非自然科學所能範圍之明證）以云今後，更無論矣。 吾以爲教育方針之應改良者：

（一）學科中應加超官覺超自然（Supernatural）之條目，使學生知宇宙之大，庶幾減少其物質慾望，算賬心思，而發達其舍己爲人，爲全體努力之精神。

（二）學科中應增加藝術上之訓練。就享受言之，使有悠悠自得之樂；就創作言之，使人類精神生活益趨於豐富。

（三）學科中應發揚人類自由意志之大義，以鼓其社會改造之勇氣。

此三點也，苟在君而以爲玄學敎育也，則我亦直認不辭曰，是玄學敎育也。

三點之中，或者敎育家雖心然其說，而以爲不易實現，則吾正告之曰，形上界云云，在歐洲常以之與羅馬敎耶穌敎相混，故嚴正之形上學極不易得，然就切於人事者以發達其大我性，則可取資者遍地皆是焉。以云藝術，今獨委之專門之藝術家，若一國之先覺者大聲疾呼，告以人生之意義，初不盡於工廠，初不盡於銀行公司，則所以轉移此風氣者，又豈無法？以云自由意志之敎義，世界之社會革命黨已行之而大奏功，德俄兩帝國之推翻，皆此種敎育爲之也。

十九世紀以降，所謂科學的敎育家，詔其學生曰，一切現象皆有因果，人類進化爲自然律所支配，故只能求所以適應於其環境。 所謂學校中蹈常習故之教育則如是。 然考之他方，其社會革命家告其同志曰，人事變遷，無所謂因果，視吾人之意志何如：意志力强，則環境可以衝破；反是者，人類為環境之奴隸。 彼輩又以為理智之為用，長於思辨，短於實行，故與自由意志說相輔而行者，一則曰行動，再則曰直接行動。—此為法國索勒爾（Sorel）之說。—德之社會民主黨本此種方法宣傳於國人，而革命之業已告成功矣。 俄之鮑爾雪維黨亦然。 究竟人事進化，有何種公例耶？ 有何種因果耶？ 吾以為德俄之革命，不啻對於科學的教育為明著之反證也。

以社會革命黨之貧弱，獨本其熱心毅力，而轉移一國之風氣者至於如是。 德國革命既成，俄鮑爾雪維黨用其法，在西歐組織公產黨，尤注重青年教育，每星期日召集公產主義之青年，灌輸其改造之智識，授以意志堅定之方法，告以為人類犧牲之勇氣；在俄法有公產主義青年運動，有馬克斯學校，在英有勞動學校：皆本此精神而設者也。 故今日歐洲之國民教育兩派對立，其一曰欽定教育，教人以因果說，教人以適應環境，教人為現狀之奴隸；其二曰社會改造派之教育，教人以無因果說，教人以自由創造說，教人以衝破環境。其所以使之然者，皆偏於因果偏於理智之科學的教育之反動也。

讀者聞吾言，慎勿謂我視社會改造派之教育為獨一無二之良教育也。吾以為教育有五方面：曰形上，曰藝術，曰意志，曰理智，曰體質。科學教育偏于理智與體質，而忽略其他三者。社會改造派之教育，偏於意志與犧牲精神，而其所欲達之目的，在工價在勞動狀態之改良，在財產制度之變更。此數者，自工黨立腳點言之，當然為正當之要求，然自人生之意義言之，則與科學家同犯一病，偏於官覺偏於惟物主義而已。要之，自歐洲社會革命與其青年運動觀之，理智以外之人類潛伏的心能，隱而未發者，正未可限量。誠能迎機道之，則物質制度與精神自由之間，保持現狀與打破現狀之間，自有一條平和中正之道。若固守科學的教育而不變，其最好之結果，則發明耳，工商致富耳；再進也，則為階級戰爭，為社會革命。此皆歐洲已往之覆轍，吾何苦循之而不變乎？國中之教育家乎！勿以學校中加了若干種自然科學之科目為已了事也。歐洲之明效大驗既已如是，公等而誠有懲前毖後之思，必知所以改絃易轍矣。

第二　我對於物質文明之態度

在君引吾批評物質文明之語，繫之以說明曰：『試驗室是求眞理所在，工廠是發財的機關。』又曰，『使人類能利用自然界生財的是科學家建築工廠……的，何嘗是科學家？』此中限界，吾之原文本極明白，無待在君之辨別。吾所深喜者，則在君文中絕無一語爲物質文明辨護是也。惟其於我之根本精神全未明瞭，故不可不論之。

（一）物質文明與精神文明二名詞之說明　一人之身，內爲精神，外爲物質，固盡人以爲能解之語也。然問何者爲物質，何者爲精神，則能答者寡矣。衣冠，物質也；皮肉筋骨，物質也；更進而求之，則爲腦神經亦物質也。總之，手之所觸，目之所見者，謂爲物質。若夫心思之運用，則非手之所能觸，目之所能見，故不謂爲物質而謂爲精神。雖然，同爲精神，又有先後輕重之別。告子有仁內義外之說，宋學家有尊德性道學問之爭，故同爲無形之中，而其中又有所謂內外。此種心性之學之論爭姑俟後詳，若就東西文明之比較言之，則此二名詞亦自有成立之理由。

同爲人類，誰能不衣，不食，不舟，不車，不耕，不織？謂西洋之輪船電車爲物質文明，則中國之帆船，小車安在其非物質文明耶？謂西洋之高樓大廈爲物質文明，則中國之茅屋蓬戶，亦安在其非物質文明耶？謂西洋之紡織廠與機器耕種爲物質文明，則中國之耒耜與紡車亦安在其非物質文明耶？世界旣無不衣不食不住之民族，則其文化中孰能免於物質的成分？反而言之，誰無宗教，誰無美術，誰無學問？故號爲文化，亦決不能缺少精神的成分者也。雖然，就其成分之多寡，則有依輕依重之分。吾人所以名西洋三百年來之文明爲物質文明者，其故有四：

（1）就思想上言之，因蓋律雷之力學之發明，乃欲以機械主義推及於生物學上心理學上之一切現象，甚至以此種主義解釋人生。

（2）學術上多有形之製作，有所謂發明，則國家竭全力以保護之。

（3）蒸汽機發明後，國中以設工廠砌烟突為無上政策，貨既製成，則輦而致之國外，全國之心思才力盡集於工商。

（4）國家以拓地致富為惟一政策，其有投資於國外者，國家則以外交軍事之力為後盾。

本此四故，一若人生為物質為金錢而存在，非物質金錢為人生而存在。其所以稱為物質文明者在此。

中國文化，其內容甚繁複矣。國中無定於一尊之宗教，故驅學人以入於自然界之研究，不如西方之力；以農立國，故計較錙銖之市儈，與運錘轉機之工人，無所施其技；又以鎖國為政策，故無從吸收他國之脂膏；若其人生觀，則涵育於中庸之說，既無所謂機械觀，目的觀，亦無所謂個人主義與社會主義。如是，東西相形，若其中亦自有可以安心立命者，於是世人相率以精神文明名之。中國之精神文明當如何改進乎？一事也。西方之物質文明是否可效法乎？又一事也。前一問非今日所能詳，姑就後一事論之。

（二）物質文明之利害。 物質文明之內容定矣，吾乃發問曰，苟今後吾國以西方文明之四大特色爲標準，從而步趨之，則其利害當如何？ 以言乎思想上之惟心惟物與夫目的機械之爭，今日歐美之迷信科學者，已不如十九世紀初年之甚。 故欲以機械主義支配吾國之思想界，此必不可得者矣。 若夫深信富國强兵之政策者，則國中尚不乏人，而國家前途最大之危險亦卽在此。 去年爲滬上國是會議草憲法案，繼作理由書名國憲議，其中對於歐洲富强政策之批評一段，可與本問題相發明，錄之如下：

『歐美百年來文化之方針，所謂個人主義，或曰自由主義：凡個人才力在自由競爭之下，儘量發揮，於是見於政策者，則爲工商立國；凡可以發達富力者則獎勵之，以國際貿易吸收他國脂膏，藉國外投資爲滅人家國之具。 而國與國之間，計勢力之均衡，則相率於軍備擴張。 以工商之富維持軍備，更以軍備之力推廣工商。 於是終日計較强弱等差，和戰遲速，乃有亟思乘時逞志若德意志者，遂首先發難，而演成歐洲之大戰。 今勝敗雖分，榮辱各異，然其爲人類之慘劇則一而已。　於是追念往事者，悟昔日之非，謂此乃工商立國之結果也，此乃武裝平和之結果也，一言以蔽之，則富國强兵之結果也。　夫人生天壤間，各有應得之智識，應爲之勞作，應享之福利，而相互之間，無甚富，無赤貧，熙來攘往於一國之內與世界之上，此立國和平中正之政策也。　乃不此之圖，以富爲目標，除富以外，則無第二義；以强爲目標，除强以外，則無第二義。　國家之聲勢赫赫，而於人類本身之價值如何，初不計焉。　德意志雄視中歐，所恃爲出奇制勝之參謀部，而今安在哉？　俄相威德氏奪我東清鐵道，令我北鄙無甯日，而今安在哉？　國而富也，不過國內多若干工廠，海外多若干銀行代表；國而强也，不過海上多幾隻兵艦，海外多占若干土地。　謂此乃人類所當競爭所應祈嚮，在十九世紀之末年，或有以此爲長策者，今則大夢已醒矣。』

繼則述富强政策不足爲吾國將來之政策，其理由曰：

『我國立國之方策，在靜不在動；在精神之自足，不在物質之逸樂；在自給之農業，不在謀利之工商；在德化之大同，不在種族之分立。數千年閉關自守，文化停滯，生計蕭條，智識之權操之少數，其大多數則老死鄉里，文字不識。一言以蔽之，以農立國，既乏工藝之智識，又無物質之需求，故立國雖久，尚可勉達寡而均，貧而安之一境而已。今而後則何如乎？數萬噸之大艦往來於揚子江口矣；數萬匹馬力之發動機日夜運轉於津滬粵漢之市場矣；工廠氣笛高鳴，聞其聲而聚散者千百人，終歲勤劬，餬口或猶不足；公司輪奐日新，操其奇以積贏者千百萬，祗權子母，袖手亦獲有餘。此其強弱優劣至爲明顯，故多而不均，富而不安，殆爲今後必至之勢矣。然歐洲之全盛也，大興工業，拓地海外，以貿遷之利潤澤其勞動者，而資本家得保其地盤。及其既衰，海軍之擔負，不敵工商之所獲，軍人之生事，轉爲和平之障礙，海外銀行尤多，則國際之勾結尤深，雖資本家或有一二蒙其利者，以全體言之，則利不敵害也。此等法術今尚能復用乎？此等機會尚可再逢乎？故歐洲之致富政策，以殖民政策與之相輔，尚可保數十年之安榮。 若夫吾國，則並此而不可得，所吸收者，不外本國之貲財，所剝削者，不外本國之小民。 卽以工商立國，其支持之年月能有歐洲之久長乎？必不然矣。』

雖然，試有問者曰，工商主義之爲害，既明甚矣，然其利益，豈得抹殺？ 夫苟無國富，則士匪失職者安得而減少，國民敎育安得而普及，學術安得而發展，政治安從而改良？ 則吾有兩種答案：其一則贊成發展工商之策，而反對富之集中，故主張社會主義之實行，而其理由如下：

『吾以直捷了當之語告國人：一國之生計組織，以公道爲根本，此大原則也。若有問我苟背此原則，因而不能圖工業之發達則奈何？ 吾應之曰，世界一切活動，以人類之幸福爲前提，十九世紀以來，以圖富强之故，而犧牲人類，今思反之，寧可犧牲富强，不願以人類作工廠之奴隸牛馬焉。 此義也吾國人之所當奉行，而十九世紀以來急切之功利論則敝屣之可矣。』

其第二答案曰，或者慮一國生計本於公道之故，而教育學術之發達或受其影響，則吾以爲在寡均貧安狀態下，當必另有他法可想。語不云乎，必要者，創造之母也。謂以人類之智力而不能別尋途徑，吾不信焉。是在國人之努力，是在國人之創造。

第三　我對心性之學與考據之學之態度

現代歐洲文明之特徵三：曰國家主義，曰工商政策，曰自然界之智識。此三者，與吾上文所舉『我國立國之方策在靜不在動，在精神之自足，不在物質之逸樂；在自給之農業，不在謀利之工商；在德化之大同，不在種族之分立』云云，正相反對者也。循歐洲之道而不變，必蹈歐洲敗亡之覆轍；不循歐洲之道，而採所謂寡均貧安政策，恐不特大勢所不許，抑亦目眩於歐美物質文明之成功者所不甘。則吾以爲苟明人生之意義，此種急功之念自可削除。

以一人之身言之，衣履外也，皮肉亦外也，腦神經亦外也。其足乎己而無待於外者，果何物乎？吾蓋不得而名之矣。舉先聖之言，以明內外之界之解釋。孟子曰：

『求則得之，舍則失之，是求有益於得也，求在我者也。求之有道，得之有命，是求無益於得也，求在外者也。』

孔子曰：

『君子素其位而行，不願乎其外。……正己而不求於人則無怨。』

孟子之所謂『求在我，』孔子之所謂『正己，』即我之所謂內也。本此義以言修身，則功利之念在所必擯，而惟行己心之所安可矣。以言治國，則富國強兵之念在所必擯，而惟求一國之均而安可矣。吾惟抱此宗旨，故於今日之科學的教育與工商政策皆所不滿意，而必求更張之。然以今日之人類，在此三重網羅（以上三特徵）之中，豈輕輕提倡『內生活』三字所得而轉移之者？故在鎖國與農國時代，欲以『求在我』之說釐正一國之風俗與政治，已不易矣；在今日之開國與工國時代，則此類學說，更不入耳。然吾確認三重網羅實為人類前途莫大之危險，而尤覺內生活修養之說不可不竭力提倡，於是漢學宋學之得失問題以起。

漢學宋學兩家，苟各認定範圍，曰甲之所研究在考據，在訓詁名物；乙之所研究在義理，在心性：則各行其是而不至有壤地相接之爭可也。惟其不然，甲曰衞道，乙亦曰衞道；甲曰吾之學爲聖學，乙亦曰吾之學爲聖學；甲曰經學卽理學，乙曰天下無心外之理，亦無心外之物。兩家各認其研究之對象爲堯舜禹湯文武周公孔子之道，而其方法不同。甲曰窮理卽在讀書中，乙曰讀書不過窮理之輔佐，其甚者則曰六經皆吾註脚。因是之故，甲尊漢儒，乙宗宋明理學，同爲理學之中，而又有朱子陸王之分。竊嘗考之學術史上之公案，其與此相類者，莫若歐洲哲學史上經驗派理性派，或曰惟心派惟物派之爭。

吾久思將漢宋兩派之立脚點與歐洲之經驗理性兩派之立脚點作一比較，然惕乎梁任公先生所云摭古書以傅會今義之流弊，（淸代學術概論一四五頁）故動念而輒止者屢矣。雖然，以今制牽合古制，以今人之學傅會古人之學，則弊誠有如任公先生所言者。若夫漢宋之爭，與惟心惟物之爭，則人類思想上兩大潮流之表現，吾確信此兩潮流之對抗，出於心同理同之原則，而不得以牽合傅會目之也。茲列可比較之點如下：

第一表

歐洲惟物派之言：

(1)倍根云事實之搜集。

(2)陸克云一切意象由經驗而入。

(3)惟用主義者云，意象之有益於人生者爲眞。

(4)邊沁云宇宙之兩主宰：曰苦，曰樂，樂爲善，苦爲惡。

(5)英美學者，好用沿革的方法。

(6)休謨氏云，經驗之往覆不已，於是有習慣上之信仰。

漢學家之言：

(1)王引之云，徧爲搜討。

(2)顧亭林云，多學而識。

阮元云，學者……實事求是，不當空言窮理。

(3)顧亭林云，文之不關於……當世之務者，一切不爲。

(4)戴東原云，仁義禮智，不求於所謂欲之外，不離乎血氣心知。

(5)章學誠云，六經皆史。

(6)阮元云，理必出於禮，又云，理必附於禮以行。

第二表

歐洲惟心派之言：

(1)康德分人之理性爲二；其在知識方面，曰純粹理性，能爲先天綜合判斷；其在人生，曰實行理性，能爲自發的行動。

(2)康德云，關於意志之公例，若有使之不得不然者，是爲斷言命令。

(3)康德云，倫理上之特色，爲自主性，爲義務概念。

(4)惟心派好言心之實在。

（5）柏格森云，創造可能之處，則有自覺性之表現。

（6）柏格森云，本體即在變中。

（7）倭伊鏗云，人生介於物質精神之間，貴乎以精神克物質。

（8）最近新惟心派提倡自覺的努力之說。

孔孟下逮宋明理學家之言：

（1）孟子曰，人之所不學而能者，其良能也；所不慮而知者，其良知也。 又曰，仁義禮智，非由外鑠我也，我固有之也。

（2）孟子曰，舜之居深山之中……聞一善言，見一善行，若決江河，沛然莫之能禦也。

（3）孔子曰，爲人由己，而由人乎哉？ 又曰，古之學者爲己，今之學者爲人。 又曰，君子喻於義，小人喻於利。

（4）理學史上有危微精一之大爭論。

(5)子曰，惟天下至誠……能盡物之性，則可以贊天地之化育。

(6)子曰易不可見，乾坤或幾乎息矣！

(7)子曰，克己復禮爲仁。

(8)子曰，君子終日乾乾，夕惕若，厲無咎。

據上表觀之，則兩派之短長得失，可以見矣。　惟心惟物兩派之立腳點之是非暫不問，若就其應用言之，關於自然界之研究與文字之考證，當然以漢學家或歐洲惟物派之言爲長。（以上惟心惟物字樣，不過舉兩思潮之代表，非嚴格義也。）　其關於人生之解釋與內心之修養，當然以惟心派之言爲長。　吾之爲此言，自謂極平允，無偏袒。　而國中學者如梁任公如胡適之受清學之影響，大抵揚漢而抑宋。　任公雖嘗著德育鑑，又節抄明儒學案，然治學方法，自謂與清之正統派因緣較深，（清代學術概論十一頁）故於宋明理學家之嚴格生活，非其性之所近。　適之推崇清代經學大師，尤至稱爲合於西方科學方法。　而在君雷同附和之，亦引漢學家言以排宋學。　其言曰：

『許多中國人，不知道科學方法和近三百年經學大師治學方法是一樣的。』

其痛詆宋學之言尤關緊要，錄之如下：

『提倡內功的理學家，宋朝不止一個，最顯明的是陸象山一派。不過當時的學者還主張讀書，還不是完全空疏。然而我們看南渡士大夫的沒有能力，沒有常識，已經令人駭怪。其結果叫我們受野蠻蒙古人統治了一百年，江南的人被他們屠割了數百萬，漢族的文化幾乎絕了種。明朝陸象山的嫡派是王陽明陳白沙。到了明末，陸王學派，風行天下。他們比南宋的人更要退化，讀書是玩物喪志，治事是有傷風雅。所以顧亭林說他們，「聚賓客門人之學者數十百人，……與之言心言性，舍多學而識以求一貫之方，置四海之困窮不言，而終日講危微精一之說。」士大夫不知古又不知今，「養成嬌弱，一無所用，」有起事來，如癡子一般，毫無辦法。陝西的兩個流賊居然做了滿清人的前驅。單是張獻忠在四川殺死的人，比這一次歐戰死的人已經多了一倍以上，不要說起滿洲人在南幾省作的孽了！　我們平心想想，這種「精神文明」有什麼價值？　配不配拿來做招牌攻擊科學？　以後此種無信仰的宗教，無方法的哲學，被前清的科學經師費了九牛二虎之力，還不曾完全打倒。　不幸到了今日，歐洲玄學的餘毒傳染到中國來，宋元明言心言性的餘燼又有死灰復燃的樣子了。　懶惰的人，不細心研究歷史的實際，不肯睜開眼睛看看所謂「精神文明」究竟在什麼地方，不肯想想世上可有單靠內心修養造成的「精神文明」。　他們不肯承認所謂「經濟史觀」也還罷了，難道他們也忘記了那「衣食足而後知禮節，倉廩實而後知榮辱」的老話嗎？』

吾以為漢宋學之爭，即西方哲學界上心為白紙非白紙之爭也。　惟以為白紙也，故尊經驗；惟以為非白紙也，故覺攝與概念相合，而後知識乃以成立。　漢宋兩家之言亦然，一以心為危微精一允執厥中，故貴乎人之勤加拂拭；一以心為非危微精一允執厥中，故必求之訓詁名物之中。　雖然，試一思之，苟無此精微之心，則訓詁名物安從而講求？　方東樹云：

『不審義理之實，而第執左證棄心任目，此漢學膏肓錮疾。將己之父兄偶至他族，亦不當認乎？』方氏此種駁法，與惟心派之常以心為最後武器以難惟物論者，正復相同。

子曰，惟天下之至誠為能盡其性。又曰，克己復禮。孟子曰，求放心。曰，操則存，舍則亡。曰盡，曰克，曰求，曰操，其實皆同一義耳。曰以心為實在，（Mind as Reality）誠此點不能否認也，雖漢學家百方詆毀無傷焉。以我之淺學觀之，河洛太極之說，儒釋之辨，朱陸之異同，要皆學說之附帶而來者，宜廓而清之。若夫心為實在之說，則賴宋明理學家而其說大昌，眞可謂其功不在禹下者焉。

抑自理論實際兩方觀之，宋明理學有昌明之必要二。惟以心為實在也，故勤加拂拭則努力精進之勇必異乎常人。柏格森云：

『人類中人類之至精粹者中，生機的衝動貫徹而無所阻；此生機的衝動所造成之人身中則有道德的生活之創造流以驅使之。故無論何時，憑藉其既往之全體，使生影響於將來，此人生之大成功也。道德的人者，至高度之創造者也；此人也，其行動沉雄，能使他人之行動因之而沉雄，其性慈祥，能焚燒他人慈祥之爐火；故道德的人……形上的眞理之啓示者也。』（心能論二十五頁）

此言也，與我先聖盡性以贊化育之義相脗合，乃知所謂明明德，吾日三省，克己復禮之修省功夫，皆有至理存乎其中，不得以空譚目之。所謂理論上之必要者此也。

在君知之乎！當此人欲橫流之際，號爲服國民之公職者，不復知有主義，不復知有廉恥，不復知有出處進退之準則。其以事務爲生者，相率於放棄責任；其以政治爲生者，朝秦暮楚，苟圖飽煖，甚且爲一己之私，犧牲國家之命脈而不惜。若此人心風俗，又豈碎義逃難之漢學家所得而矯正之乎？誠欲求發聾振聵之藥，惟在新宋學之復活。所謂實際上之必要者此也。

凡此所言，在君必云，是正中我所謂東西合璧之玄學之評矣。吾實告在君，昔之儒家有學禪之實而不欲居禪之名。吾則以爲柏氏倭氏言有與理學足資發明者，此正東西人心之冥合，不必以地理之隔絕而擯棄之。雖然，在君亦有說曰，生計充裕，則人誰不樂於爲善？故引管子『衣食足而後知禮節，倉廩實而後知榮辱』之言爲證。雖然，試以美國煤油大王之資財，畀之今之軍閥與政府，則財政能整理乎？盡人而知其不能矣。何也？今之當局者，不知禮節，不知榮辱故也。又試傾英倫法蘭西日本三國家銀行之資財以畀之今之軍閥與政府，政治其清明乎？亦盡人而知其不能矣。何也？今之當局者，不知禮節，不知榮辱故也。故管仲所言，乃就多數人言之也。若夫國事鼎沸綱紀淩夷之日，則治亂之眞理，應將管子之言而顚倒之，曰：

知禮節而後衣食足，

知榮辱而後倉廩實。

吾之所以欲提倡宋學者，其微意在此。

第四　私人批評之答覆

在君有關於私人批評一段，此良友之忠告也，敢不拜賜。雖然，吾之治學態度，或尚有爲在君所未及知者，用略言之。　吾之治學與我之奔走政治同，有一貫之原則，曰：用之則行，舍之則藏而已。　吾之所不願知所不願爲者，不以時俗之好而爲之；吾之所願知所願爲者，不以時俗之不好而不爲。　若其視時俗之好惡，以爲可速以成名，不獨學問不成，即名亦不得而盜，政治然，學問然。　在君乎！　君當記一九一九年寓巴黎之日，任公百里振飛激於國內思潮之變，乃訪柏格森，乃研究文藝復興史，而吾處之漠然。　何也？　吾內心無此衝動也。及訪倭伊鏗，一見傾心，於是將吾國際政治學書束之高閣。　何也？　胸中有所觸，不發舒不快矣。　自是以來，方潛心於西方學術之源流，惟日嘆學海之汪洋，吾力之不逮，又豈敢竊一先生之言以眩於國人？　且在君所舉杜里舒柏格森二人，皆深於科學者也。　杜氏研究實驗胚胎學幾二十年，乃創所謂生機主義。　柏氏盡讀巴黎大病院之心理診斷書及五年之久，而後物質與記憶一書成。　兩君用功之深邃如此。　惟其不甘於經驗界而已足，乃由經驗而入於形上界。　此人類思想上當然之階段，豈得以其爲空譚而擯之哉？　茲更舉吾之立腳點：

（一）知識以覺攝與概念相合而成。

（二）經驗界之知識爲因果的，人生之進化爲自由的。

（三）超於科學之上，應以形上學統其成。

（四）心性之發展，爲形上的眞理之啓示，故當提倡新宋學。

若夫在君痛責當世之言，意在勸我多實學，少空譚，我惟有拳拳服膺而已，惟有拳拳服膺而已。

（附識）再在君駁我『中國戲劇中十有七八不以男女戀愛爲內容』之語，以爲泥沙上之建築，經不起風吹雨打。 然卽就在君所舉之元曲選百種之中，有三十九種以戀愛爲內容，反言之，是有六十一種不以戀愛爲內容，是正可作爲吾言之左證，而豈在君所能引爲護身符者？ 吾心中所注意者，尤在皮黃戲，常演者約四百齣，其中以愛情爲內容者，衡諸吾所舉十之二三之比例，猶爲過甚言之。 試查市上之戲考，（已出三十三期，爲舊劇最大之叢書）前三十册，共劇三百二十五種，其中與男女愛情有關者，僅六十一種，故曰倘不逮十之二三。科學家雖惡玄學，其能幷此證據而抹殺之！

——轉錄北京晨報副刊——

關於玄學科學論戰之「戰時國際公法」

——暫時局外中立人梁啟超宣言——

我的摯友丁在君張君勱因對於人生觀的觀察點不同，惹起科學玄學問題的論戰，現在已開始交鋒。聽說還有好幾位學者都要陸續加入戰團。這些人都是我最敬愛的朋友。我自己現在是暫時取「局外中立」態度，但不久也許「參戰」最少亦想自告奮勇充當「公斷人」。這個問題是宇宙間最大的問題，這種論戰是我國未曾有過的論戰。學術界中忽生此壯闊波瀾，是極可慶幸的現象。兩軍主將都是我們耳鬢厮磨的老友，我們尤感覺莫大光榮。我很盼望這回論戰能為徹底的討論，把兩造意見發揮盡致。而且希望參戰人愈多愈好。因此，我自己當未參戰或未公斷以前，擬出兩條『戰時國際公法』先行露布：

第一：我希望問題集中一點，而且針鋒相對，剪除枝葉。倘若因一問題引起別問題，甯可別爲專篇更端討論。

（理由）這問題太大而且太複雜，所牽涉的方面自然不少。但這回論戰原是想替我們學界開一新紀元，令青年學子對於這問題得正確深造的了解。倘若『枝辭』太多，眉目不清，不獨本問題眞相難明，反會助長國人思想儱侗之病。所以我希望兩造十分注意此點。

至於牽引出來的問題繼續討論，我是極贊成的。我很希望這回論戰像歐洲三十年戰爭百年戰爭，時日愈久愈好，範圍愈大愈好。但又希望攻守兩方無論何時都集精力向一個要塞。這個要塞工作做完，纔移到別個。不可同時混戰，令觀戰人摸不着頭腦。

第二：我希望措詞莊重懇摯，萬不可有嘲笑或謾罵語。　倘若一方面偶然不檢，也希望他方面別要效尤。

（理由）在君和君勱交誼不同尋常。　他們太相熟了，脫略形跡慣了，每見面必談，每談必吵，每吵必極詼諧有意趣。　這是我常常親見而且極愛慕的。他們無論吵到怎麼田地，再不會傷私人感情，我是敢下保證的。　但『著諸竹帛』的文章，到底和隨便劇談有點不同。　況且這回論戰題目太重大了，行文更要格外勤懇鄭重。　否則令人看作游戲文章，便會把原來精神失掉大半。再者，我希望這回論戰能做往後學問上乃至其他主義上一切論戰之模範。所以『虐謔』『詭辯』『憤爭』的態度務要划除淨盡。

現在兩造交綏伊始，像已不免有些越軌的言論。　我希望雙方都向對造道一聲歉，以後萬不可再如此。

以上兩條『公法』，我希望兩位領袖大將和將來的參戰人都注意恪守。　我自己將來若到參戰時，也要勉厲自己恪守。謹宣言。

十二年五月五日在翠微山攬翠山房作。

——轉錄時事新報學燈——

孫行者與張君勱

胡適

孫行者站在靈霄殿外，耀武揚威的不服氣。如來伸出一隻手掌道：『你有多大本領？能不能跳出我的手心？』孫行者大笑道：『我的師父曾傳授給我七十二般變化，還敎我觔斗雲，一個觔斗就是十萬八千里。你有多大的手心！』他縮小了身軀跳上了如來的手掌，喊一聲『老孫去也！』一個觔斗翻出南天門去了。以後的一段，我不用細說了。孫行者自以爲走的很遠了，不知道他總不曾跳出如來的手掌。

我的朋友張君勱近來對於科學家的跋扈很有點生氣。他一隻手撚着他稀疎的髭子，一隻手向桌上一拍，說道：『賽先生，你有多大的手心！你敢用羅輯先生來網羅「我」嗎？老張去也！』說着，他一個觔斗，就翻出松坡圖書館的大門外去了。

他這一個觔斗，雖沒有十萬八千里，却也夠長了！我在幾千里外等候他，等了二七一十四天，好容易望着彩雲朶朶，瑞氣千條，冉冉而來，——却原來還只是他的小半截身子！其餘的部分，還沒有翻過來呢！

然而我揪住了這翻過來的一截，仔細一看，原來他仍舊不曾跳出賽先生和羅輯先生的手心裏！

這話怎講？且聽我道來。

張君勱說：

『人生者，變也，活動也，自由也，創造也。……試問論理學上之三大公例（曰同一，曰矛盾，曰排中）何者能證其合不合乎？論理學上之兩大方法（曰內納，曰外繹）何者能推定其前後之相生乎？』

這是柏格森的高徒的得意腔調。他還引了許多師叔師伯的話來助他張目。

然而他所指出的羅輯先生的五樣法寶，我們只消祭起一樣來，已夠打出他的原形來了。

我們祭起的法寶，是論理學上的矛盾律。

【矛一】張君勱說：

『精神科學中有何種公例，可以推算未來之變化，如天文學之於天象，力學之於物體者乎？ 吾敢斷言曰，必無而已。』

【盾一】張君勱又說：

『人類目的，屢變不已；雖變也，不趨於惡而必趨於善。』

前面一個『必』字的矛，後面一個『必』字的盾，遙遙相對，好看煞人！否認人生觀有公例的張君勱，忽然尋出這一條『不趨於惡而必趨於善』的大公例來，豈非玄之又玄的奇事！ 他自己不能不下一個解釋，於是他又陷入第二層矛盾。

【矛二】張君勱說：

『精神科學之公例，惟限於已過之事，而於未來之事，則不能推算。』

『精神科學……決不能以已成之例，推算未來也。』

【盾二】張君勱說：

『人類目的，屢變不已；雖變也，不趨於惡而必趨於善。其所以然之故，至爲玄妙，不可測度。然據既往以測將來，其有持改革之說者，大抵圖所以益世而非所以害世。此可以深信而不疑者也。』

請問『據既往以測將來』是不是『以已成之例推算未來？』

【矛三】『人生觀不爲論理方法與因果律所支配。』

然而張君勱又說：

【盾三】（大前提）『夫事之可以預測者，必爲因果律所支配者也。』（小前提）『人類目的，屢變不已；然據既往以測將來，……可以深信而不疑。』（結論）故張君勱深信而不疑『人類目的』（人生觀）必爲因果律所支配者也！

張君勱翻了二七一十四天的觔斗，原來始終不曾脫離羅輯先生的一件小小法寶——矛盾律——的籠罩之下！　哈！　哈！

十二，五，十一，上海。

君勱吾兄：

南下二十天，無一日不病；病在西湖四日，有兩日竟不能走路。　現借一個外國朋友家養病，病中讀你和在君打的筆墨官司，未免有點手癢，所以寫這篇短文，給你們助助興。　文雖近於游戲，而意則甚莊。　我希望你不至於見怪罷。

適。

——轉錄努力週報——

人生觀的科學或科學的人生觀

任叔永

『人生觀的科學或科學的人生觀，』讀者看見我這個題目，一定要疑心我在弄詭辯，掉字面了。我要請讀者把最近張君勱君在清華學校講演的『人生觀，』和本週刊上發表的丁在君和張君勱討論玄學與科學的文字下細的讀一遍，就曉得我這個題目的意思。張君勱在他的演說中說『同爲人生，因彼此觀察點不同，而意見各異，故天下古今之最不統一者，莫若人生觀。』又說『凡此問題，東西古今，意見極不一致，決不如數學或物理化學之有一定公式。』又就科學與人生觀來加比較，說『科學無論如何發達，而人生觀問題之解決，決非科學所能爲力，唯賴諸人類之自身而已。』推張君的意思，是說凡是科學，都有一個公式可發見，而人生觀最不統一，最不一致，所以無發見公式的可能。既然沒有發見公式的可能，所以人生觀問題，不是科學所能解決。要是我們解釋張君的意思沒有錯誤，那嗎張君從頭就陷於錯誤而不自知了。張君所說的，人生觀中無公式可求，就張君自己所下的科學定義，只可以證明人生觀不成科學。但是人生觀成不成科學是一事，科學能不能解決人生觀的問題又是一事。而張君勱並爲一談，無怪丁在君要說他『違背論理學』，爲『玄學鬼』所迷了。

人生觀何以不能成爲科學，是不是因爲如張君勱所說，人生觀是主觀的，直覺的，綜合的，自由意思的單一性的嗎？關於這一層，丁君已有極詳細的駁論。丁君的科學智識論，是要證明『凡是心理的內容，眞的概念推論，無一不是科學的材料』。人生觀要是不外乎心理推論的作用，也當然要受科學的支配。但是張君要說『我所說的人生觀，決不是由概念推論所得來的。我的人生觀是由主觀的自身良心所主張』。我們現在再要看看張君所說的自身良心，是不是一個極單簡的東西。張君解說人生觀的時候，先立了一個爲中心的『我，』隨後引證人生觀的特點就有『孔子的行健，老子的無爲，孟子的性善，荀子的性惡……康德的義務觀念，邊沁的功利主義，達爾文的生存競爭論，哥羅巴金的互助主義，……叔本華哈德們的悲觀主義，蘭勃尼慈黑智兒的樂觀主義，孔子的修身齊家主義，釋迦的出世主義……等等。這許多東西裏面有的是講的社會倫理，有的是說的行爲動機，有的是指的人生究竟。任舉那一件，都不是單簡的『直覺』或概念。我們曉得科學的方法雖是無所不能，（讀者注意，我說的是科學方法，不是科學萬能）但是他應用起來，却有一定的限度。我們所說的限度，就是指那經過分析而確實清楚的事實。張君所說的人生觀，既然是一個渾沌囫圇的東西，科學方法自然用不上去。張君是不曾學過科學的人，不明白科學的性質，倒也罷了，丁君乃研究地質的科學家，偏要拿科學來和張君的人生觀搗亂，眞是『牛頭不對馬嘴』了。

上面所說的，是要證明渾沌複雜的人生觀，當然不受科學的支配，有勉强拿科學方法去部勒他的，不免終歸於失敗，如像張君勱的演說，就是宣布這種失敗的結果。但是照這樣說來，科學簡直和人生觀沒有關係嗎？　我們答應這個疑問，自然是一個頂大的否字。我們的意見是：人生觀的科學是不可能的事，而科學的人生觀却是可能的事。　讓我稍爲詳細的把這件事講一講。　人生觀的種類，雖然很多，但有一個公共的出發點，就是要求外物與內心的調和。　外物的對象，無論是純粹物質也好，社會制度也好，他我總體也好，宇宙背後的造物也好；調和的方法無論是希望也好，要求也好，改革也好，出世也好，總之要在內面的我，和外面的物質世界中間，求一個恰好滿足的關係。　這種說法，不是唯物論的科學家纔如此的，唯心論的哲學家大半都是如此的。　人生觀既然不能離物質世界而獨立，所以物質界的智識愈進，人生觀當然亦從而生變動。　換一句話說，就是物質界的智識愈進於科學的，而人生觀之進於科學的，亦與之爲比例。　關於這一層最明顯的例，就是生物學上的進化論。　達爾文的學說，是張君所不認爲完全成立的。　張君並且引杜里舒的話來證明達爾文學說的不成立。　但達爾文的學說成立與否爲一事，進化論的成立與否又爲一事。　據我們所曉得的，達爾文的學說，雖經過了若干修正及改革，進化論的原理，却是無人能反對的。進化論發明之後，所生的人生觀的影響，至少有下列幾件：第一是表明人類在自然界的位置，第二是打破宗教上的創造說和玄學上的前定論，第三是張君所舉的生存競爭論。我們無論如何說物質文明與精神文明沒有關係，總不能不承認近世的人生觀，比中古時代的固定的消極的人生觀進步多了。但是這一點人生觀的進步，還是從那『未經解決』的進化論得來的呵！

科學與人生觀的關係，不但是因物質科學的進步，間接的把人生觀改變，直接的科學自己還可以造出一種人生觀來。這一層在以科學爲客觀的，機械的，物質的的人，未免有些不信。唯其如此，我們對於此點不能不特別加以說明。人人都曉得研究科學的人，大半是不信宗教的，但大多數的科學家，都是道德完備，人格高尚的人。要是人生觀就是對於社會倫理，人生目的，有一定見解的意思，我們不能說這一般人沒有人生觀。他們的人生觀是從那裏得來的？原來他們的人生觀，就在他們的科學研究裏面。這就科學的性質上方法上可尋得出幾個緣故來。

第一，科學的目的在求眞理，而眞理是無窮無邊的，所以研究科學的人，都具一種猛勇前進，盡瘁於眞理的啓瀹，不知老之將至的人生觀。牛頓暮年的時候，說：『我不曉得世界看我是怎樣。我自己覺得我不過像一個小孩子在眞理的大海邊，偶然拾得幾個可愛的貝殼玩弄，而眞理的大海仍在我的前面，不曾發見。』現今的物理學大家湯姆生說：『我們占了一峯還有一峯，看看我們的前面，仍舊全是美麗有趣的去處。但是我們看不見目的地和水平線。在較遠的地方，還有更高的山，能攀登上去，就能看見更好的景界。科學愈進步而造物的偉大不可思議也愈顯明。』這些話出諸大科學家之口，都可以代表科學家的一種偉大的人生觀。有了這種人生觀，才能打破物質界的許多引誘，凡是眞正的科學家都是如此的。

第二，因爲科學探討的精神，深遠而沒有界限，所以心中一切偏見私意，都可以打破，使他和自然界高遠的精神相接觸。這樣的人生觀，也不是他類的人可以得到的。關於這一層，我們可以引赫濶爾的話來做一個例。他說『有多少時候只要把觀點改一改，或把隱僻的原理應用一應用，就可把物理或算學上的荆棘變成康莊，研究中的不毛，變成智識及權力的泉源。見慣了這些事體的人，若有人告訴他說人類的現在及將來是一個無望可悲的結果，他一定不相信。一方面在他們的研究中間，由四方八面看見道德，智識，以及物質的種種關係，那樣廣漠無限，而他自己在宇宙中間那樣的細微不足道。他要想停止或改變在他四周的大機的運動，一點也不能為力。他纔曉得希望的自信力，和坎然的自處，同是他性質中所必須的。』有了這種人生觀，所以有些科學家竟能把榮名界限及一切社會階級打破。這是因為科學家的人生觀，是超乎這些以上的。

第三，科學所研究的是事物的關係，明白了關係，才能發見公式。這樣關係的研究，公式的發見，都可以給人一種因果的觀念。而且這個因果觀念，在經驗世界裏面，是有絕對的普遍性的。研究科學的人，把因果觀念應用到人生觀上去，事事都要求一個合理的。這種合理的人生觀，也是研究科學的結果。我們何以不信亞當降種的尊貴，而自甘動物進化的卑賤，因為前說不合理的原故。我們何以不信五行風水的說話，而主張人能主宰自己的運命，也因爲前者不合理的原故。　科學家因爲要求一個合理的關係，所以不憚用精確的觀察去求事實精確的論理去做推論。　他們因爲要求一個合理的結論，所以不憚和前人的名論或社會的成見宣戰。　赫胥黎說：『要我相信在某時以前宇宙不曾存在，忽然有一個先在的神人在六天中間（或者說立刻也可）就把他造成功來，也不是很難的事體。　我不說凡不能的都是不眞。　我所提出的只是最低微而最有理的要求，要求現在所有動植物的種類由那樣創造出來的一點證據。　這一點證據是我要相信覺得極不可能的說話的唯一條件。』　他們不敢信怎樣隆古重要的傳說，只是要求一個證據因爲他們曉得只有由證據推出的結論，是合理的。

上面略舉三種科學的人生觀以見一斑，其餘的不多說了。　總結起來，我們承認：

（一）科學有他的限界，凡攏統渾沌的思想，或未經分析的事實，都非科學所能支配。　但是科學的職務，就在要分析及弄清楚這些思想事實上。

（二）人生觀若就是一個攏統的觀念，自然不在科學範圍以內。　若分析起來，有一大部分或全部分，都可以用科學方法去變更或解決。

我們還要主張：

（三）科學自身可以發生各種偉大高尚的人生觀。

（四）因爲不曾研究過科學的，看不到這種人生觀的景界，我們應該多提倡科學以改良人生觀，不當因爲注重人生觀而忽視科學。

——轉錄努力週報——

玄學科學論戰雜話

孫伏園

我對於玄學科學都是外行，對於丁張兩君的論點也還沒有完全捉到，本不應該輕妄說話。不過因爲兩方似乎並不攻守一個要塞，未免令觀戰人不十分痛快，參戰人也不十分踴躍，所以我先大膽把這幾句外行話說了。

我以爲現在兩方都還沒有注意到首先應該注意的三個問題，就是：

玄學是什麼？

科學是什麼？

人生觀是什麼？

不消說，只是這三個定義就可以討論幾百萬言而沒有解決。不過至少，我以爲雙方都應該宣布自己對於這三個名詞的定義。這樣纔能使觀戰人明白此方之所謂玄學，科學，人生觀，是不是彼方之所謂玄學，科學，人生觀。

不過要討論這個問題，只是下了那三個定義還不夠，我以爲還有一個更重要的定義應該明白的，就是：

哲學是什麼？

如果玄學與科學與人生觀的定義是照我這樣極粗鬆的見解下的：

玄學是整個地研究宇宙，

科學是分別地研究宇宙，

人生觀是某一個人（或某一派人）對於人生的見解與態度；

那麼我可以說，人生觀對於玄學或科學的關係，遠不如對於哲學的那樣重要，因爲我以爲

哲學是整個地和分別地研究人生。

有許多人把哲學與玄學看作幾乎是一個東西，哲學的對象只是研究宇宙構成的根本材

料。但我以爲這未免太狹了。照我的哲學定義，哲學的內容應該是：

（一）整個地研究人生——人生哲學；

（二）分別地研究人生——社會學，心理學，教育學，等等。

其中第二部分，就是現在所謂晚出的科學。晚近許多學者用了自然科學的方法研究人類社會，結果雖沒有如自然科學那樣精細，但把這幾種學問都已計算在科學以內。不過我以爲我們不妨把哲學的範圍定寬一點，將這一類所謂晚出的科學（用自然科學的方法，來分別地研究人生底科學）都收容了。

這樣說來，哲學介乎科學與玄學之間，而人生觀則包在哲學範圍以內。我雖不敢說人生觀的問題與玄學科學完全無關，但人生觀問題的討論，必須注重哲學一方面而不應該斤斤於關係較輕的玄學與科學，是彰彰明甚的了。

人生觀的定義　自然更難下，但若照我上面所下的粗蠻的定義，人生觀是某一個人（或某一派）對於人生的見解與態度，那麽我也可以將人生觀的內容大略說一說。人生觀就是某一個人（或某一派人）眼光中的：人生有沒有目的？ 人生如有目的的，人生的目的是什麼？ 有目的便該悲觀？ 便該樂觀？ 沒有目的便該悲觀？ 便該樂觀？ 人生觀的內容只是如此。 張君第一篇文中所舉的九條，我以爲只有第八條是人生觀，其餘八條或屬宗敎，或屬玄學，或屬科學，或與人生觀同屬哲學，但都不是人生觀。 人生觀可以受科學的影響，也可以不受科學的影響。 人生觀受不受科學的影響是一問題，人生觀統一不統一又是一問題。 如任君所論，人生觀受科學方法的影響，我是極以爲然的。 如丁君所論人生觀將來能不能統一是一事，言外是說人生觀將來能統一的，我是不很希望的。

再說，人生觀受科學影響與受科學支配並不是一件事。 如果人生觀是思想方面的東西，那末我替他要求絕對的自由。 如果凡屬思想都要受科學的支配，那麼許多文學美術上極有價值的空想都要宣告死刑了。 如果各個人的人生觀都要統一起來，那麼思想沒有自由發展的餘地，人生只是呆板的乾燥的單調的動物生活罷了。

最後還有一句話：玄學，哲學，科學，人生觀，都是活着的名詞，他們的對象都有許多人研究，他們的關係都是今日切要的問題；漢學，宋學，程朱，陸王，都是死了的名詞，他們的對象都是中國學術史上的材料，現在中國社會上幾乎一點留傳的分子也沒有，與現代學術上的名詞如玄學科學哲學人生觀等等更是風馬牛不相及。丁君於討論玄學與科學時大罵陸王固可不必，張君答辯時竟主張排斥漢學提倡宋學似乎更可不必。我們回頭看看歷史上這種爭論，已覺得多屬無謂，難道還要自告奮勇跳入死屍隊中去參戰嗎？

我誠懇地希望兩軍主帥及學術界諸君子的原諒與指正。

東蓀按：

伏園先生於玄科之戰的混亂聲中獨先提出玄學與科學定義的問題，以爲雙方宜先自下定義然後再辯駁，這眞可謂獨具隻眼。我本來久想對於雙方提出這個忠告，只因懶於動筆，以致未果。現在只好附伏園先生的驥尾，來說幾句。

『玄學』本來是 Metaphysics 的譯語，科學當然是 Science 的譯語，這是人人知道的。不過玄學與科學以外又有一個名詞即是『哲學』。（Philosophy 的譯語）科學當然在哲學以外，而玄學在通常講來，即是狹義的哲學。因爲哲學包括三部分：一爲認識論，（Epistemology 的譯語）二爲本體論，（Ontology 的譯語）三爲宇宙論。（Cosmology 的譯語）通常名本體論與宇宙論爲玄學。所以玄學是狹義的哲學，而以本體論爲中心。但亦有把認識論包括在玄學中者。本來哲學上有兩派：一派是始終自限於認識論而不入本體論；一派是由認識論而直入本體論。前者以美英的經驗派中爲多；後者以大陸的理性派爲多。這兩派的打架本不自今日始。不過我們用超然的眼光來看，應得知道這乃是哲學中的論爭，而不是科學對于哲學的抗爭。

我總覺得丁在君先生張君勱先生各有先入之見，所以來不及把界說弄清楚，而先就扭做一團了，誠不免有些遺憾。其實這樣辯論很少有結果。至於胡適之先生挑剔矛盾律，也是枝葉。本來張君勱先生的人生觀原文所列幾條誠不免於太隨便，而丁在君的駁文牽涉也是太廣，不免於支離，以致張君勱先生的答文不會有所集中。因爲雙方都是我的敬愛的朋友，我不妨因伏園先生的唆示，而對於兩位提出一個勸告：就是奉勸兩位把這次筆戰認爲等於運動會的預賽，而不算爲正賽。這種預賽卽此而止，不再進行。於是重整旗鼓，開始正賽。否則照這樣下來，實不能不爲兩位惜了。

——轉錄時事新報學燈。——

人生觀與科學

對於張丁論戰的批評（其一）

梁啓超

（一）

張君勱在清華學校演說一篇『人生觀，』惹起丁在君做了一篇『玄學與科學』和他宣戰。我們最親愛的兩位老友，忽然在學界上變成對壘的兩造。我不免也見獵心喜，要把我自己意見寫點出來助興了。

當未寫以前，要先聲敘幾句話：

第一我不是加在那一造去『參戰；』也不是想斡旋兩造做『調人；』尤其不配充當『國際法庭的公斷人。』我不過是一個觀戰的新聞記者，把所視察得來的戰況隨手批評一下便了。讀者還須知道：我是對於科學玄學都沒有深造研究的人。我所批評的一點不敢自以爲是。我兩位老友以及其他參戰人觀戰人把我的批評給我一個心折的反駁，我是最歡迎的。

第二：這回戰爭範圍已經蔓延得很大了，幾乎令觀戰人應接不暇。我爲便利起見，打算分項批評。做完這篇之後，打算還跟着做幾篇：（一）科學的智識論與所謂『玄學鬼』（二）科學教育與超科學教育。（三）論戰者之態度……等等。但到底作幾篇，要看我趣味何如。萬一興盡，也許不作了。

第三：聽說有幾位朋友都要參戰，本來想等讀完了各人大文之後再下總批評。但頭一件因技癢起來等不得了。第二件，再多看幾篇，也許『崔顥題詩』叫我擱筆，不如隨意見到那裏說到那裏。所以這一篇純是對於張丁兩君頭一次交綏的文章下批評，他們二次彼此答辯的話，只好留待下次。其餘陸續參戰的文章，我很盼早些出現。或者我也有繼續批評的光榮。或者我要說的話被人說去，或者我未寫出來的意見已經被人駁倒，那末，我只好不說了。

（二）

凡辯論先要把辯論對象的內容確定：先公認甲是什麼，乙是什麼，纔能說到甲和乙的關係何如。否則一定鬧到『驢頭不對馬嘴，』當局的辨論沒有結果，旁觀的越發迷惑。我很可惜君勱這篇文章，不過在學校裏隨便講演，未曾把『人生觀』和『科學』給他一個定義。在君也不過拈起來就駁。究竟他們兩位所謂『人生觀』所謂『科學，』是否同屬一件東西，不惟我們觀戰人摸不清楚，只怕兩邊主將也未必能心心相印哩。我爲替讀者滅除這種迷霧起見，擬先規定這兩個名詞的內容如下：

（一）人類從心界物界兩方面調和結合而成的生活，叫做『人生。』我們懸一種理想來完成這種生活，叫做『人生觀。』（物界包含自己的肉體及己身以外的人類乃至己身所屬之社會等等。）

（二）根據經驗的事實分析綜合求出一個近眞的公例以推論同類事物，這種學問叫做『科學』。（應用科學改變出來的物質或建設出來的機關等等只能謂之『科學的結果』不能與『科學』本身併爲一談。）

我解釋這兩個名詞的內容不敢說一定對。　假定拿以上所說做個標準，我的答案便如下：

『人生問題，有大部分是可以——而且必要用科學方法來解決的。　却有一小部分——或者還是最重要的部分是超科學的。』

因此我對於君勱在君的主張，覺得他們各有偏宕之處。　今且先駁君勱。

君勱既未嘗高談『無生』，那麼，無論尊重心界生活到若何程度，終不能說生活之爲物能彀脫離物界而單獨存在。　既涉到物界，自然爲環境上——時間空間——種種法則所支配，斷不能如君勱說的那麼單純專憑所謂『直覺的』『自由意志』的來片面決定。君勱列舉『我對非我』之九項，他以爲不能用科學方法解答者，依我看來什有八九倒是要用科學方法解答。他說『忽君主忽民主忽自由貿易忽保護貿易……等等試問論理學公例何者能證其合不合乎?』其意以爲這類問題旣不能驟然下一個籠統普遍的斷案，便算屏逐在科學範圍以外。殊不知科學所推尋之公例乃是：（一）在某種條件之下，會發生某種現象。（二）欲變更某種現象，當用某種條件。籠統普遍的斷案，無論其不能，即能，亦斷非科學之所許。若仿照君勱的論調，也可以說『忽衣裘忽衣葛忽附子玉桂忽大黃芒硝……試問論理學公例何者能證其合不合乎?』然則連衣服飲食都無一定公例可以支配了，天下有這種理嗎? 殊不知科學之職務不在絕對的普遍的證明衣裘衣葛之孰爲合孰爲不合，他却能證明某種體氣的人在某種溫度之下非衣裘或衣葛不可。君勱所列舉種種問題，正復如此。若離却事實的基礎劈地憑空說君主絕對好民主絕對好自由貿易絕對好保護貿易絕對好……當然是不可能。却是在某種社會結合之下宜於君主，在某種社會結合之下宜於民主，在某種經濟狀態之下宜自由貿易在某種經濟狀態之下宜保護貿易，……那麼，論理上的說明自然是可能，而且要絕對的尊重。君勱於意云何？難道能並此而不承認嗎？總之，凡屬於物界生活之諸條件都是有對待的。有對待的自然一部或全部應爲『物的法則』之所支配。我們對於這一類生活，總應該根據『當時此地』之事實用極嚴密的科學方法求出一種『比較合理』的生活。這是可能而且必要的。就這點論，在君說『人生觀不能和科學分家，』我認爲含有一部分眞理。

君勱尊直覺尊自由意志我原是贊成的，可惜他應用的範圍太廣泛而且有錯誤。他說『……常有所觀察也主張也希望也要求也，是之謂人生觀。甲時之所以爲善者，至乙時則又以爲不善而求所以革之；乙時之所以爲善者，至丙時又以爲不善而求所以革之。……』

君勱所用『直覺』這兩個字，到底是怎樣的內容，我還沒有十分淸楚。照字面看來，總應該是超器官的一種作用。若我猜得不錯，那麼，他說的『有所觀察而甲乙丙時或以爲善或以爲不善，』便純然不是直覺的範圍。爲什麼『甲時以爲善乙時以爲不善，』因爲『常有所觀察，』因觀察而以爲不善，跟着生出主張希望要求。不觀察便罷，觀察離得了科學程序嗎？『以爲善不善，』正是理智產生之結果。一涉理智，當然不能逃科學的支配。若說到自由意志嗎？他的適用，當然該有限制，我承認人類所以貴於萬物者在有自由意志；又承認人類社會所以日進，全靠他們的自由意志。但自由意志之所以可貴，全在其能選擇於善不善之間而自己作主以決從違。所以自由意志是要與理智相輔的。若像君勱全抹殺客觀以談自由意志，這種盲目的自由，恐怕沒有什麼價值了。（君勱清華講演所列舉人生觀五項特徵第一項說人生觀為主觀的以與客觀的科學對立，這話毛病很大。我以為人生觀最少也要主觀和客觀結合纔能成立。）

然則我全部贊成在君的主張嗎？又不然。在君過信科學萬能，正和君勱之輕蔑科學同一錯誤。在君那篇文章很像專制宗教家口吻，殊非科學者態度，這是我替在君可惜的地方，但亦無須一一指摘了。在君說『我們有求人生觀統一的義務』又說『用科學方法求出是非眞僞，將來也許可以把人生觀統一。』（他把醫學的進步來做比喻。）我說人生觀的統一，非惟不可能，而且不必要；非惟不必要，而且有害。要把人生觀統一，結果豈不是『別黑白而定一尊，』不許異己者跳梁反側？除非中世的基督教徒纔有這種謬見，似乎不應該出於科學家之口。　至於用科學來統一人生觀，我更不相信有這回事。別的且不說，在君說『世界上的玄學家一天沒有死完，自然一天人生觀不能統一，』我倒要問：萬能的科學，有沒有方法令世界上的玄學家死完？　如其不能，卽此已可見科學功能是該有限制了。　閑話少敘，請歸正文。

人類生活，固然離不了理智；但不能說理智包括盡人類生活的全內容。　此外還有極重要一部分——或者可以說是生活的原動力，就是『情感』。　情感表出來的方向很多。內中最少有兩件的的確確帶有神秘性的，就是『愛』和『美』。　『科學帝國』的版圖和威權無論擴大到什麼程度，這位『愛先生』和那位『美先生』依然永遠保持他們那種『上不臣天子下不友諸侯』的身分。　請你科學家把『美』來分析研究罷，什麼線，什麼光，什麼韻，什麼調，……任憑你說得如何文理密察，可有一點兒搔着癢處嗎？　至於『愛』那更『玄之又玄』了。　假令有兩位青年男女相約爲『科學的戀愛』，豈不令人噴飯？又何止兩性之愛呢？　父子，朋友，……間至性，其中不可思議者何限？　孝子割股療親，稍有常識的也該知道是無益。但他情急起來，完全計較不到這些。程嬰杵臼代人撫孤，撫成了還要死。田橫島上五百人，死的半個也不剩。這等舉動，若用理智解剖起來，都是很不合理的，却不能不說是極優的人生觀之一種。推而上之，孔席不煖，墨突不黔，釋迦割臂飼鷹，基督釘十字架替人贖罪。他們對於一切衆生之愛，正與戀人之對於所歡同一性質，我們想用什麽經驗什麽軌範去測算他的所以然之故，眞是癡人說夢。又如隨便一個人對於所信仰的宗教，對於所崇拜的人或主義，那種狂熱情緒，旁觀人看來，多半是不可解而且不可以理喻的。然而一部人類活歷史，卻什有九從這種神秘中創造出來。從這方面說，却用得着君勱所謂主觀所謂直覺所謂綜合而不可分析……等等話頭。想用科學方法支配他，無論不可能，卽能也把人生弄成死的沒有價值了。

我把我極粗淺極凡庸的意見總括起來，就是：

『人生關涉理智方面的事項，絕對要用科學方法來解決。關於情感方面的事項，絕對的超科學。』

我以爲君勱和在君所說，都能各明一義。可惜排斥別方面太過，都弄出語病來。我還信他們不過是『語病』。他們本來的見解，也許和我沒有什麼大分別哩。以上批評『人生觀與科學』的話，暫此爲止。改天還想討論別的問題。

十二年五月二十三日在翠微山秘魔崖作

東蓀按：

我看了梁先生這篇文章不由得想說幾句，本來可以另撰一篇，只因文章太短，所以顧不到『狐尾續貂之譏，』而即附在於此。我所要說的只是關於科學的一點。梁先生的科學定義雖是修改丁先生的話而成，然在我看來，却比丁先生的原文圓滿些。丁先生的原文是『科學的方法不外將世界的事實分起類來，求他們的秩序。等到分類秩序弄明白了，再想一句最簡單明白話來概括這許多事實，這叫做科學公例。凡是事實都可以用科學方法研究，都可以變做科學。』　這段話有兩個要素：（一）凡對於經驗的事實分類以求其秩序，就是科學；（二）凡用科學方法的都是科學。　我不是學科學的，本來不敢對於這個主張有所懷疑，並且明曉得科學以其方法爲標準本是皮耳生一流的主張，丁先生原有所本。　不過我的理性仍不能即此屈服。　我以爲『分類以求秩序』只是科學的一方面，若謂以此足以包括無餘，實使我不信，試問論理學與數學是不是科學？　如其是科學，是不是僅僅分類以求秩序？馮德的科學分類表把數學論理學列爲方式科學。　難道是對於方式來分類麼？　這是正面的例。　還有反面的例，如植物學與動物學，宜可謂基於分類了，然而須知植物分類學與植物系統學只是植物學的一部分，不能對於植物分類，即已盡研究植物的能事。　所以據我這個外行人看來，『分類以求秩序』這句話是不足以概括科學的性質。　以科學的大忠臣的丁先生，其攻擊玄學，未嘗對於玄學下明切的定義，誠有可原，乃對於科學亦不能使我們滿意，便不能不有些失望了。至於說『凡用科學方法的都是科學』這句話我亦懷疑。因爲科學果有一個唯一無二的方法，則始可說凡用這個方法的都是科學，可惜科學在今天，據我看來，還是各有各的方法。如心理學有觀察實驗內省三法，無論如何，不能排斥其二而僅留其一，使與物理學相等。至於法學的方法與化學的方法卽不相同，決不能說法學的比較卽是化學的解析。若說各種科學各有各的方法雖是事實，然而這些各別的方法都是二次的與派生的。另外還有原始的與根本的。但我想來想去所謂根本的不外乎歸納演繹等論理方法，果爾則『凡用科學方法的都是科學』可改爲『凡用論理方法的都是科學』，豈不是失了意味麼？所以我對於科學的性質不妨妄加說明如下。

據我所見，科學乃是對於雜亂無章的經驗以求其中的『不變的關係』。這個卽名爲法式或法則。（卽許是暫定的）如兩個人加兩個狗是四，而兩個狗加兩個鼠亦是四，都可用加號來表之。事實上經驗的內容總是只有一次的。如我今天寫字便與昨天寫字不同。所以科學並不十分注重於內容，而注重於方式，卽是關係，卽是關係的定式。所以分類乃仍是初步，而不是最後的。至於得了這個『不變的關係』的定式便用一個簡單明白的符號以表視之，但這卻不是『概括這些許多事實』。這個與其謂是科學方法，毋寧謂是科學的目的。科學以此目的，對於所取的對象可以各取各的方法。如天文學便不能離了望遠鏡，又如生物學中分出細胞學。可見以目的來統一科學則關係科學的各有方法與分枝發展皆無妨礙。否則只是一個所謂科學方法（卽分類與歸納等）高懸於上，決不能統一各科學。可見科學之所以爲科學不在方法的相同，而在目的的一致。科學旣各有方法，而普通所謂科學方法又不外乎論理，於是我根據這個理由大膽宣告漢學家的考據方法不能卽算就是科學方法。我承認漢學家有點兒科學精神，但不能以一點的相同，卽謂完全相同。本來考古學只是歷史地理的一個分支，自有其地位。若把考古學的方法推廣而用於其他地方，科學家卽承認這個就是科學方法，似乎未免太自貶了。丁先生說愛因斯坦的相對論是科學，梁先生的歷史研究法是科學，胡先生的紅樓夢考證是科學，這話亦似乎犯了籠統的毛病罷。以上所說我未敢自信，所以不敢用專篇發表，特寫在此處以求教於梁先生。

——轉錄時事新報學燈——

張君勱主張的人生觀對科學的

五個異點

章演存

一日看見吾友丁在君『玄學與科學』一文，便想去索張君勱君的原文一讀。後由在君寄來，並函云：『弟對張君勱「人生觀」提倡玄學與科學爲敵，深恐有誤青年學生，不得已而爲此文。……弟與張君勱交情甚深，此次出而宣戰，純粹爲「眞理」起見，初無絲毫意見；亦深望同人加入討論。兄能分著述餘暇，作此宣傳事業否？』 余本來不是十分滿足現在的科學的；科學的就是他的方法，也還不敢說是無所不能；只看現在愛因斯坦的『相對論』他入手的方法，便和舊物理學完全不同的了。 這樣看來，科學的方法，也不是絲毫沒有改造的餘地。再回過來看看張君的『人生觀，』却論得太渾沌一點；並且他對於科學，又覺得稍隔膜一點；所以像我最怕說話的，也免不得要說幾句話。但我自問決不是爲丁君作辨護的；也並不敢擔當宣傳的責任。

張君說人生的問題，決不是科學所能解決的；因爲人生觀和科學比較起來，有五個異點。他還從人生觀裏舉出九個『我』對『非我』的問題來，說是『東西萬國，上下古今，無一定之解決』的。我們首先要和張君討論的，就是人生觀和科學的五個異點是對不對？有沒有疑問？

第一個異點：科學爲客觀的，人生觀爲主觀的。這種分別，好像是很久的了；但是現在有了『相對論，』却不能說科學純爲客觀的，並且可以說是主觀的了。張君說，『同爲人生，因彼此觀察點不同而意見各異；』『相對論』也說，『同一件事情，因彼此觀察點不同而所見各異；』這不是一樣的嗎？　現在物理學上一個時間和一個空間，各人的觀察都是不同的；一個人前後的地點不同，觀察所得的結果也還是不同的。　爲什麼這樣不同的現象還能求出一個原則來呢？　這不是像張君說的『就一般現象而求其平均數；』原則去觀察還是很遠，不是這樣容易求得出來的。　人生觀裏最不容易統一的，就是一種情感作用；科學裏邊也有一種不容易統一的，就是廣義的重力作用。　但依『相對論』在一切重力作用場裏要能分析到和沒有重力一樣的地步，原則還是存在；那末，人生觀在一切情感作用場裏要能分析到和沒有情感一樣的地步，原則也一定還是存在。　莊子說『有人之形，無人之情，』這就是去求人生原則的方法。　我們不是提倡無情的人生觀，不過人生的原則不能不用這樣方法去求的。　張君往往把對於人生的意見和科學的原則去比較，其實意見自意見，原則自原則，不能相提並論的，我們可以用張君答在君的話來說明：張君說『常求所以變革之，以達於至善之境。』　『人類目的屢變不已；雖變也，不趨於惡而必趨於善。』　『據既往以測將來，其有持改革之說者，大抵圖所以益世而非所以害世。』　這都可以算張君假定的人生的原則。至張君羅舉的九項問題，還只是各個意見。意見和原則，性質完全不是一樣的，所以不能比較。

第二個異點：科學爲論理的方法所支配，人生觀起於直覺。張君解釋『直覺』就是『自身良心之所命起而主張之』一句，這依然還是意見一類，所以未曾達到可以用論理方法去討論的地步。丁君說，『凡不可以用論理學批評研究的，不是眞知識；』我們可以說，『從主張再進一步，就要用論理學去批評研究。』至云『以爲天下後世表率，』未免說得太過。無論是叔本華哈德門的悲觀主義，蘭勃尼孳黑智爾的樂觀主義，孔子的修身齊家主義，釋迦的出世主義，或是孔孟的親疏遠近等級分明，或是墨子耶穌的汎愛，恐都還沒有這樣深遠普遍的功效。要是有一說可以做天下後世的表率，不是人生觀早已統一了嗎？

第三個異點：科學可以分析方法入手，而人生觀則爲綜合的。張君對於釋迦的人生觀，剛剛求出一點動機來，便說『動機爲一事，人生觀又爲一事；人生觀者全體也，不容於分割中求之也。』 又對於叔本華之人生觀，剛剛尋出一個理由來，便說『理由爲一事，人生觀又爲一事；人生觀之是非，不因所包含之動機而定。 何也？ 人生觀者全體也，不容於分割中求之也。』 這是張君告訴我們『人生觀也一樣可以分析出動機和理由來的，不過分析出來還是無用的；』但張君沒有告訴我們人生觀是全體的——不能分割的理由。我們也只得說玄學原來是怕洩漏玄機的，也許玄學和科學不同的地方就在這一點罷？

第四個異點：科學爲因果律所支配，而人生觀則爲自由意志的。 張君已經把釋迦的人生觀和叔本華的人生觀分析出一種動機和理由來了，推到孔墨耶穌，也何嘗沒有動機，沒有理由？ 動機和理由就是因，他們的人生觀就是果，這好像張君已經承認過人生觀也是『爲因果律所支配』的，不是自由意志的了。 但他偏又說『孔席何以不暇暖，墨突何以不得黔，耶穌何以死於十字架，釋迦何以苦身修行：凡此者皆於良心之自動，而非有使之然者也。 乃至就一人言之，所謂悔也，改過自新也，責任心也，亦非因果律所能解釋，而爲之主體者，則在自身而已。』 張君竟不怕前後自相矛盾嗎？ 或者玄學本來不受論理學的支配，可以說『矛盾是一件事，人生觀又是一件事』嗎？　我再把張君自身來作一個例證：張君答在君說『及訪倭伊鏗，一見傾心，於是將吾國際政治學束之高閣。　何也？　胸中有所觸，不發舒不快矣。　自是以來，方潛心於西方學術之源流』　張君自承『見倭伊鏗，』『胸中有所觸，』是因『將國際政治學束之高閣』『潛心於西方學術之源流，』是果：這不是張君的人生觀已經受了因果律的支配嗎？　但是我想張君一定要說『因果律是一件事，人生觀又是一件事。』

第五個異點：科學起於對象之相同現象，人生觀起於人格之單一性。　張君也知道現在新物理學裏邊，只是去求對象的相同原則，並沒有對象的相同現象嗎？　但是我們覺得不應該把科學上的新理去和玄學家糾纏，只能就張君所說的去和他討論。　張君早已再三聲明『人生觀者全體也，不容於分割中求之也。』　這回偏要大大的分割起來：他說，『測驗與統計施之一般羣衆，固無不可；若夫特別之人物，亦謂由統計或測驗而得，則斷斷不然。……人生觀者，殊特的也，個性的也，有一無二者也。　見於甲者不得而求之於乙；見於乙者不得而求之於丙。』 這樣說來，甲乙丙……等的人生觀，還算得都是全體的嗎？ 張君又說，『自然界現象之特徵，則在其互同；人類界之特徵，則在其互異。 惟其各異，吾國舊名詞曰先覺，曰豪傑，西方之名曰創造，曰天才，無非表示人格之特性而已。』 張君這段文字，實在不甚明白；從前後推想起來，一定是把人類中之先覺，豪傑，創造，天才來代表人格的單一性。 張君既說『人生觀起於人格之單一性，』 那末，只許先覺，豪傑，創造，天才有人生觀，不許一般羣衆都有人生觀嗎？ 張君提倡人生觀，就是證明張君是先覺，豪傑，創造，天才嗎？ 科學不能解決人生觀，就是證明一般科學家是羣衆，不是先覺，豪傑，創造，天才嗎？ 我不知道張君的意思是這樣否？ 但從張君的文字解釋起來，確是這樣的。

張君舉出來的人生觀對科學的五個異點，我們既然還有疑問，此外他說的『我』對『非我』九個問題，也就無從去討論了。 不過我對於張君說的『諸家之言，是非各執，絕不能施以一種試驗，以證甲之是與乙之非』這幾句話，還要根究一番。 這個是非從什麼地方產出來的？ 就是從張君『皆以我爲中心』一句話產出來的。 莊子的齊物論說，

『物無非彼，物無非是，自彼則不見，自知則知之。……是亦彼也，彼亦是也。彼亦一是非，此亦一是非。果且有彼是乎哉？果且無彼是乎哉？』『是』就是『我，』『彼』是『非我；』一切是非，都從『彼是』出來，——就是都從『我』和『非我』的分別出來。張君要是換句話說，『凡此九項，皆以「眞」爲中心，』這個是非立刻就解決了。即不然，稍稍把『我』字放鬆一點，這個是非，還可以比較的去解決。

——轉錄努力週報——

讀張君勱論人生觀與科學的兩篇文章後所發生的疑問

朱經農

在我提出疑問以前，先要聲明一句，我幷沒有意思想加入科學與玄學的戰爭，因爲我的天性與玄學太不相近，並且對於科學也沒有精深的研究，所以不配說話。

不過我在兩軍陣前偷看雙方的槍法，原想從中學一些乖。不料君勱的槍法另有一種門徑，看了半天，竟摸不着頭腦。我爲好奇心所驅，要請君勱指點指點，解除我心裏的疑難。將來在君的槍法如有不明白的地方，我也要提出同樣的疑問。

（一）君勱說，人生觀『漫無是非眞僞之標準，』『初無論理學公例以限制之，』『無所謂方法，』『不爲因果律所支配。』 但君勱又說：『文化轉移之樞紐，不外乎人生觀。 吾有吾之文化，西洋有西洋之文化。 西洋之有益者如何採之，其有害者如何避之；吾國之有益者如何存之，有害者如何革除之；凡此取舍之間，皆決於觀點。』 在我們淺學的人看起來，人生觀既爲文化之樞紐，則文化之有益或有害，卽爲人生觀是非眞僞之標準。凡人生觀能發生有益之文化者，則我採之存之，換一句話說，就認他爲是的； 凡人生觀發生有害之文化者，則我避之除之，換一句話說，就認他爲非的。 怎樣還說沒有標準呢？ 況且因有益有害而定存革取舍，明明是有方法的，怎樣說無所謂方法呢？ 因其所生文明之有益或有害，而知人生觀之是非，明明就是從前所謂『種好因，得好果；種惡因，得惡果。』怎樣還說不受因果律的支配呢？

（二）君勱說：『何者爲正當之人生觀……乃不能答覆之問題。』 『彼此各執一詞，決無絕對之是與非。』然而又說：『人類之目的……雖變也，不趨於惡而必趨於善。』

既沒有是非，怎樣會有善惡？在我們淺學的人看起來，『善』即爲『是』，『惡』即爲『非』。如果有善惡可辨，是非就有了標準。何以君勱判斷善惡這樣的勇敢，辨別是非又這樣的躊躇呢？

（三）君勱說：『人生觀超於科學以上。』『科學之中亦分兩項。……物質科學如物理，化學等；精神科學如政治學，生計學，心理學，哲學之類。』照他這樣說，人生觀是科學範圍以外的東西，哲學又是精神科學之一種，是科學範圍以內的。他又說：『精神科學……未嘗無公例可求。』哲學既爲精神科學之一種，當然也有公例可求。然而君勱又說：『若夫人生觀或爲……悲觀主義，或爲……樂觀主義，或爲……修身齊家主義，或爲……出世主義，初無論理學之公例以限制之。』試問悲觀主義，樂觀主義等等非哲學而何？何以哲學有公例可求，而此各種主義獨無之？

（四）君勱說：『夫何謂物，何謂心，誠有爭執之可言，然因爭執之故，乃並物質科學精神科學之分類而否認之此世界之所未聞』　但據我所知道的，大凡主張一元論的哲學家總不大願意把『精神』『物質』兩名詞來劃分科學的門類。　所以有些人主張分為自然科學與文化科學　有些人主張分為自然科學與社會科學　所謂『文化』處處有事蹟可尋；所謂『社會』事事有利弊可辨；不比『精神』兩字完全是『無地樓臺』捉摸不定。　郎翁特自身亦不肯把『物質』與『精神』用作對立的名詞，所以只說『確實科學』與『精神科學』　君勱把『確實』二字改作物質毅然決然說，不用物質精神來分科學門類的為世所未聞，實在使我疑惑起來。　『自然科學』『文化科學』『社會科學』這幾個名詞究竟妥當與否是另外一個問題，但總不能說世界上從來沒有聽見過這樣的分類方法　或者我對於君勱所說的話有些誤會，請君勱明以教我。

（五）在我們淺學的人看起來，科學是日進無已的，並不是什麽『金科玉律』一成不變的　唯其日進無已，所以前程不可限量　君勱引杜里舒和托摩生的說話來駁達爾文的『進化論』引『相對論』來證明奈端的學說不適用於光折之實驗，正可以證明科學日進無已。猶之社會上一個青年的學生，他的學問天天在那裏進步，誰敢斷定他將來一定沒有出息！倘使有人這樣武斷，不但本人不服，就是傍邊人也要替他不平。現在君勱說『人生觀問題之解決決非科學所能爲力，』一句話把科學的前程斷定，人家聽了，自然要發生許多疑問。君勱說，他所以能夠下此斷語是『但論現在不問將來。』倘使有人說一個天天在那裏進步的青年決沒有出息，我們一定要問他何所見而云然？如果他說『但論現在，不問將來，』因爲他現在還沒有什麼成就，所以說他決沒有出息。我們對於這個答案能夠滿意嗎？『決』字的意義與『尙』字不同，『尙』字有時間的關係，『決』字是永久不變的。倘使『但論現在』似乎只可以用一個尙字，不能適用一個決字。但不知君勱還有別的解釋沒有？

（六）君勱說：『純粹心理，頃刻萬變，非科學方法所能支配。』倒底『純粹心理』的定義是什麼，我不大明白，所以不敢亂說。照我們的常識看起來，一個人看見親友死了，就發生悲哀；得遂自己的志願，就覺得快樂；受了傍人的欺侮，就要發怒；『衣食足而後知榮辱；』『凶歲，子弟多暴。』 無論喜怒哀樂凡是一種心理的現象，其起落必有一個原因，社會上必有一種對象引起這種心理。 這種社會上的對象，我們有法子可以研究的，不是玄妙不可思議的。 徒以『頃刻萬變』四字把心理學一筆抹殺，不去細加研究，似乎有些可惜。 若說『人之心理，頃刻萬變，故無所謂態度因無所謂因果，』難道全世界的大心理學家天天在實驗室裏做工夫，用科學方法去研究人心，都是瘋子嗎？

（七）君勱說：『人生之所謂善者皆精神之表現……其所謂惡者皆物質之接觸。』此說我實不能了解。 據君勱所下定義，『所謂物質者凡我以外皆屬之。』（包括父母妻子，國家，社會等等） 倘不與『我以外』者相接觸則精神何由表現？ 又何以知其為善？例如不與父母接觸，何以知其為孝？ 不為國家社會辦事，何以知其有愛國愛羣的精神？然則精神之表現與物質之接觸實不能分離，何由而判其一為善而一為惡？

（八）君勱說：『自孔孟以至宋元明之理學家側重內生活之修養，其結果為精神文明，三百年來之歐洲側重以人力支配自然界，故其結果為物質文明。』 不知所謂中國的精神文明究竟有那幾樣是近三百年西洋文明中所沒有的？ 我很希望君勱多舉些實例來告訴我們。

我還有一個疑問，就是『內修』的工夫能否不受外力的影響？ 倘受外力的影響，則其所生結果能否完全歸功於精神，而稱之曰精神文明？ 照我所曉得人類的文化不能不受環境的影響，也不能脫離物質的關係。 譬如愛斯克模人（Eskimo）的天才並不低於其他民族，然而他們的文化不能發達到極高的地位，實因自然環境使然。 住在冰天雪窟的地方，要想免於凍餒，不能不把全副精神都消磨在衣食問題中間，所以不能有極高的文化。 又如在熱帶溫濕之區，物質極豐，謀生過易，不勞而獲，人皆習於懶惰，不願有所作為，故不能產生極高的文化。 可見人類的文化，不能不受氣候物產種種自然環境的影響。 又如在交通便利，圖書館博物院種種設備完善的地方，文化往往很高；在窮鄉僻壤，交通不便，耳目閉塞，無書可讀的地方，文化大概不十分發達。 可見文化的高低與物質上的設備也有密切的關係。 總括一句，文明的產生不能全靠精神作用，處處都有物質的關係，常常要受環境的影響。　無論何種文明，我們不把他的物質方面一筆抹殺，單單叫他做精神文明。我要聲明一句，我所謂『物質，』完全照君勱所下定義『凡我以外皆屬之。』　試問那一種文明是與國家社會無關係的？　那一種文明是完全屬於精神的？

我現在誠誠懇懇的尋求眞理，對於君勱並沒有挑戰的意思；不過把我的淺見老老實實寫出來，請君勱指教。　我只看見君勱兩篇文章，一篇是登在淸華週刊上的『人生觀，』一篇是登在努力上的『人生觀與科學』上篇，所以我所提出的疑問也只以這兩篇文章爲限。

——轉錄努力週報——

讀丁在君先生的『玄學與科學』

林宰平

在君先生平日的議論。我是很喜歡聽他的；他是地質學家而有文學的天才；他又是熱心尋求眞理的人；他和張君勱先生一向因爲這個問題彼此辨論不止一次了，這回在君先生在努力週報上發表了這篇文章，算是正式和君勱先生開談判的第一次。我們對於君勱先生的主張，往常也時有懷疑的地方，可是現在讀了在君先生這篇文章，却把我弄得莫名其妙的。我現在不得不把我懷疑的眼光——也許是我的錯誤——移轉來估量在君先生這篇的大作。

〔二〕

原文題目是玄學與科學，他所批評的卻是張君勱的人生觀，一開頭就很奇怪了。玄學是專講本體論的，君勱先生在清華講演對不對另是一個問題，但是他明明是講他的人生觀，並沒有提到甚麼玄學。在君先生在這篇文章裏，也說玄學家單講他的本體論，我們決不荒廢光陰來攻擊他。然則在君先生現在所攻擊的，究竟是個甚麼東西？本體論方面既不加攻擊了，難道除了講本體論之外，還有一個甚麼叫做玄學麼？

還有很奇怪的，就是學者的野心。在君先生說：

『人生觀現在沒有統一是一件事，永久不能統一又是一件事，除非你能提出事實理由來證明他是永遠不能統一的，我們總有求他統一的義務。』

我記得杜威在北京講演時，他批評柏格森的哲學，起頭就說：詹姆士反對哲學系統，始終沒有組織系統的野心，從歷史上看來，我們總以為自康德黑格爾以後，世界上不會再有想組織有系統的哲學了，那裏知道先有斯賓塞爾，最近又有柏格森，居然有了這樣的野心，現在在君先生的野心可就更大了，他不但想組織一系的學問，還要把科學來統一一切。看他口氣，簡直像個教主，凡是宗教都有統一的欲望，他用同一的形式同一的信仰，把人生圈入一定的軌道中，以爲天地間眞理一口吞盡，再也沒有例外的了，在君先生想用科學的武器來包辦宇宙，上自星辰日月，下至飛禽走獸，敢說聲不依我的科學，我都認作邪魔外道，非嚴重討伐不可，彷彿摩哈默得手提長劍，跨在他的天國的馬背上，鼓着銅鈴般的眼睛，大聲喊道：

『玄學是科學的對頭，玄學的鬼附在張君勱身上，我們學科學的人不能不去打他。』

『義和團說槍砲打不死他，他不受這種火器的支配，我們縱能把義和團打死了，他也還是至死不悟。』

『世界上的玄學家一天沒有死完，自然一天人生觀不能統一。』

『在知識界內，科學方法是萬能，不怕玄學終久不投降。』

呀！不是我弄錯了麼？摩哈默得那裏知道甚麼玄學科學，果然，這是丁在君先生的話，在君是個科學學者，何以會有這種的口吻，所以奇怪了。其實也並沒有甚麼可怪，凡是要拿一個天經地義的定型囊括一切，就不免對於異己者有個成見，故統一思想和排他思想是連帶而生的，宗教是有統一思想的，所以宗教也有排他的思想。——佛教與一般宗教根本不同，自當別論。——羅素說：宗教是殺人的利器，歐洲歷史上許多戰爭，差不多都與宗教有關。現在在君先生的論調，居然帶有殺伐之音，我說他簡直像個教主，固然擬於不倫，我的朋友熊子眞先生看了這篇文章，他也就這麼說，可見這種的感想必不止我一個人。

我似乎明白了，在在君先生的本意，以爲科學方法是唯一求眞的工具，所以理直氣壯的拿了這個科學的武器要來辦統一，又明知道最難統一的是各個人心理作用，於是看定『心理上的內容，都是科學的材料。』既認爲科學可以支配人類心理，故謂『科學的目的，是要屏除個人主觀的成見。』此目的果眞能達到，大家完全把主觀的執著一掃而空，天下還有甚事？以我個人而論，現在所欲求而未得的就是這種境界，科學竟有這樣的力量麼？我也願意在這個統一局面之下做一個平民。無奈提倡科學的而且我們所佩服他道德之丁在君先生，他一高興起來還不免有很厲害的排他的成見，他人更可想而知的了。佛家說去我執還要去法執，現在在君先生執著一個科學型，氣燄逼人的要來改良人類心理，我們固然不能不認爲是一種極偉大的理想，但是用科學改良人心，究竟有沒有完全的效力呢？

（二）

現在要問到科學和科學的方法，到底是不是一個東西？自文藝復興以來直至今日，科學的範圍一天推廣一天，這是科學發達史所明示我們的。不過儘管怎樣的推廣，畢竟他有他的範圍，不過各人所取的標準不同，所以各自立個分類。自笛卡兒把數學看做一切科學的中心，以能數能量的認爲科學，不能數不能量的皆非科學，這種分類法自然是很狹窄的了。　其後漸漸放寬的分類，於超經驗的數學以外，還認有經驗的科學，於是物質與精神之分，殆為多數所採用，如有名之朋斯姆（Bentham. 1748—1832 英國倫理學及法理學者）分類，安比爾（Ampere. 1775—1836. 法國物理學者）分類，晚近如馮德的分類等，其所用名詞雖不盡同，其實皆脫不了物質精神對立的分法。　馮德分類號稱完美，略舉其分法如下：

科學
- (一)純粹形式的科學……數學
- (二)經驗的實質科學……
  - (一)自然科學
  - (二)精神科學

自然科學研究客觀的經驗，精神科學研究主觀直接的經驗，這種分類在在君先生看來恐怕總有一半玄學的嫌疑。　又近如德國西南派哲學，他就否認馮德的分類，即反對自然科學和精神科學之分。　但是他們仍於自然科學外，別立所謂歷史科學，文化科學，而宗敎等亦列入文化科學中。最近德國學者又有反對史的科學與自然科學對立者；亦有非難心理學歸入自然科學一類者；總之分類標準，雖然言人人殊，要像在君先生那樣簡單的講法，似乎很少見的了。即如烏爾夫（Wolff）主張凡用科學方法所研究者，皆可謂爲『科學的，』然嚴格說來，科學的究不是科學，換句話說：就是科學方法，究不是科學自身，譬如一步一步的先搜集材料，次假定公例，又次試驗證明，這樣誠實有條理，固然應用到那一方面都相宜，然科學若僅指這種空空洞洞的方法，那麼凡做人能夠誠實有條理的，都可稱他是個科學家麼？假如科學方法卽是科學自身，然則幾何學的方法，應用於繪畫音樂等，能否卽將繪畫音樂叫做幾何學；數學方法應用到無綫電上，能否說無綫電就是數學；物理學應用到醫學上，能否說醫學就是物理學？這種舉例，原是笑話，然亦可見科學方法應用在其他科學上，尙且有各自地位之不同，何况應用到人生觀等問題，硬要說他們不能分家，這種理由豈不很近於牽强麼？若謂繪畫等雖不能說他卽是幾何學，然他旣是應用科學的方法，總可謂之科學，其實這句話只可說：繪畫等也未嘗不可用科學的方法來研究，至於繪畫自身，他是整的，調和的，活的，不可分析的；音樂也是如此，要說他是科學，就很費解的了。還有一層，現在基督敎科學利用暗示方法，他們也熱騰騰的實行他的科學運動，英國心靈學會，搜集許多神異的事實，也自命是應用科學方法研究的，日本井上圓了研究所謂妖怪學，他以爲也是應用科學的研究法，若照在君先生的主張，這些東西是否亦認爲科學？ 若謂他們雖然打起科學幌子，然妖怪之類，那裏能成科學的材料？ 但是在君先生又說：『科學不在他的材料，而在他的方法，』那麽無論甚麽材料，都可作爲科學對象，妖怪學等等又何嘗不可稱爲科學呢？ 總之，凡主張科學方法與科學不分者，當然弄成『胡適之講紅樓夢也是科學，』其結果必至天地間無一不是科學罷了。 西人對於思想之應用，比我們發達的多，我在德國時候，看見有一個德國學者，他是研究公法學的，他把胡塞爾（Husserl）的現象學應用到法理學講義上，諸如此類的輾轉應用，一方面固然是思想的進步，而一方面也未始不是學術的毛病，每每一個範圍很謹嚴的名詞，應用又應用，後來漸漸失其本意，甚至有與原意義完全相反的。 杜里舒謂『從前的唯實論，和現在的唯物論差不多，從前所謂主觀，卽現在所謂客觀，從前的客觀，有時竟是現在的主觀，所以笛卡兒書中的主觀，以現在眼光看來，並不是主觀，乃是客觀。』　哲學旣有這種情形，其他學問自然也是不免，就如科學一語，恐怕不久也要變成濫套了，這是糟蹋科學，不是提倡科學！

（三）

在君先生對於『論理』的觀念，我也不大明白。　這篇文章裏說：

『我們的人生觀脫離了論理學的公例，定義，方法，還成一個甚麼東西。』

這幾句話看來似毫無問題，他全篇還有幾處提到論理學的，大約在君先生意思：論理學的方法，就是科學方法，因此把論理和科學又混在一起了。　原來科學方法與實質的論理（Material logic）本是相關的，既認為科學與科學的方法不分，自然也可說實質的論理就是科學的了。　不過在君先生所謂論理，似乎又不盡指實質的論理而言，看他的講法，頗帶點中古經院派傳下來形式論理的舊觀念，形式的缺點，往往理論上雖然說得過去，而事實上卻不是這麽一回事。大家都知道的有個滑稽的論法，他說：一條猫必有一個的尾巴，他比『沒有猫』必多出一個尾巴，但是『沒有猫有兩個尾巴，』所以可說一條猫有三個尾巴。這種推論，也可說是合於科學的方法麽？所以科學的實質論理，他不像形式論理那樣偏重推論，他却重在試驗；又不像形式論理那樣偏重公例，他却重在事實。杜威說：『所謂方法問題，並不是找出方法來作法式上的論理就算了事，質言之，不是法式上的問題，乃是實際上的問題。』這種論調，固然是代表實驗派的講法，但是科學所需要的，是實質的論理，不是形式的論理，這是毫無可疑的了。在君先生卻非常注重在論理的推論公例上，所以我說他不免還帶點舊論理的觀念。

在君先生這篇文章裏，又屢次說到概念推論公例等，我們也知道這些東西很有用處，但那樣寶貝似的拿來當做唯一的武器，我們又有些懷疑了。概念並不是絕對確定的東西，他本是可以隨時修改的。公例定律自然確定的程度較强些，但是也沒有絕對的價值，天文學中之吸力定律，佔領了第一級的位置，從來沒有人對他發生疑問，自安斯坦出來，奈端定律，變成不定的了，——安斯坦定律的價值，也是和奈端定律一樣，並不說奈端定律因此而損其價值，不過說他是不定的，總無語過，——至於再次一等如鉢德（Bode）定律，在太陽系中九個行星雖說都和這定律相合，其實海王星這個大魔王他無法無天的已經要宣告獨立不大服從鉢德定律，海王以外的行星，更無從駕馭他了。

講到推論呢，他的價值自然比定律更不如，凡屬推論，必須先有一個假定，這種假定所推出來的結果，往往都是或然的，不一定能作準，譬如關於地球年齡的問題：據物理學家所推算的，約爲四十兆年，而據生物學家的推算，則竟達數百兆年以上，二者相差得太懸遠的了；即如天文家所推算的數目，和地質家推算的數目，相差至少也有六萬年，這種結果能夠叫我們相信麽？

我們何以能夠推論？ 無非靠着我們經驗上所認爲已知的，用以推測所未知的，從現在推到過去，或推及將來，以爲甲是如此，乙也是如此，然其間有個極困難的問題：就是所謂甲的現象，有甲的周圍無數的關係，我們經驗上以爲知道甲是如此，原指那時候甲的現象，是如此一種情形，經過多次經驗之後，這種情形都相同的，我們就作爲已知。然而推到未知，則又成問題了，由已知推未知，我們不能不冒險的立他一個假定，我所已知之甲的現象如此，所以推定和甲相像之乙的現象也是如此。至於乙的現象周圍無數的關係，——未知的——我們也說他和現在甲的現象分毫不差，若其不是完完全全相同，那麽未知的事實與已知的經驗，就許相去很遠。

我現在住的小小院子裏，這幾天楡葉梅才謝，又開滿了一堆一堆雪白的丁香，並且數年以來，他都是這樣後先挨著開的，沒有一回失約。我們雖然忖想他到了明年，一定還是這樣的來和我們相見，但是認眞的說來，那麽明年到底開不開，誰也不能知道，就是楡葉梅丁香花自身也未見得有何把握，因爲各方面的關係，到了明年不知是甚麽情形。我坐在花下看看月亮兒，我想他這邊出來，那邊下去，漸漸圓了，又漸漸的缺了，他也是從來沒有錯過，但是要說千年萬年月亮一定都這樣，那就難講了，溫度的變遷，吸力的牽動，將來對於月亮各種關係，究竟是否和現在都一樣，這是屬於未知的，凡屬未知的雖有法子推算他，但總不過是個『或然數,』有的或然數程度高一點,有的程度低一點,低的不用說了,就是程度極高,畢竟還是或然,不是必然。因爲推論的方法,他不能棄假定而不用,這個假定,實在是個危險分子,所以極端經驗派,他就不信任這些方法,他信的只是『事實,』凡每個事實都有他的個性,都是不同的,都是新的,沒有公例能夠拘束他,沒有方法能夠預測他。又如新實在論一派的看法,他以爲世界只有最暫的東西是最眞,論理所構造是永久的,而實際眞實者却是暫時的。這些主張都是受過科學洗禮的人說出來的,他難道連所謂科學的方法,論理的公例,都不懂麽?

（四）

物和心的問題,好些人自以爲要解決他,始終沒有解決的,現在在君先生也給他一個判決了。他的重要理由:

『我們所謂物,所謂質,是從何而知道的?我坐在這裏,看着我面前的書櫃子，我曉的他是長方的中間空的，黃漆漆的，木頭做的，很堅很重的。我視官所觸的是書櫃子顏色形式，但是我聯想到木頭同漆的性質，推論到他的重量硬度，成功我書櫃子的概念。然則這種概念，是覺官所感觸，加了聯想推論，而所謂聯想推論，又是以前覺官所感觸的經驗得來的，所以覺官感觸是我們曉得物質的根本。我們所以能推論其他可以感觸覺官的物質，是因爲我們記得以前的經驗。我們之所謂物質，大多數是許多記存的覺官感觸，加了一點直接覺官感觸。』

物理學上所謂物，是否僅限於我們覺官感觸範圍以內的東西呢？舊物理家之物質觀，以爲『物』乃常存不滅的原子所構成。就是現在之電子論，乃至新原子論，畢竟還脫不了這個根本觀念。原子，電子，那裏能由我們覺官感觸？所以物理的世界，和官感的世界，到如今仍然沒有打成一片，不過科學家原是靠五官的作用做個底子，自然不能說超感覺的話，這那裏是他得意之筆，若以此自豪，標榜所謂『科學的知識論，』似乎言近誇大的了，誇大的口吻顯然違悖了科學的精神，這個毛病，非同小可。覺官的感觸，至少可說是一部分意義是屬於主觀的，心理的。 而在君先生講到『甚麽叫做覺官的感觸呢，』他却又牽到生理的方面。 他說：

『我拿刀子削鉛筆，誤削了左手指頭，連忙拿右手指去壓住他，站起來去找刀創藥上。 我何以知道手指被削呢？ 是我的覺神經系，從左手指通信到我腦經。 我的動神經系，又從腦經發令於右手，敎他去壓住。 這一種緊急的命令，接到信立刻就發的，生理上所謂無意的舉動。 發過這道命令以後，要經過很複雜的手續，纔去找刀創藥上：我曉得手指的痛是刀割的，刀割了最好是用刀創藥，我家裏的藥是在小櫃子抽屜裏面，這種手續是思想結果的舉動，是有意的。 手指的感覺痛，同上刀創藥，初看起來是兩種了，仔細研究起來都是覺官感觸的結果。』

在君先生的意思，或者以爲物質和精神本來沒有甚麽區別，所以認爲這樣的說明是很妥當的了。 其實講到學問就不能太隨便，上一段旣由心理上出發，後一段忽而又由生理上出發，雖然所言也各有來歷，但是這樣的拉扯，無論如何總不能認爲合法。 若謂覺官本屬生理，所以覺官的感觸並非純粹心理上看法，這種極端唯物論的見解，似乎在君先生又沒有採用，因爲他明明自稱爲『存疑的唯心論』，然而他的出發點到底在甚麽地方呢？或者是他的道理太深奥了，然而他又說是『是一種淺近的科學知識論』。

我們也不能不說他是淺近的了，有好些必須連帶討論的問題，尙且都置而不論，譬如：

（一） 甲感觸和乙丙等等的感觸，是否同一。

（二） 我們感觸以外，或不感觸之時，有無客觀的實在。

（三） 記憶是甚麽。

（四） 物理學基礎槪念之空間時間，與物質的關係。

至於知識怎樣的來由，知識本身是怎麽一回事，知識所能知道的有無他的止境：這些較難較複雜的問題，自然更無人願意討論的了。

現在且縮小範圍，但就原文中所有的而論，書櫃子的形式和顏色，普通以爲這些都是一眼所能望見的，其實望見雖同，而他本身的性質則大異。就科學上立論，形式或圓或方，他與重量硬度，皆屬客觀，就是屬於外物的本身所固有，不因感官變化而改易。至於顏色等不是物所固有，乃屬於人的感覺方面。在君先生所稱爲天文學的祖宗嘉列劉他已就這麼說，若是相信這個道理，那麼我們所感觸的物質，實涵有兩種原素：（一）客觀的原素，（二）主觀的原素。這些原素，是無限的，在此無限的當中，我們選定某項，成立所謂概念，究竟與物質自身能否符合，對於物質能否算是知道，不能不說是一個問題。譬如羅素所自稱之中立一元論，心和物兩方面都不黏，然他就不敢說所謂現象專指人的感覺；他也不敢說現象以外，到底有沒有東西。受過科學管束的人們，要來評論心物的問題，實在也只好這麼說，那裏能夠照唯覺主義一派的看法，那樣的偏重官感。要知道我們所看見的顏色，聽見的聲音，顯然分了家，一個屬於視覺，一個屬於聽覺，不能叫眼睛來看聲音，也不能叫耳朵來聽顏色。但是從科學上說：聲音顏色，同屬波動作用，並不是絕然兩物，我們的感觸，偏要把他分了。 又視覺神經，加以光線，起了光感；若加以電流或壓力之激刺，也能起光感，同一電流，若把來激刺味神經，又能起味感。 覺官感觸，這樣的不可靠，在君先生却說他是我們曉得物質的根本。 何以過信到這樣的程度呢？

再說，覺官感觸，又加上聯想推論，其中不可靠的程度，又要增多了。 同是一個東西，我們第一次看了是這種情形，若到第二次第三次再看時，他的情形，逐漸變了。 譬如樹上的葉子，他由嫩綠而漸漸的濃翠，又漸漸的黃了，我們的感觸，還是看做同是那一個葉子，其實前後間斷的看見了這個不同的情形，以爲中間還是連接着，並斷定我們所看見委實還是一個東西，這都是我們主觀的假想罷了。 然此尚就一個東西而言，若是兩個以上的東西，我們以前覺官所感觸的經驗，聯想到A東西與B東西，推論他倆是一樣，這種假想的成數更多了，把不同的物質，合混一起，將就我們所聯想的推論的，以爲木頭和漆的樣子，我們從前知道了，現在面前的書櫃子，我們於是乎也知道了，這種隔壁姨母親家姑的三嬸婆如何會拉在一塊兒？ 在君先生自然也感着困難，所以說：

『我們所以能推論其他可感觸覺官的物質，是因爲我們記得以前的經驗。』

那麼又惹起困難的『記憶』問題了。現在且不加入這些問題來糾纏。總而言之：若說覺官感觸能知道物質就叫做科學的知識，那麼我們夢中所有感觸的物，與醒了之後所有感觸的物，不能說他有不同的價值，難道科學知識就同於夢中心態？羅素說：『醒時所有感觸的物，不能比夢中所感觸者，更見實在。在我們建築之初，夢與醒的生命，要受同等的待遇。夢何以能受判決爲不眞呢？一定有個不全由感觸而得來的眞實，去作審判官。』在君先生卻把感觸看做審判官了，這一場官司，還從那裏打起？

在君先生又要判決『思想』的問題了，他說：

『無論思想如何複雜，總不外乎覺官的感觸。——直接的是思想的動機，間接的是思想的原質。』

又說：

『我的覺官受了感觸，往往經過一個思想的期間，然後動神經系纔傳命令出去，所以我說我有自覺。旁人有沒有自覺呢？我不能直接感觸他有，並且不能直接證明他有，我只能推論他有。我不能拿自己的自覺來感觸自己的自覺，又不能直接感觸人家的自覺，所以研究自覺的眞相是很困難。』

請看這種困難，如何渡得過去？他又說：

『我從我的自覺現象推論起來，說旁人也有自覺，是與科學方法不違背的。』

原來還是這個法子，科學就靠了推論算完事麽？推論之靠不住，不特我們前頭已經講過，在君先生他自己也說：

『推論是最容易錯誤的。』

然則這種困難問題，到底怎樣的辦法呢？在君先生接着就說：

『沒有論理的訓練，很容易以僞爲眞。』

講來講去，又講到這位『論理』老先生身上。我們要知道論理所建築的眞實，還是論理的建築物，和在君先生所極看重的覺官感觸並不是一家。

（五）

『概念』『推論，』他忽然倒霉了，他要受『嚴格的審查。』這卻是我們所極贊成的。但是怎樣的審查呢？原來有兩條重要的原則，又根據這個原則，定了三條的方法。原則第一條：把人類心理變成器械觀，又不承認有變態心理，這樣的幹法，我們很抱歉的又不能贊成了。但是：我們卻知道此中有不得已的苦衷，若使非布了這道防線，恐怕陣地站不住，譬如覺官感觸，概念推論等茍非相同，那麽科學如何能管轄到心理的方面？所以在君先生毫不客氣的說：

『我的思想的工具是同常人的一類的機器，機器的效能雖然不一樣，性質卻是相同。覺官的感觸相同，所以物質的思構相同，知覺概念推論的手續無不相同，科學的眞相，纔能爲人所公認。』

又預防有不服的人，和科學所不能說明的心理狀況，於是拿出先發制人的手腕，把他們叫做反常的人，並嚴厲的說道：

『反常的人，我們叫他爲瘋子癡子。』

可惜現在像在君先生所謂反常的事情太多了。 並且他們也決非一頓臭罵所能懾服。 除非到了科學能夠解釋這些事情的那一天。

對於這個第一重要的原則，我們不能贊成的意思，等到後文再說。 因爲我要急急的來看他第二個重要的原則：

『上邊所說的，並不是否認創造的天才，先覺的豪傑。（中略） 但是天才豪傑同常人的分別，是快慢的火車，不是人力車同飛機。 因爲我們能承認他們是天才是豪傑，正是因爲他們的知覺概念推論的方法，完全與我們相同。 不然我們安曉得自命爲天才豪傑的人，不是反常，不是瘋子？』

可惜看了大失望了。這一段祇是前條的說明，實在看不出是原則而且是『很重要的。』

其三條審查的方法，字數不多，全抄如下：

『第一：凡概念推論若是自相矛盾科學不承認他是眞的。』

『第二：凡概念不能從不反常的人的知覺推斷出來的，科學不承認他是眞的。』

『第三：凡推論不能使尋常有論理訓練的人，依了所根據的概念也能得同樣的推論，科學不承認是眞的。』

此三條中，第一，無問題。第二，要和上文第一個原則合起來討論。第三，推論當然離不了論理，不過論理若趨重形式理論，他和事實還是兩事。新康德派中如馬堡學派，（Die Marburger Schule）只爲要貫徹其論理的見解，他們所注重專在思想的形式，至於不承認有所謂覺官感觸。

現在回過頭來，要把上文所表示我們不能贊成第一個原則的意思，在這裏大略一說：

科學在十九世紀，已經佔了非常的勢力，何以神祕的潛在意識，以及諸種變態心理，反發達於二十世紀之今日？　科學家正要反省是否從前科學方法對於這種現象還有不適用，或有欠缺的地方，斷不是罵他瘋子，不理會他，就算完事。　哈特在他瘋狂心理上說：『從前研究這種心理，大概都從解剖學和腦的生理學下手，因有了顯微鏡的幫助，腦的解剖，研究得很精細，應用實驗方法，去研究大腦的生理，使他的研究更進一步。……因研究結果，有種種的發見，遂發生一種熱望，以爲狂瘋病的性質和原因，不久一定可以明白的了。　但此種熱望，後來還沒有實現，因此於生理的方法以外，知道有許多地方，要取給於近來「心理的概念」的發展。』　我們知道近來新心理學所證明，我們心的作用，包含許多記憶經驗，及衝動之不自覺的部分。　而且此等不自覺之心的作用，其影響我們平日思想及行爲，比我們能夠知覺的，還要佔了更大的部分。　研究變態心理最爲先進且最有成績之維也納教授佛羅特（Freud）他所建立之基本原理及有效的證據，漸爲大家所承認。　有好些地方可以應用來說明我們常態的行爲，在心理學上所有常態變態之分，本來是個程度上問題，並非全然各別之心理現象，現在除了極狹隘之心理學家，已經明白我們心的作用，比我們以前所猜想的，實在複雜得多而且廣大得多。英國心理學界居然有『下意識學派』之發生；又如新南西學派（New Nancy School）對於下意識亦非常熱心的予以研究。即心理學家以外之科學家，如斯底華特，克路克斯都是有名之物理學者，哇利巴洛奇是個化學者，黎休是個生理學者，他們都早已知道心的作用，在事實上決不止現在所已知的表面這種現象。我以爲像這種反常的——照在君先生的話——心理現象，正要科學家去研究他，然後許多無聊的錯誤或迷信，纔可以逐漸減少銷滅。若是都照在君先生這樣深閉固拒的辦法，只把『神秘』兩字罪名，永遠把他監禁在瘋人院裏，似乎不是我們所應取的態度。並且這種消極的辦法，其結果只有把心理界弄成越萎縮越退化罷了。我想這決不是在君先生所願意的。湯姆生在他科學大綱緒言上說：『生理學和心靈的研究之新接觸，兒童和野蠻人行爲之研究，以及心理分析家所用的新方法，皆吾人所當注意，因爲這些都是現在新心理學所從出。至於靈學的主張，雖然不免近於怪誕，而在不存成見的科學家看來，也未嘗沒有承認的價值。』對於靈學的承認呢，這樣重大的問題，固然各人有詳審的餘地。至於湯姆生所持之『不存成見』的態度，實在比在君先生强得多，我們以爲凡是眞的科學家應當如此。

（六）

純粹心理現象，是否在因果律之外，這又是一個問題。在君先生但說：

『科學回答道科學的材料，原都是心理的現象，若是你所說的現象是眞的，決逃不出科學的範圍。』

現在我們似應先問因果律是甚麼，然後纔能回答純粹心理現象，究竟是否完全爲因果律所支配？從來討論因果律問題的，無論正面負面，每每都引到休姆的話，我們現在也先把休姆所主張的提出研究一下：他說的大意以爲因果的關係，並不在其物之自身，而在人的信仰。 物對人並無表示這個是因那個是果，所以物的自身絲毫沒有因果的關係。我們看見有了這個，就有那個，這種關係叫做因果天天這種看法，就是天天的信仰。 其實今天的因果，未必是明天的因果，不過我們的主觀這樣看法罷了。—康德以爲主觀用於自然界仍然有效，故認因果爲範疇之一。 而休姆則謂主觀用於自然界是無效的，因果屬於主觀，故只好說是人的一種信仰。—換句話說：休姆簡直主張因果是沒有的。 這句話豈不駭人聽聞麼？ 不但科學家不願意聽，就是哲學家也覺得這樣一說，那就我們甚麼話都說不上了。 所以批評休姆的人，以爲：如此則知識成爲不可能的東西，休姆如果是徹底的，他一定毫無知識了。 但是這種批評，還難不倒休姆，他明說『關係』是有的。 有關係即可有知識了。 不過他認爲因果的關係，並非純依論理的關係，因爲因果之推理，和論理上矛盾律之推斷，全然不同，故因果關係乃以經驗事實爲根據。 休姆是個聯想派學者，所以他又說因果的關係，無非觀念聯合的關係，就是一種習慣，譬如拋塊石子在水裏，一定有他的聲音，然此石子的概念，無論怎樣分析，始終不能得到聲音的概念，所以因的概念中，沒有果的概念，他們的關係，只是吾人習慣上每次聽見石子拋在水裏會有聲音，反復多次之後，於是石與聲遂生了一種關係，即所謂因果。據休姆這種的講法，因果完全屬於主觀的，那裏有科學家所謂因果律這樣的一個東西，他的本身，根本上被取消了，自然說不到能否管束心理現象。再如柏格森一派之絕對自由論，對於經驗的科學上所謂因果律，其看法當然不同，不過這一類議論必非在君先生所樂聞。——因爲在君先生有反對柏格森的論調。——現在且換一方面來說：瑪勃（Marbe德國費爾茲堡派學者）基於自然科學上見解，有所謂改善的因果律。他說：吾人手裏拿着一塊石子，手指頭一放鬆，石子馬上掉在地面。這塊石子何以會往下墮呢？無非因手指驟開，而地球又有引力引他墮地，至於墮石所經之路程，以及剛下墮時，各部分中間的相互關係，又必有他種條件，湊合起來纔成了這種現象；假使我們抓住這塊石子老不放手，他畢竟不墮了，他所以不墮，亦有條件管住，就是手指的壓力，故凡一同樣的作用及狀態，常由於同樣之直接條件，此項原則，瑪勃稱爲改善的因果律。在我們看來，這種自然科學上因果的觀念，還是一種『關係』。無論先存的條件，或同時的條件，全體的條件，或一端的條件，在這些區別上，可以分出幾種因果觀念，其實於因果本身，並不能有所說明，所說明的還是複雜的各種條件—我們每每指我們所知道的條件叫做結果的原因，—這種複雜的東西就是『關係』。 再換一方面：照馬哈的講法，『因』的觀念，可用數學上函數的觀念來替代他；—羅素亦時常用函數說明因果律所推論的東西。實則這一類講法，歸根還是一種關係的觀念，因為函數就是表示兩組之間相依的一種關係，故羅素又說因果律中不變的東西，乃是所根據的，和所推論的，二者中間的關係。以上幾派，對於因果觀念方面各殊，然綜結起來，可以說是科學上所謂因果無非一種『關係。』

關係往往很複雜的，故因果律是極為複雜的原理，既是複雜，必非先天的，—先天的必屬簡單，—既非先天的，則因果律原可證明的，科學所需用之因果律，是已經證明為真實的，例如物理定律，即是已證明之因果定律。 故科學上所謂因果律，當然適用於物理方面。現在要把物理心理聯為一家，科學上所謂因果律，也叫他兼管心理方面，這真是大大的問題了。

若謂心理現象可以適用科學上所謂因果律，那麼起先應有一個已知的定律做個指導，最後必用多次試驗來證明。然則心理學上如聯想律之正確，能如燒水至一百度即沸騰之正確，保持同一的程度麼？實驗心理學中如維布（Weber）定律，如費西那（Feohner）定律能否於感覺反應以外，適用於思想意志情緒等等而求其一定的分量比例，用數字把他表顯出來麼？思想等雖然現在有人否認他，然實際是有的。既是有的，若要用科學方法支配他，總須能夠『直接的』拿來試驗，纔算眞實。然吾人對於他人或其他動物，要直接的知道他的思想之類，究竟是否做得到？如謂自然界亦有不能直接研究，如太陽系進化問題，不能直接將太陽搬到試驗室裏。然可用布拉托（Plateau）之流體球旋轉的定律，以油珠替代太陽，試將油珠旋轉到一定速率時，他的赤道處會射出油若干，成一個環，這環也跟著油珠旋轉。因此得一個定律：就是凡流體珠旋轉的時候，他的離心力隨速率而增加，可以使此球的赤道射出若干流體。再假定太陽爲流體旋轉不已，當他繞軸自轉的時候，赤道處也會射出流體，先成環，後成斷片，後成圓球，圓球自轉公轉，和中心太陽旋轉的方向一樣。如地球爲扁圓形，土星有三環，皆因赤道射出流體之故，可爲這個定律的證明。但是這一類小型的試驗，可以適用於心理界麼，能夠用甚麼物質替代思想意志情緒等等來做試驗麼？

如謂純粹心理現象，雖然不盡能適用天然律；但是還有思想律可以管理他，思想律和天然定律一樣，也是一定的，普遍的，凡情境相同的其思想亦無不同。然如黎朋 (Gustave Le Bon) 在他意見及信仰上，他主張有生物，感情，羣衆，神秘，理性，各種的論理，他以爲我們對於生物論理及感情論理，若能明白其構造，則我們必知完全支配之法，不過今日科學尚未能解決此問題，而且其距離尚非常之遼遠。又謂理性論理於知識之構成所關甚鉅，所有科學之發展皆基於此，然有其不能超越之限度，理性論理之範圍，大致限於物質界內，此是無可諱言的。又如失勒，他批評形式論理，簡直不信任思想律。我們現在且不管那些學者的高論，但問思想所走的路徑，難道彼此絕對不同？何以人們的意見如是其不一致，所謂一定的普遍的思想律，他的效力究竟在那裏？

（七）

在君先生又講到科學教育和修養的問題。 他以為：

『了然於宇宙生物心理種種的關係，纔能眞知道生活的樂趣。 這種活潑潑的心境，只有拿望遠鏡仰察過天空的虛漠用顯微鏡俯視過生物的幽微的人，方能參領得透徹，又豈是枯坐談禪妄言玄理的人所能夢見。 諸君只要拿我所舉的科學家如達爾文斯賓塞赫胥黎詹姆士皮爾生的人格來同甚麽叔本華尼采比一比，就知道科學教育對於人格影響的重要了。』

在君先生文章原是對君勱先生的清華講演而作，故問題中心應在科學和人生觀，現在到了中心的論點了。 我們此刻希望在相離不遠的共同基礎之上——不涉本體論問題，來討論，（一）科學的方法是否有益於人生觀。 （二）人生是否完全爲科學所支配。

我記得前幾年爲亡友黃遠庸編訂他的遺稿的時候，臨了寫一篇編輯的感想當作序文中間有一段說到科學對於人生的種種好處。 那時候杜威先生剛到北京，他常常這樣說的，我實在很受了感動，一直到了現在，我對於這部分思想還是沒有變更。 我的朋友屠正叔先生他也說：『科學的精神在於拋除成見，服從客觀眞理。 研究科學的人一定是平心靜氣拿極公平的態度極細密的眼光，去處理他們所研究的對象 因爲不如此便不能得很好的結果 人類經過科學的訓練以後，可以養成謹愼忠實公正諸美德。』 （屠先生有一篇講演，登在北京晨報十一年五月七日八日副刊，以上幾句話就在這篇講演裏。）

這種見解現在說的人很不少，在君先生所主張，我們平日談話之間本沒有甚麼相反的意見，對於上列科學的方法是否有益於人生觀，當然是肯定的。

至於人生是否完全爲科學所支配，就是在君先生所謂：

『他說人生觀問題之解決，決非科學之所能爲力。 科學答他說，凡是心理的內容，眞的概念推論，無一不是科學的材料。』

這種科學包辦的態度，我就要起來反對了。 有些話上文已經大略說過，現在所要說的就是『人生』是個甚麼？　屠正叔先生對於這個問題也有一段議論，他說：『人生的實際，不是僅僅理智一方面，感情的活動，意志的活動，也很占一大部分。　人生全體的發展，一定要各方面調和起來，方能有望，決不能單從一方面進行的。　理智的作用，專重概念的推理。

我曉得大家一定要說科學是以經驗爲根據的，這話誠然不錯，可是科學的材料，並不是具體經驗的原狀，他拿經驗做的材料的時候，實在已經用過一番淘汰的工夫，把主觀要素——情意——統統除去，祇餘下感覺的部分，這個自然是抽象的產物了，科學一步一步向前進，他的抽象性也一步一步的顯著，抽象性愈大，則距人生愈遠。』（同見上引晨報副刊。）

這一段的話，不知在君先生以爲如何。　我又記得倭伊鏗對我們說過：『宇宙中有善有惡，橫豎是個無所不有的。　既是亂烘烘的這種世界，所以人類的責任，就是要在善惡夾雜的當中奮鬥出一條生路來。』（詳見改造第四卷五號倭伊鏗談話錄。）　我現在所以引了這幾句話，專爲說明人類在世界裏實在是很古怪的東西，——也許我是人，所以只知人的古怪，——能善也是他，能惡也是他。亂烘烘的世界，誰在那裏興風作浪呢？大部分即是人的心理作用。至於各人對於人生的觀念，各有他的見地，恐怕全人類中，要找出一兩個他的人生觀完完全全相同的，似乎很不容易。他最爲古怪的，尤其在情感的活動，不但主觀性非常之重，並且有時連甚麽主觀非主觀，都說不上，他是莫名其妙而發動的。又如音樂或詩的天才，他的創造意，自已也不能預先安排，他是自然而然由不測之淵湧出來的，八的心他有無盡的源泉。還有一層：愈是有力量的人，他的生活愈矛盾，不用說別的，就是科學家，往往有非科學的理想，這豈不是矛盾已極麽？而一面人生五花八門，形成現在這樣熱鬧世界，也就靠這種無所不有的人生觀。如果科學能夠管理這個最古怪的東西，就是世界從此變成單調些，我們也只好願意的，然而如此不能劃一，無從分析，甚有超出感覺的種種心的作用，科學對於這種地方，還有甚麽權威？

講到人格上，在君先生也以爲只有科學家是好的，歐洲十九世紀幾個很有道德的都是大科學家。我以爲這種論調未免太把東方文化的特色抹殺了。寬大長厚，從容自得，確是我們中國人一種很特別的國民性；又如印度佛教思想那樣的徹底解脫無礙無盡的境界，不能不說是人類一種極可寶貴的精神，豈能以『枯坐談禪妄言玄理』就把人家打倒？ 在君先生所舉達爾文諸人，我們並不說他不是有修養的人，而且我們也希望科學家都是道德家，不過在君先生太看輕東方道德，以為惟有科學的教育纔夠得上講修養。 我們也不能不舉出一個反證：如達爾敦（Dalton）波賽里約（Berzelius）之固執，他是個有名的化學家；倫布洛梭（Rombroso）利賽（Richet）之迷信，他是個有名之人類學者，及生理學者。 在君先生又不滿於尼采叔本華的人格，以此證明科學教育對於人格之影響。其實培根那樣的貪墨，他在文藝復興時代對於科學方法觀念之改革，是極重要的一個人；霍布士那樣的崇拜權力，他是個大數學家，又於當時意法兩國科學界關係極深，他的哲學完全是法國科學的表現；笛卡兒那樣的害怕教會勢力，他於數學論理學物理學造詣甚深。科學教育與人格不一定發生影響，這也是一種證明。 在君先生啊！ 你說活潑潑地心境，只有拿望遠鏡顯微鏡的人。 但是要仔細望遠鏡顯微鏡失手掉了的時候。

在君先生又因爲崇拜科學，把『良心』都看做同洪水猛獸一樣，這眞是我們所萬想不到的了。良心何以就見得

『書也不必讀，學也不必求，知識經驗都無用？』

又謂：

『假如張獻忠這種妖孽，忽然顯起魂來，對我們說：他的殺人主義，是以「我自身良心之所命，起而主張之，以爲天下後世表率，」我們也只好當他是叔本華馬克斯一類的大人物，是「一部長夜漫漫歷史中秉燭以導吾人之先路者」這還從何說起？』

我對於在君先生這些話，也覺得這還從何說起。以在君先生平日之講究做人，他的本意，我知道必不是這樣。適之先生從前主張無後主義，他現在很喜歡他的兒子；君勱先生反對科學，他卻要邀集知好研究安士坦相對論；在君先生反對良心，恐怕也是這種矛盾性在那裏作祟，不然，則爲一時快意之談，但是一般青年看了，或以爲科學與良心眞是不兩

立，這種影響可就不小，我希望在君先生以後還是少發這種的議論。又像那些挖苦柏格森的話，也大可不必。柏格森主張無論是否眞理，而他在今代哲學上地位，誰也不能把他一筆勾銷。即使要非難他，也儘有從學理上攻擊他的許多主張，可以徵引，何必引到羅素所說『柏格森盛名是騙巴黎的時髦婦人得來的』那幾句開頑笑的話來刻薄人家。並且這種話對於女人的人格，未免太看不起了，他們果眞甘心受了欺騙麽？

以上我們不贊成在君先生替科學吹得太過火。然一面有許多人說：科學是完全物質的，機械的，冷酷殘忍的科學文明的結果，就是這回世界的大戰，及現在歐洲財政破產的情形。這種主張，我們也不敢贊成。然此對於科學深文周內的苛論，恰恰和在君先生作踐精神文明的態度是一對。安知非由一二主張科學方法萬能者之不寬厚的態度所招惹出來的反動呢？

科學的本身，他原沒有甚麽好壞的問題。利用他來求知識，乃至應用其方法於任何方面，科學自己也並沒居功。反過來利用他帮助資本家，利用他來打仗，吃人膏血，孤人妻子，科學自身也不任過。

（八）

若使在十年以前，連在君先生這樣的極端主張，我們也不想批駁他，因爲要提倡一種舉世不談的道理，不能不拉滿弓待他回過來或可得個正鵠，寧可講得過火些，不如此則不能引起多人的注意。 可是現在不必一定採用這種方法了，海內眞科學家固然並不多，但是知道科學是重要的，這幾年似乎很不在少數。 現在提倡科學，正要爲他顯出眞正的價值，築了堅實的基礎，別像吹胰子泡似的，吹得太大，反而吹破了。 我們敝國的通病最喜歡講空話，講大話，像在君先生這種提倡科學正合敝國大國民的老脾氣，說幾句科學的理論，搖頭擺腦的也要自命是科學家，在君先生把科學極力的普遍化，燒酒對水賣，分量越多，價値越少了。 閒話且止，我現在簡單表明幾句話，做這篇的結論：

科學我是相信的。 在君先生的熱心，和他很好的用意，我自謂不是全不了解的。 但是在君先生這篇文章的講法和態度，我是不敢附和的。 並且我覺得雖然我的學問本不配大胆評論，然却應當出來說幾句話。 我從前聽見杜威講到進化論在歐洲不知引起多少的爭論，一直到今還沒有完全停止，歐洲之學術思想，也因此生出極大的變革和進步。但是此說到了中國以後，却無聲無臭毫不發生影響，這的確是東方和西方大大不同的地方。 這段話我聽時覺得沈痛極了。 研究討論批評的精神，若是一天不振作，一切學術思想斷不能望有進步。 所以我認為我們應各就所知道的範圍以內，有忠實研究幷發表的責任。

我只顧說我對於在君先生這篇文章所懷疑的地方，把我所不疑的，以為可以不說了，寫完此作之後，纔覺得完全變成反對我的在君先生，然我又知道他一定不會不高興。

——轉錄時事新報學燈——

玄學與科學——答張君勱

丁文江

五月九日我請張君勱吃晚飯，我給他說笑道：『我答你的文章的帽子已經做好了：』張君勱答作者的文章共計幾萬幾千幾百幾十字，其中眞正可以算得嫚罵的，不過三十幾個字——如『自己見鬼，』『僞爲不知，』『頑固不化，』『斯之謂不通，』『白日說夢話』『蟪蛄不知春秋，』『雷同附和，』——我不能不謝謝他的雅量。 適之到南邊去養病，叫我替『努力』做文章，我正愁不能交卷，對不起朋友。 恰好他下筆萬言，載滿了『努力』的篇幅，使得我可以安安靜靜的偷懶；我不能不謝謝他的慷慨。 他的文章雖長，論點不多；我一句可以答他的兩句。 況且他幾萬幾千幾百幾十字裏面，引人家的話有四千字；這不是他自己說的話，我當然沒有答的義務，不能不謝謝他的體貼。 大凡辯論的文章越長漏洞越多，越容易攻擊：就譬如戰線越長越容易衝開，胰子泡越大越容易吹破……

我的話還沒有說完，旁邊有人拿梁任公宣布的國際公法給我看，說我犯了第二條。嚇得我連忙把話匣子關起。所以我這篇文章是從第十二行起。

任公的國際公法誰敢不遵？誰忍不遵？不過我要在將來的公斷人面前申訴幾句。我第一篇文章裏面，『虐謔』則有之，『嫚罵』則完全沒有。讀者拿原文細細的看，就知道我不是胡賴。君勱答辭裏面的三十幾字，就是我的嫚罵的定義。

嚴重的辯論不應該有虐謔夾在裏面，我是承認的。但是『玄學與科學』這種題目，是要有特別興味的人方纔覺得有趣，『努力』同『晨報』都是給一班人看的，不帶一點滑稽，恐怕人家看不了幾行，就要睡覺。我若是在『國學季刋』或是『地質彙報』上邊做文章，當然不敢如此放肆。聽說許多學者要加入戰團。向來不屑得替人家辯論的君勱居然肯把杜里舒先生的講義擱起來做幾萬字的答辭，足見得我的虐謔已經有『拋磚引玉』的效果。我若是做文言，我一定要說：『予豈好謔哉？予不得已也。』我又可以引用詩經說：『善戲謔兮，不爲虐兮。』

我很感謝任公，宣佈了我們向日的交情，可以免除讀者的誤會。我們這種戰爭，劈頭就不遵守國際公法，因為宣戰了一個月，仍舊沒有絕交。見了面依舊是劇談，依舊是『每談必吵，』吵的程度比做文章還要利害十倍。況且兩方面毫無秘密，毫無成心。我的知識論的來歷，是我自己勸君勱看皮耳生的『科學規範，』他方纔知道。他引翁特的科學分類，我就向他借翁特的書。所以一方面戰爭，一方面交換地圖，交換軍械，這就同威爾遜的外交一樣，是用公開的計畫，作公開的戰爭，越戰爭交情越厚，讀者不要替我們擔心。不過我勸讀者不要跟我們學，因為世界上沒有幾個人有張君勱這樣的雅量。

任公國際公法的第一條同第二條的性質完全兩樣。『剪除枝葉，』是戰爭的原則，與公法無關。這明明是論壇老將給我的暗示，我如何肯不遵。所以我的答辯就分成兩部：第一是本題，第二是枝葉。

●本題

（一）君勱的現在主義

學科學的人最反對獨斷式的言論。『人生觀是主觀的，直覺的，……』請你用事實來證明！『科學方法不適用於人生觀，』請你用理由來解說！張君勱在清華講演所舉的理由是，『人生觀最不統一。』我前次對他說，『人生觀現在沒有統一是一件事，永久不能統一又是一件事。除非你能提出事實理由來證明他是永遠不能統一的，我們總有求他統一的義務。』他這一次的答詞仍舊是說，『人生觀沒有公例可舉』同人生觀最不統一是一樣的用意，但是他又加了一段答我駁他的話：

『事之比較當以今日爲限，不得諉諸將來。若諉諸將來，則無一事之能決。譬諸甲曰：世界爲進化的，歷舉種種發明與夫政治情形爲之證。乙則反之曰：今之世界，未必勝於古代，並舉歐戰情形與白人之凌虐異族爲證。甲駁之曰：如君所舉病徵，我固無異言，然今日如此，安知他日亦必如此？于是乙之抱悲觀主義者從而答之曰：吾人但論現在，不問將來。 甲聞乙言，乃瞠目咋舌，不知所對。』

我不知道君勱的甲是甚麼人；不過若是我是甲，決不肯這樣的老實，決不致於『瞠目咋舌，不知所對。』 過去，現在，將來三種時間中最不可靠，最不可捉摸的是現在：君勱做上篇時候的現在，已經不是他做下篇時候的現在；我寫這一張時候的現在，到了我文章做完的時候，已經成功了過去。 所以討論現在，沒有不講到過去同將來的。 我們所舉的事實，那一件不是過去？ 我們所希望的，要求的，那一件不是將來？ 假如我說三歲的小孩子現在不會說話，將來也不會說話，君勱豈不要說我是『瘋子』或是『僞爲不知？』 假如我說十年後張君勱的學問，事業，幸福，同現在的君勱一樣，他豈不要說我是『嫚罵？』 假如君勱對我說，將來的中國永遠同現在一樣——政府避債，國會賣身，部員索薪，軍警鬧餉，軍閥括錢，土匪綁票——我豈不要自殺？ 我舉小孩子來做比例，因爲人類的進化史同小孩子的發育史是一樣的性質。 經過了一百萬年的演化，人纔從猴類的動物變成功，用石斧石劍的獵夫，再經過萬把年的演化纔從穴居野處的野人變成功今日有文化的民族。現在白人的凌虐異種，比非洲人待俘虜如何？比中國待苗族猓猓的歷史如何？歐洲的戰禍比中國的洪楊捻匪如何？演化是很慢的，所以許多野蠻的根性至今還存在我們的血骨裏頭，但是演化一天沒有停止，我們一天不必悲觀，拿過去推測將來，我們決不敢自暴自棄。若是君勱的乙是指他自己，我不能不以鄭重誠懇的態度勸他犧牲他的意見，這種現在主義，反進化論的人生觀，是事實上無立足之餘地的！

（二）君勱的人生觀的定義與範圍

君勱的清華講演僅列舉了九條我與非我的關係，沒有給人生觀下正式的定義，所以我前次的討論就以這九條爲根據，以爲我與非我的關係決計不止九條：譬如星占學與天文學，上帝造種與天演論，自由貿易與保護貿易，感覺主義與範疇主義，都可以照樣加入。君勱答文說我『昧于物質科學精神科學之區別，』又說『所舉九者皆屬于精神方面者可以主觀作用消息其間。……此種界限至爲明晰，而在君僞爲不知。』 他又爲人生觀下一定義道：

『人之生於世也，內曰精神，外曰物質。……所謂物質者，凡我以外皆屬之：如大地河山，如衣服田宅，則我以外之物也；如父母妻子，如國家社會，則我以外之人也。 我對於我以外之物與人，常求所以變革之，以達於至善至美之境。 雖謂古今以來之大問題，不出此精神物質之衝突可也。 我對我以外之物與人，常有所觀察也，主張也，希望也，要求也，是之謂人生觀。』

讀者注意！ 這一段裏面除去了人生觀的定義以外，還有兩個很重要的論斷：（一）物質精神的分別是以內外分，以我與非我分。 照這樣說起來，物質精神是隨人而異，沒有一定的，因爲從我這方面看起來，我是精神，非我的人是物質；從人家方面看起來，我是他的人，是物質，人是他的我，是精神 （二）我對於我以外之物與人『常求所以變革之，以達於至善至美之境，』然則我對於我以外的物同人完全是善意的，不會得想利用他，破壞他，佔領他的。 既然是完全善意，似乎可以不致於衝突，不知道何以又會成功古今以來的大問題。這兩個論斷，我下文還要詳細討論，目前姑且不說，單看他人生觀的定義與我前次加的第十至第十三那四條是否是不能相容的。

人生觀是我對於我以外的物同人的觀察，主張，要求，希望。 範圍既然這樣廣，豈不是凡有科學的材料都可以包括在人生觀裏面？ 因爲那一樣科學不是我對於物同人的一種觀察，一種主張？ 即如地質學何嘗不是我對於大地河山的觀察？ 或者君勱的原意是凡我對於我以外的物同人的觀察，主張，要求，希望，『可以主觀作用消息其間的』叫做人生觀——我們是友誼的討論，不必一定以辭害意的。 可惜就是加上這一句，還是不甚了然，因爲從前人類以爲可以主觀作用消息其間的東西，現在大家承認完全不是那們一回事的很多很多。 譬如相信星占學的人，對於天象不但觀察，而且有主張，希望，要求。 天象有變，漢朝丞相照法律應該引咎辭職，或是自殺；聖君賢主，修德格天，希望要求免去天變的，歷史上不知道多少；求雨求晴，禁屠齋戒，至今中國還是奉行，他們何嘗不以爲『可以主觀作用消息其間？』 就是陰陽五行，何嘗不是主觀？ 這種歷史上的事實，給我們一個極大的教訓，知道主觀作用的範圍，是隨着知識變更的，是絕對不可靠的。 因爲如此，所以不但我不知道精神科學同人生觀的界限，連君勱自己也往往要弄錯了，自相矛盾的。 譬如他答詞裏面說：

『物種由來雖至今尚無定論，然生物學中一部分之現象，則亦有公例可求，故關於物種當然在科學範圍以內，而不屬於人生觀』

但是他在清華的講演明明說：

『達爾文之生存競爭論與哥羅巴金之互助主義，其所見異焉。 凡此諸家之言，是非各執，絕不能施以一種試驗以證甲之是與乙之非。 何也？ 以其爲人生觀故也，以其爲主觀的故也。』

又譬如他清華講演說：

『心理學上之大問題，甲曰智識起于感覺，乙曰智識以範疇爲基礎，則雙方之是非不易解決矣。然以精神科學論，就一般現象而求其平均數，則亦未嘗無公例可求，故不失為客觀的也。』

然則智識論明明是心理學上的問題，明明是科學的問題了，但是他看見我在知識論上邊加了『科學的』三個字，說『斯之謂不通。』又說：

『知識論者，哲學範圍內事也，與科學無涉者也』

我不敢說『斯之謂不通，』但是我不能不說『斯之謂矛盾』矛盾的原故是因為連君勱自己也覺得精神科學同人生觀的界限不大顯明，一個不小心就要弄錯。然則他如何可以說『界限至為明晰，在君僞為不知？』

要知道精神科學同人生觀的界限是否是分得清的，我們不能不研究物質同精神究竟有無根本的分別，君勱拿內與外，我與非我，來分別精神物質，根本能否成立。但是我沒有討論這個問題之先，不能不說明他對於科學種種的誤解。

（三）對於科學的誤解

君勱對於科學最大的誤解是以爲『嚴正的科學』是『牢固不拔，』公例是『一成不變，』『科學的』就是『有定論』的，所以他費了一萬多字來證明生物學同心理學沒有價值。其實近代講科學的人從牛頓起，從沒有這種不科學的觀念。牛頓說發見科學的公例有四個原則：

『（一）如果一個因足以說明觀察的果，不必再添設其他的因。（二）凡相似的果應該歸之於相似的因（三）凡可以觀察的物質所有的性質，不妨類推於一切的物質。（四）凡根據於許多事實所得到的科學觀念，應該假定他是眞的，等到發見新事實不能適用的時候，再去修正他。』

牛頓這種精神，眞是科學精神，因爲世界上的眞理是無窮無盡，我們現在所發見的是不過極小的一部份。科學上所謂公例，是說明我們所觀察的事實的方法，若是不適用于新發見的事實，隨時可以變更。馬哈同皮耳生都不承認科學的公例有必然性，就是這個意思。這是科學同玄學根本不同的地方。玄學家人人都要組織一個牢固不拔的『規律，』（System）人人都把自己的規律當做定論。科學的精神絕對與這種規律迷的心理相反。所以我說，『科學的方法，不外將世界的事實分起類來，求他們的秩序。等到分類秩序弄明白了，再想一句最簡單明白的話來，概括這許多事實，這叫做科學公例。』凡是事實都可以用科學方法研究，都可以變做科學。一種學問成不成一種科學，全是程度問題。君勱再三的拿物理學來比生物學同心理學，想證明物理學已經成了科學，不是生物學心理學所能希望的，好像科學是同神仙一樣也有上八洞下八洞的分別。研究物理學的人決計不敢如此武斷。因為物理學上的公例時常在那裏變遷。牛頓的發明，不止於三條公例。他的原子光學論，到了十九世紀之初就被人推翻。他的『力』的觀念，許多人早就覺得不很適用，所以纔拿『能力』來替代他。皮耳生同馬哈都是不滿意於『力』的觀念的人。等到愛因斯坦的相對論成立以後，牛頓的公例已經不能適用。因為愛因斯坦說，吸引的現象是空間的性質，無所謂力，用不着力的觀念。空間自己是曲線的，所以凡在空間運行的物質都走曲線，牛頓所說的直線運行，是世界所沒有的現象，用不着這種假設。

君勱說，『近年以來，則有愛因斯坦之說，雖其公例之適用範圍有不同，然奈端（即牛頓）公例之至今猶能適用，一切物理學家所公認者也。』讀者只要看愛因斯坦的『相對論，』再拿牛頓的 Principia 來比較，就知道他這種話有無根據。

君勱說，『物理上之概念，曰阿頓，曰原子，曰質量，曰能力。』似乎不知道『阿頓』就是原子的。若是我談玄學把『也過』（Ego）同『我』當做兩樣東西，我不知道君勱要如何責備我。

原子論是達爾登（Dalton）創造的，但是他所謂原子包括分子在內。分子的觀念起於阿我略杜羅，（Avogadro）于是學化學的人都認原子為物質最小的單位，不能再分而為二。自從鈤質發明以後，化學家方知道原子自己會自動的分裂：鈾（Uranium）變鉭，（Thorium）鉭變鈤，（Radium）鈤變錏（Actinium）錏變鉛，于是不但原子論要完全修正，就是化學上所謂原質的觀念也不能成立。力同原子都是理化學上根本的概念，尚且有如此變動，試問君勱所謂一成不變的公例，物理學上找得出找不出？『嚴正』科學是否牢固不拔的？

他引杜里舒的話來證明達爾文學說沒有價值，我本來不必給他辯論，因爲不但達爾文學說是『李杜文章光芒萬丈，』杜里舒還不配去撼這種大樹，我那裏配去做他的馬前小卒，而且生物進化是一個很複雜很專門的問題，沒有研究過發生學生物構造古生物學，或是遺傳性的人不配參與討論，就譬如沒有高等數學知識的人不能瞎批評相對論，是一樣的道理。爲免除讀者誤會起見，我轉請君勱自己找出來的『生物學大家』托摩生（他是否是生物學大家，我下文還要說起。）來替我單簡的說幾句話：

『若是我們所說的達爾文主義，是指從他的主要觀念——變遷，選擇，遺傳性，——裏面當然發生出來的活學說，不是死守達爾文的話一個字不改，我們可以說達爾文主義從來沒有如今天這樣穩固！』（科學大綱第二冊三六八頁）

他又說：

『若是進化的學說自己不進化，豈非自相矛盾？』

君勱最得意的話是『牢固不拔』的物理學能『推算未來，』不是生物心理學公例所做得到的。他沒有給『推算未來，』下一個定義。他只舉了一個例說，『物體上左右各加一力，則其所行之路爲平行方形之對角線。』他又說天文家可以預算天象。讀者諸君，預算天象的把戲，我們三千年前的野蠻祖宗已經會做，不算甚麽希奇。我不知道君勱信不信醫學是應用生物學，不過若是有人得了腸氣夫斯或是瘧疾，連我都可以預算他的溫度。我再舉一個鄭重的例。自從德夫利士（De Vries）重新發現曼德爾（Mendel）公例之後，若是我們拿一種黃皮的玉蜀黍來和白皮的雜種，新生出來的玉蜀黍上面有幾粒是黃皮的，幾粒是白皮的，都可以預先算得出來。近年來這種遺傳性上大發明，在我個人眼光看起來其重要不亞于愛因斯坦的相對論。最近嘉沙爾（Castle）要證明生殖細胞的獨立性，拿一個未成年的黑巴西豬的卵巢，移植在一個成年的雌白巴西豬肚皮裏頭，四個月以後再用一個雄的白巴西豬給他交合，生下來的三胎，都是黑巴西豬！足見得雌的白巴西豬的身體營養，對于原來黑巴西豬的卵巢，沒有發生一點影響，而且曼德爾公例也是完全適用，同嘉沙爾的預言是一樣的。

我的心理學的程度同君勱的生物學差不多，不敢冒昧給他辯護，但是就我所知道的正式心理學以外，動物心理學，孩童心理學，同反常心理學近來發明很多。我對于動物心理學比較的明白一點，我覺得其中的公例儘有可以『預算未來』的，請君勱不要一筆抹殺。就是他所最鄙夷的生計學社會學，也很有公例可以計算未來的事，我舉兩件最近的事實來做一個例。

歐戰以前安基爾(Angell)做一部書叫做『大幻想』，羅列種種的經濟事實，說近世的戰爭，能使得戰勝國同戰敗國一樣的破產。歐洲這一次大戰爭的結果，完全證明他的公例是不錯的，這不是『預算未來』的事嗎？闞士(Keynes)的『和約的經濟結果』說，壓迫戰敗國過度，使他不能生活，與戰勝國有害無利。這四年中的歐洲不件件被闞氏說中了嗎？

君勱對于科學第二種誤解是把科學的分類當做科學的洪溝。托摩生的科學引論（八三頁）說：『科學的分類是爲實際上同知識上的方便，但是滿身都是困難。』他又引皮耳生的話說，『各種科學是同本的樹枝。』爲研究方便起見，我們把他分成功物理化學等等其實絕不相類的科學之間，又有許多互相聯帶的科學把他們貫串在一齊。例如論理學與生物學似乎性質絕不相類，然而由論理而數學，而物理，而化學，而生物化學，而生物學，彼此重複，界限不清，足見得他們本來是同氣連枝的。所以從來各家的分類不會一致。我不知道君勱爲甚麼單舉翁特的分類來做標準，因爲翁特原書並沒有討論科學分類，君勱所舉的是他『論理學』各章的標題，所以是不完備，不精密的！我猜想或者君勱因爲這種分類裏面沒有地質學，所以拿來給作者開頑笑。況且『確實』不是『物質』的代名詞。大多數的人把數學同論理放在一齊，叫他們做抽象科學。君勱自己引韋爾士的話說：

『算也，量也，數學之全部構造也，皆出乎人之主觀，而與事實之世界相背。』

照君勱的精神定義，豈非數學也是精神科學？　何以又獨爲確實？　他既然把生物學認爲確實科學，何以又竭力證明他不確實？　他說『純粹心理無公例，』『近年來所謂實驗心理者大抵所試驗者以五官及神經系爲限，若此者謂爲生理的心理學則可，謂爲純正心理學則不可。』　君勱所引的翁特的標題，沒有生理學，想起來應該歸入生物學。　實驗心理學既然是生理的，當然是確實的，何以又說他『視生物學又下一等矣？』　凡此矛盾都是以爲各科學眞正有洪溝，拿這種觀念來强加之于翁特的分類，自然不能自圓其說。

分類是科學方法的第一步，作者如何可以不承認？　但是承認科學分類是一件事，承認精神科學物質科學眞有根本的分別又是一件事。　假如我爲研究地理人物的關係把直隸省的人分做北京人，天津人等等，難道這種人眞正有甚麼分別？

我幷不是說生計學是同物理學一樣的確實，我也並不是說各種科學的材料不可分出類來研究，我說是分類是爲方便起見，確實是程度問題，不能拿得來證明知識界眞有洪溝。　這種觀念，學科學的人普通都知道，所以蘇笛（Soddy）說，物理同化學分不開，化學同生物學分不開。（參觀『物質與能力』）赫胥黎論科學精神說：

『如果如我所信，世界越老，這種觀念的地位越堅固，這種精神要推廣到人類思想界的全部分，並且同知識界的範圍一樣寬廣；如果如我所信，人類走到壯年，要承認世界上只有一樣知識，只有一種方法去取得他，那麼我們還是小孩子。』（『方法與結果』四一頁。）

詹姆士說：

『多數的思想家都有一種信仰，以為只有一個包括一切的科學，並且有一件不知道，沒有一件可以全知道。這樣的一個科學，如果成功事實就是哲學。現在都距事實很遠，所以我們只有許多知識的起點，分佈在各處，並且為事實上方便起見，彼此分開，以待將來生長聯合成功一個真理。』（心理學教科書第一頁）

君勱說否認物質科學同精神科學真有分別，是『從在君始，』太恭維我了，我不敢當。

總括講起來：科學的態度是極平等的：知道各種科學走的路，雖不一定是一條，路上看見的景物，雖不一定是一樣，然而出發的地點是相同的，走路的方法是相同的，越走的遠，各路離開的越近，彼此越可以互相幫助。今天我走得快點，明天他也會得追上，或是走到前面去，決不肯妄分畛域揚此抑彼。科學的態度是極謙和的：知道知識界同空間一樣，看不見邊際的；我們現在所已知道有限，將來所知道的無窮：正如君勱所引的托摩生的話：『小秘密去，大秘密又來。』然而若是有人來對科學說，你走的路是錯的，有幾條路不是你所能走的，旁的還有巧妙的方法可以走到你前邊，或是走在你上頭，科學絕對的不能承認，因為用這種超越方法的人走了幾千年仍然走回他出發的地點，脫不了自己製造出來的太極圈子。所以我說『在知識裏面科學方法萬能；科學的萬能，不是在他的材料，是在他的方法』。我還要申說一句，科學的萬能，不是在他的結果，是在他的方法。

（四）存疑學者的態度

君勱說，『在君……自號曰存疑的唯心論。旣已存疑，則研究形上界之玄學，不應有醜詆之詞。不知自謂存疑，而實已先入爲主，此則在君先已自陷於矛盾而不自知。』他對於存疑主義分明沒有了解，我不能不加以說明。

爲存疑主義開成立大會的是赫胥黎。我請這一位開山大師來親自說話：

『……我年紀越大，越分明認得人生最神聖的舉動是口裏說出和心裏覺得『我相信某某事物是眞的。』人生最大的酬報和最重的懲罰都是跟這一樁舉動走的。這個宇宙是到處一樣的；如果我遇着解剖學上或生理學上的一個小小困難，必須要嚴格的不信任一切沒有充分證據的東西，方可望有成績；那麼，我對於人生的奇秘的解決，難道就可以不用這樣嚴格的條件麼？用比喻同猜想來同我說是沒有用的。』（赫胥黎傳，第一冊，頁二三三）

他又說，

『我說笛卡兒敬奉懷疑，請你要記得這是葛笛（Goethe）所說的活的懷疑，「這種懷疑的目的是要征服懷疑自己，」不比得那一種從油滑同懵懂產生出來的東西只知道延長懷疑，好拿來做懶惰同麻木的藉口。」（方法與結果頁一七〇）

所以存疑主義是積極的，不是消極的；是奮鬬的，不是旁觀的。要『嚴格的不信任一切沒有充分證據的東西，』『用比喻同猜想來同我說是沒有用的，』所以無論遇見甚麼論斷，甚麼主義，第一句話是：

『拿證據來！』

他的證據不充分，我們不信他；他把比喻猜想來做證據，我們一定要戳穿了他的西洋鏡，免得他蒙混入。用比喻猜想來假充證據，柏格森要算第一把能手。他說，『從一種狀態變到另一種狀態，同固守於一種狀態是沒有根本的分別。』（『創造的演化』第二頁）我們對他說『拿證據來！』他又說，『心理的生活是時間造成的，時間是有抵抗力的，有物質的。』我們對他說，『在心理學上時間是覺官的感覺，在物理學上時間是空間的補充，都是根據於可以試驗的事實來的，你的這種時間何從而來？你怎樣來證明他是有抵抗力的，有物質的？』他說心理的狀態同滾雪球一樣，越滾越堆積得多。又說生物同流水向前流一樣，越流分支越多。我們對他說，『慢來，慢來！這都是比喻，請你把心理狀態同雪球的關係，流水同生物的同點，用事實來證明白了，然後再從這種比喻上發生你的無限制的推論。』不但柏格森這種玄而又玄的話一攻便破，存疑學者對於康德的『斷言命令，』倭伊鏗的『精神生活，』歐立克的『精神元素』都只有一句話：『拿證據來！』

（五）智識論

用君勱的名詞，我的知識論是唯覺主義。我說他是『科學的，』並不是說已經『有定論的』——這是君勱自己對『科學的』下的定義，與我不相干——是因為這種知識論是根據於可以用科學方法試驗的覺官感觸，與正統派哲學的根據不同。新代的經驗主義用經驗來講知識，用生活手續來講思想；新唯實主義用函數來講心物的關係，雖與唯覺主義的人地位不同，然而都可以說是科學的，因爲都是用科學方法來研究知識論的。　唯覺主義所根據的事實本來很複雜的，我用了二千字來說明，我自己本來覺得不透澈，可以討論的地方很多。　幸虧君勱很體貼，他僅僅的拿了正統哲學的口頭禪來駁我，我只用幾句簡單的話就可以答覆他。

我不知道君勱所說的『論理的意義』還是人類所獨有的呢？　還是高等動物所公有的呢？　還是成年人所取得的呢？　還是孩童所本有的呢？　以感覺爲知識的原子，有許多心理學的證據，最重要的就是動物心理學同孩童心理學所研究的結果。　高等動物同孩童都有感覺，都有記憶力把感覺的印象留住。　研究動物同孩童心理的人，都不承認感覺有論理的意界；就是成年的人看見紅色，也未嘗一定對自己說，『紅色如此，』『此眞是紅，』如果如此，凡人遇見極簡單的感覺，都要辯別眞僞。　我們的生活豈不要苦死？　君勱承認不承認生理學所謂無意的舉動？　無意舉動的動機是否是感覺？　是否有論理的意義？　假如我拿一根根子照你頭上打一下，你是不是立刻覺的痛，還是要對自己說，『痛是如此，』『此是眞痛，』然後能感覺是痛？西班牙決鬥的雄牛，看見紅色就要亂刺人，是否他也對自己說，『紅色如此，』『此眞是紅？』還是動物對於激刺的一種反動？康德的先天綜合判斷對於西班牙的牛適用不適用？動物爲甚麼對於激刺能發生影響；人類爲甚能用感覺成功概念用聯想而得推論，是生物學上根本的問題，現在是『小秘密雖去，大秘密又來，』沒有能完全解決的。然而學生物學心理學的人用不着康德的『先天綜合判斷，』用不着德國思想心理的『論理意義』因爲比較心理學已經宣告了他們的死刑。

唯覺派的知識論本來是理論，本來有討論之餘地的。至於我們說，『凡常人心理的內容其性質都是相同的，……我的思想的工具是同常人的一類機器。機器的效能雖然不一樣，性質却是相同。』還是事實，不是理論。自從嘉爾登拿統計的方法來研究生物的現象，成功了所謂生物測量學（Biometrics）我們所謂『常人』已經有了統計上的根據。即如英國的常人是五尺八英寸高：五尺以下的是矮子，六尺六寸以上的是長人。但是矮子同長子的標準完全是隨意的：五尺以下的矮子，和六尺六寸以上的長人之間又有許多過渡的人把他們和常人聯合在一塊。　智慧測量的結果同高度是一樣。　假如我們說癡子的智慧是零，天才的是一百，常人的是五十：一至四十九把癡子同常人聯合一氣；五十一至九十九又把常人同天才的界限相混合。　肢體與高度相稱的是長人；若是一個人頭異常的長，身異常的短，或是四肢絕對不能相稱，他就是一個怪人，同心理上的瘋子一樣。研究瘋人心理的學者，都覺得瘋子的性質一部分與天才有幾分相似，因爲都是感覺特別發展的原故，但是瘋子的一部分發展過度，失去了心理的平衡，而天才的各部分發展相稱，能保存生活的常態。　長人矮子同常人是程度問題，不是種類問題，天才癡子，同常人的分別，也是比較的，不是絕對的：常人雖然長，然而他的長的程度是爲種族能力所限制，所以世界上沒有八尺九尺的長人，況且長人的體格的係數（Index）　如頭骨的寬長手臂的比例，等等，還是同尋常人一樣。　天才的智慧，高出常人的程度，也是爲種族能力所限制，他的心理同生理的組織也是同常人的是一類的機器。　這是近七十年來生物學心理學的根本觀念，不是可以隨便推翻的。

從天才與常人的關係，還可以推論兩種重要的觀念：

（一）知道天才是爲種族能力所限制，而且同常人的分別是程度的，不是種類的，所以我們不相信有不學而能的孔子，上帝產生的耶穌，或是智慧無邊的佛。正如世界上沒有見過高與天齊的長人。

（二）天才的智慧雖然是有限制的，我們決不敢因爲如此而看他不起，因爲智慧高一分，識見要高一丈，常人無論如何努力都趕他不上。就譬如我們五尺六寸高的人，決不敢鄙薄六尺六寸高的人，說他不過比我們全身高五分之一有零，因爲若是我們要給他對打，絕對沒有贏他的希望；若是在人叢中看戲，我們一點兒看不見的時候，他可以滿台都看見。

君勱說：

『明明有官覺的印象相同而其所得結論則大異。器官之徵異，達爾文曰，是環境使然，拉馬克曰，是用不用使然。　果達氏拉氏官覺組織之不同耶？　果如在君所謂誰爲瘋子誰爲非瘋子耶？　關於時空問題，奈端曰，時空絕對，愛因斯坦曰，時空相對。　果兩氏官覺組織之不同耶？　果在君所謂誰爲瘋子誰爲非瘋子耶？……此數人者所以各持一說之故理由甚多，姑置勿論。要之，……以常人官覺之相同爲推理相同之惟一根據，則斷斷乎其不可通。』

我請讀者平心靜氣的看看，究竟誰可通誰不可通。　拉馬克是達爾文的前輩；物種由來出版的時候，拉氏已經死了三十九年，達爾文所舉的事實，大部分是拉馬克所不知道的。牛頓歿於一七二七年，愛因斯坦相對論所根據的事實，牛頓沒有柏格森先生的直覺，當然不能預知的。一個人所知道的事實，本來就是他覺官的印象，如何可以說拉馬克同達爾文，牛頓同愛因斯坦有相同的覺官印象？　他們覺官印象不相同，自然有許多君勱所『姑置勿論』的理由，如何能說他們的『官覺組織不同』？　與我所說的瘋子又有甚麼關係？

我且問君勱，我們兩個人的人生觀不一樣，是否因爲是一個『中了科學毒』一個『被玄學鬼附上身，』所以覺官的印象不相同，還是他的官覺組織眞正和我的是兩樣的？議論不相同，就說是覺官組織不相同，有甚麼事實的根據？ 你要我在生理學上舉多少的反證？若是相信柏格森的直覺主義的人眞正相信他們的覺官組織與我們兩樣，我只好對他們說，『你們有你們的直覺，我們有我們的直覺，除非你們能證明，你們的覺官組織比我們的高明，我們用不着你們的直覺！』

讀者還要注意，我第一篇講審查概念推論所舉的第三條說：

『凡推論不能使尋常有論理訓練的人依了所根據的概念，也能得同樣的推論，科學不承認是眞的。』

我說能得同樣的推論，不是說一定得同樣的推論，因爲能不能是一件事，肯不肯又是一件事。 我記得巴爾福有一篇文章載在惜培德（Hibbert）雜誌上。 他說人類有自由意向的學說，科學上的根據很薄弱，他是知道的，但是他覺得這種學說很可愛，不肯放棄他。 足見得他的肯不肯是情感問題。 許多人重情感而輕知識，所以往往的『非不能也，不肯也。』我們現在是就知識論知識，沒有把情感計算在內。

（六）精神與物質

我們說物質科學同精神科學沒有根本的分別，因爲他們所研究的材料同爲現象，研究的方法同爲歸納。至於精神同物質根本有無分別，如果有分別，究竟是一種甚麼質本來是哲學上大問題。君勱拿內與外同我與非我來說明精神物質，同沒有說明一樣，因爲內與外同我與非我本身的界限定義也是極難解決的。除去了正統派的哲學以外，近代拿科學方法來研究這個問題的有三派：（一）馬哈的唯覺主義，（二）行爲派的心理學，（三）新唯實論；杜威可以代表第二派，羅素可以代表第三派。

馬哈說感覺是知識的原質：聲，色，溫度，壓力，空間時間等等聯想起來成功許多複雜體。其中比較永久的現象深印於記憶，發表於語言，成功了我們所謂的『物』。記憶同情感所成功的複雜體聯合到一個特別的物——我們的身體上面就成功了『我』。『我』自然也是比較永久的，但是我們往往只記得他是永久的，忘卻他的永久是比較的。『我』的永久全是以思想的連續同養成的習慣做根據的，然而細想起來今日的『我』同許多年以前的『我，』究竟有幾分相似？ 若是我們沒有記憶來聯合他們，今日的『我』就未必認得昔日的『我，』所以『我』不是一個固定的，不可變的單位 『我』的特點是在連續，但是連續不過是預備同保存在『我』裏面的內容的一種方法，內容是基始的，比副從的『我』重要得多，所以『我』儘管不存在，我的內容如果有價值，如美術家的創造，科學家的發明，改造社會的事業，仍舊可以永久存在。 （馬哈這種觀念同中國人所謂『三不朽』是一樣的。）

物同『我』都是同樣原質（感覺）所成功的複雜體，所以物同『我』沒有一個明顯的，一定的，普遍的界限。 把與苦樂最有密切關係的原質聯合起來，做成功一個理想的單位——『我』——是避苦求樂的人類的天性，是一種實際上很有用的假說，然而為求真理起見，這種觀念不但無益而且有害。 馬哈又引李虛登堡（Lichtenberg）的話說，『我覺得有許多表現是離我而獨立的，有許多是離不開我的；究竟界限在那裏？　我們所眞知道的不過是感覺表現同思想，所以我們說「我思想」是同說「天響雷」一樣』（參觀馬哈的『感覺之分析』）

我不必詳細說明行為心理學者同新唯實論者的意見，因為這兩派的大師杜威同羅素都在中國講演過的，聽過他們講演的人自然比我（沒有去聽講的人）要了解的明白。簡單講起來，行為心理學者的態度是三派中最極端的：他們根本不承認內省（Introspection）是求知識的方法。　知識是完全從觀察來的：凡所謂思想的表示，從觀察方面講起來是一種語言的習慣；要說明他，用不着那種不可觀察的假設。　他們的根據是從比較心理學上來的。　研究動物心理學的人久已知道，從前對於動物心理的推論是完全靠不住的——很複雜的行為不必一定有很複雜的思想：譬如初長成的鳥第一次造他的巢的時候，完全不知道他將來要在巢裏邊生卵；他的行為是一種天性的衝動。　凡不是天性的行為都是養成功的習慣，所以說明動物的行為不可以用自覺同思想這種假說。　把這種方法推廣到人類上來，思想的表現是語言，語言的行爲完全是養成功的習慣 至於君勱的『精神』同『我』更不是行爲派的學者所能承認的了。

羅素的地位正在馬哈同杜威之間。 他的『心之分析，』一部分是從馬哈來的，一部分是從行爲派心理學來的。 他引詹姆士的話，根本不承認自覺是一種實體，說自覺是『我』的鬼，『我』是『靈魂』的鬼，完全用不着的。 羅素又批評布蘭唐諾(Brentano)的話說思想的手續沒有他所說的『行爲；』(Act)思想不必有一個我想的主體 這一束思想是甲，那一束思想是乙 我們說『我想，』『你想，』不如單說『想，』同說『下雨』一樣，或是說『我裏面有一個思想』 他所講的天性習慣同內省，大部分同杜威派相同。他雖不完全否認內省，但是他再三的說『內省所發見的東西同觀察所發見的沒有根本的分別』

這三派的學說雖然有許多不同，但是都可以說是科學的，因爲他們都是用科學的結果同科學的方法來解決知識論的：同君勱所信仰的根本不能兩立的。 君勱這一派的學說，普通叫做正統的哲學，因為他們的方法是從亞立士多德一脈相傳下來的。亞立士多德的宇宙論同生物學已經完全為科學推翻；若是我們仍然保守他的哲學方法，是不是他的哲學高出於他的宇宙論同生物學幾十倍，還是我們的哲學觀念太嫌幼稚一點？

讀者或者要對我說，『我明明白白知道有個我；你如何把「我」變成功一束的思想，行為的動物，或是記憶情感所聯合的複雜體？』讀者注意！沒有許多年前，世界上不能有對蹠的人，同太陽的東昇西落，都是最明最白的事，現在誰也不承認是真的了。可見得我們雖然是明明白白覺得有個『我，』『我』不一定是真有的！

況且無論我們相信那一派的哲學，只要我們不是完全不理會生物學同心理學所得的結果，我們決不能相信有超物質而上的精神，與外相隔絕的內，或是離非我而獨立的我喝幾杯燒酒，我就會得胡說，喫幾把淡養，我就會得狂喜，飲食消化太慢，我就會得煩躁，內腺分泌失常，我就會得恐懼，上了麻醉藥，我的『精神，』『內，』同『我』就都不知去向我的行為自覺的只有一部分：所有記不得的經驗，多年前的感觸，不自知的慾望，都與我有

密切的關係 管束我的精神的，有「身體上的營養，動物性的衝動，野蠻人的傳說，孩童時的印象，慣例式的同效，承繼來的知識」 我的意義是不是「自由」的？ 我的「純粹的心理，」向那裏找去？

（七）美術，宗教，與科學

君勱答詞裏面最不可了解的要算他中篇的第三章，所謂「科學以外之知識，」因為他不但是濫用沒有定義的名詞，不但是矛盾，而且是無的放矢。 我不知道他的人生觀從幾時起纔加入美術的，不過我再三讀他的清華講演的文章，在他九條的人生觀憲法裏面找不出與美術有關的觀念來 我攻擊他的文章完全是對於他的講演發言；那裏面所說的「人生觀」單是指他的九條！ 我並沒有給人生觀下定義！ 所以當然不提及美術，他何以知道我是狹小，是不承認美術？ 這豈不是無的放矢麼？

他一面說美術是知識，一面引托摩生的論美術話說，「人類之大目的，其於自然界，不僅知之——此是科學之事——又在能享受之。人者有情感者也。』這豈不是矛盾麼？『享受』同『情感』都是知識，然則飲食男女都是知識 我不知道君勱的『知識』有甚麼定義。 我的那三條裏面所說的『眞』，第一條是指概念同推論，第二條是指概念，第三條是指推論界限是極明白的；與美術，道德，宗敎有甚麼關係？ 難道他的正統哲學，連知識情感同天性（Instinct）都弄不清楚？ 這不是濫用沒有定義的名詞麼？他把美術宗敎當做知識，不但學科學的人不承認，恐怕學美術的信宗敎的人也未必承認的。 美術固然不是可以完全離開知識的，譬如聲學可以補助音樂，幾何可以補助圖畫，文法可以補助詩歌，但是運用死方法來表示人所不能表示的情感，是神而明之，存乎其人，所以說是術。 人之所以能覺得自然界的美，同人能尋出自然界的秩序，自一樣的原因；都是演化的結果，因爲不如此是不能生存的。 假如我們看了自然界，就覺得醜，就要嘔吐，我們如何可以活得長？ 學科學的人沒有不崇拜美術的，因爲兩樣東西性質雖然不同，都是供給人類的需要，而且可以互相幫助的：知識越豐富，表示情感的能力越大；越能表示情感，知識越豐富。況且詩人畫家雖是常有奇怪的想像，他們最誠實，決不像玄學家拿想像來騙人的。畫地獄的人決不說我們要到他畫裏面去受罪：杜牧之說『蠟燭有心還惜別，替人垂淚到天明』決不是叫我們相信蠟燭眞有惜別的心，眞能替人吊眼淚。若是柏格森對我們老實說他的玄學是同詩人的詩一樣，我們決不肯再反對他了。

我豈但不反對美術，並且不反對宗教，不過我不承認神學是宗教。十二年前我做動物學教科書說蟻類優勝的理由：

『然所謂優勝者，就蟻之種系言則然耳。若以蟻之個體觀之，則固有難言者。如彼后蟻，當其初生時，無家室之累生殖之勞，有翅能飛，來去自在，其樂何如也？未幾而巢穴成而翅去，蟄居土中，日以產卵爲事，終身不復有他望。使后蟻而有知，應亦自悲其運命之窮歟？如彼工蟻，則更不足以自慰。人類之爲子孫作牛馬者，達觀者猶譏其愚。今工蟻又不能生殖，無子孫之可言：壽不過數月，而終日僕僕覓食，爲數年之蓄，其愚不更十倍於田舍翁乎？合至愚之蟻爲羣，而蟻之種乃優勝。若是者何哉？曰犧牲個體之利益以圖一羣之利益也，犧牲一羣一時之利益以圖一種萬世之利益也。言羣學者可以鑒矣。」

論天演的末節我又說：

（頁一一八至一一九）

『綜觀動物生活之景象以及天演施行之方法，而知所謂優劣成敗者，不關於個體而關於全種；不關於一時而關於萬世。然個體一時之利害，往往與全種萬世之利害相衝突，故天演之結果凡各動物皆有爲全種萬世而犧牲個體一時之天性，蓋不如是不足以生存也。人爲萬物之靈……當上古智識初開之時，有有宗教心者，有無宗教心者；有者爲優，無者爲劣，故無者滅而有者存。迭世聚積，而成今日宗教之大觀。然則宗教者亦天演之產物也，所謂神道設教者非也。』

所以我的宗教的定義是爲全種萬世而犧牲個體一時的天性，是人類同動物所公有的。

這種天功不是神學同玄學所能貪的，所以許多人儘管不信神學玄學，他們的行爲仍然同宗教根本相合，就是這個原故。凡動物的天性卻不是圓滿無缺的。人類的宗教性既是合羣以後演化的結果，合羣以前的種種根性不利於合羣生活的，仍舊有一部分存在；往往同合羣式的宗教性相衝突。人之所以爲善爲惡，至看這兩種根性那一種戰勝。君勱說，『我對於我以外之物與人常求所以變革之，以達於至善之境，』就是我所說的宗教性；他所說的『物質與精神的衝突，』就是我所說的不適宜於合羣的根性。我們根本不同的點，是他以爲人性是善的，物質與他衝突，所以人纔爲惡；把物質變成功耶教裏面的蘋果。我說人性有一部分是適宜於合羣的，一部分是相衝突的，都是要受物質的響影的。一個人的善惡（一）是看他先天的秉賦，（二）是看他後天的環境。優生學是想改良先天的，教育是想利用後天的。那一種環境最能使宗教心的發展適宜於人類的生活，是教育上最大的問題。

我們所以極力提倡科學教育的原故，是因爲科學教育能使宗教性的衝動，從盲目的

變成功自覺的，**從黑暗的變成功光明的**，**從籠統的變成功分析的**。　我們不單是要使宗敎性發展，**而且要使他發展的方向適宜於人生**。　況且人類的衝突往往**不是因爲**目的，是因爲方法：回敎徒同耶敎徒都想進天堂，衝突起來，使世界變成地獄；新舊敎都講兼愛，都信耶穌，三十年的宗敎戰爭，把德國人殺去了四分之三。　這種歷史上的敎訓，擧不勝擧。　要免除這種惡果，規律的神學，格言的修身，文字的敎育，玄學的哲學，都曾經試過，都沒有相當的成績。　**惟有科學方法在自然界內小試其技，已經有偉大的結果，所以我們要求把他的勢力範圍，推廣擴充，使他做人類宗敎性的明燈：使人類不但有求眞的誠心而且有求眞的工具，不但有爲善的意向而且有爲善的技能**！

（八）結論．

讀者注意！　**我始終沒有給人生觀下定義**；我第一篇文章所講的『人生觀』是君勱淸華講演的九條，這一篇所講的是照君勱答詞裏面的定義。　我已經證明君勱的定義是不能適用的，因為用精神與物質，內與外，我與非我來講人生觀，越講越不明白，因為精神不能離物質而獨立，內不能同外分家，他所說的『我』是不是眞有的還是一個疑問　他的兩種人生觀都不是能離開知識的『在知識界內科學方法萬能』　知識界外還有情感，情感界內的美術宗教都是從人類天性來的，都是演化生存的結果　情感是知識的原動，知識是情感的嚮導，誰也不能放棄誰　我現在斗膽給人生觀下一個定義：

『一個人的人生觀是他的知識情感，同他對於知識情感的態度』

情感完全由於天賦，而發展全靠環境，知識大半得之後天，而原動仍在遺傳　知識本來同情感一樣的沒有標準；近幾百年來自然科學進步，方纔發明了一個求知識的方法　這種方法，無論用在知識界的那一部分都有相當的成績，所以我們對於知識的信用比對於沒有方法的情感要好；凡有情感的衝動都要想用知識來指導他，使他發展的程度提高，發展的方向得當　情感譬如是長江大河的水，天性是江河的源頭，環境是江河的地形，情感隨天性環境發展，正如江河從源頭隨地形下流，知識是利用水力的工作，防止水患的隄岸，根本講起來也是離不開地形的　這就是作者的人生觀，究竟比張君勱的那一個適宜於現在的世界，請讀者自擇！

●枝葉

君勱答詞裏面的枝葉是千頭萬緒，駁不勝駁。　我現在以友誼的態度，用他的枝葉來指明他兩個很大的毛病，請他反省。

（一）武斷

我不知道君勱的文章裏面有幾條『不容動搖』的『學術上的天經地義，』（中篇，第三第一段）但是我覺得他滿紙却是『必』字『決』字或是『吾敢斷言』　學術上本來就沒有『天經地義；』你越不容人家動搖他，他自己越會得搖動，我沒有功夫做一個完備的『武斷之分析，』我只好隨便舉幾個例：

(例一)『國人迷信科學，』『國人之思想混沌若此』請問君勱的『國人』是指的誰？ 最奇怪的是他說，『國人所以聞玄學之名而惡之者，蓋惑於孔德氏人智進化三時期之說也。』 要是他的話果然是眞的，作者可以代表『國人，』應該有做總統的希望。 只可惜我並沒有讀過孔德的書。

(例二)『今國中號爲學問家者，何一人能眞有發明，大家皆抄襲外人之言耳。』 旁人的學問，我不知道；我請君勱看看地質調查所出版的書其中翁文灝的『鑛產區域論』同『地震與地質構造，』這一次國際地質學會的外國人，都說他『眞有發明。』 就是作者的『揚子江下游之地質』同『雲南東部之地層構造，』雖不能眞有發明，也還不至於『抄襲外人之言。』

(例三)『以爲人生觀爲可以理智剖解，可以論理方法支配數十年前或有如在君之所信者，今則已無一人矣。』 如此說來，我孤立於世界，頑固得固然可憐，然而以一人敵全世界的人，連我自己也覺得勇氣可喜。 無奈君勱又說：『科學能支配人生乎？不能支配人生乎？此問題自十七世紀之末，歐美人始有懷疑之者，今當爲一種新說。』歐立克是以爲人生觀不受科學支配的人。君勱引他說『吾之立脚點至今無人承認。』然則君勱同歐立克也是孤立於世界的？

（例四）他說托姆生是『英國第一流之生物學家，』『其不帶杜氏之玄學氣味，當爲海內科學家公認。』君勱稱我爲『地質學家，』可見他的『甚麼學家』是不值錢的。學科學的人對於這種界限，却不肯如此統籠。凡對於科學沒有直接貢獻的不敢號稱爲家。托姆生是討論批評旁人的貢獻的人。他屢次要做英國王家科學社的社員，至今選舉不上。他生平直接的研究，只有他的『男女性的進化』那一部書。他後來自己承認這部書沒有根據。（參觀他的『遺傳性』）杜里舒的明友冒根批評托姆生，說他拿不可證明的玄想來解決科學問題。（參觀冒根的『試驗動物學』）可見得他不但不是『第一流，』並且沒有成家，並且很有玄學的氣味。

（例五）君勱反對富強，說『在寡均貧安之狀態下，當必另有他法可想。』中國現在寡到甚麼程度，貧到甚麼田地，君勱研究過沒有？ 那一年北方遭旱災，沒有飯吃的人有二千萬人：賣兒女的也有，吃人肉的也有。 這種貧安得了麼？ 中國人每人每年平均的收入，據我所研究不過五十元至六十元，同松坡圖書館的聽差的工資差不多。 這種寡均得了麼？

這五個例已經可以證明我的話不是隨便說的了。 其餘如『玄學教育，』如『心性之學與考據之學，』如『社會改造的原動，』引不勝引。 好的我不是同他豁拳，不必一定要湊成半打的。

（二） 斷章取義

君勱的斷章取義，我為篇幅所限，只能舉三個最明顯的例。

（例一）我說玄學容易襲取，所以懶惰的人喜歡他。君勱就拿襲取兩個字來責備我。凡據人家的話爲己有的叫做襲取。我的知識論是從皮爾生同馬哈來的，我自己早經聲明，似乎不合於襲取的定義。從前奧馬（Omar）王燒埃及的圖書館，說這許多書不是反對回教的聖經，就是贊成回教的聖經：反對的固然要燒，贊成的也用他不着。君勱對於我的批評同奧馬王的心理差不多。他找不出我的議論的來歷，就說『此世界之所未聞，有之自在君始。』我自己告訴了他我的來歷，他說是『君子之襲取！』

（例二）他說詹姆士『五體投地』的崇拜柏格森，所以『不得以玄學目之。』（在這一處君勱似乎也不以玄學爲然！）讀者可以參考開郞（Kellan）的『詹姆士與柏格森』那一部書。開氏說詹姆士天性最慷慨，所以恭維反對他的人比恭維他的朋友還要熱心。其實他的哲學與柏氏的玄學根本不同的。我所認得的前輩裏面，梁任公就頗有這種脾氣。我們若是把任公

『五體投地』過的人的名字聚集攏來，大約可以成功一部人名辭典！

（例三） 最發笑的是君勱引托姆生的話轉引了蘭克司德（Ray Lankester）來證明科學的限界。 他也應該打聽打聽蘭氏是何許人。 我現在文章已經做完了，忍不住要說一個笑話：

玄學鬼看見科學要打他，連忙的去找了幾篇文章來當經咒念，做護身符。先找到了在北京的杜里虛，敎了他一大段的經，再飛回倫敦，請了玄宗的惡鬼歐立克來演他的法術。 究竟他心虛，恐怕經咒不靈，法術無效，忽然想起以毒攻毒的惡計，硬把科學小說家韋爾士求了出來給他擋一陣。 韋氏騙他道，『我不是眞的科學家，恐怕不中用。 你不如到科學宮裏去看看。』 玄學鬼沒奈何只得向科學宮走去。 走不了許多時，就看見一座很大的宮殿，光芒萬丈，紫氣千條，門前有三個大金字『科學宮』。 他在宮殿的左右前後，踱來踱去，不得其門而入。 忽然看見照壁牆下，站着一個老頭子，在那裏宣講聖諭。

他認得是科學宮的門斗托姆生。連忙上前把他手裏的書搶了過來一看，原來是一本『科學引論』。他不管三七二十一就當做玄學經咒大念起來。念了幾句忽然念到蘭克司德的名字。那裏知道這位蘭氏是科學宮內的惡金剛。一聽見玄學鬼在那裏念他的名字，就大吼一聲，跳出牆來，把他認做柏格森，沒頭沒腦的亂打；一頭打，一頭說道：

『人類的知識好比是代數上括弧裏面的內容，括弧外面是一個X，代表不可知的東西。玄學家就拿這個X來變把戲……他們所做的事又好像一個瞎子在一個暗房子裏捉一個黑猫——最妙的是房子裏面只有一個X，并沒有猫！……柏格森不但是說時間是有質的，有抵抗力的，理智是靠不住的，直覺是眞嚮導——這本來就譬如他告訴我們他在暗房子裏面已經捉到了猫尾巴上的幾根毛——他還要來瞎講科學，看他的神氣好像他是懂得生物學的，細細一研究絕對不是那們一回事！所以他不是一個有趣的戲法家，他是一個說謊的騙子！』（節譯『近世科學與柏格森的幻想』的序子。）

我向任公告饒道，『下次不敢了！』我再三向君勱賠罪道，『小兄弟向來是頑皮慣的，請你不要生氣！』

十二，五，三十。

——轉錄努力週報——

心理現象與因果律

唐鉞

引言

在討論以前，我要聲明兩件事：

第一，我這篇文的主意，在說明一切心理現象是受因果律所支配的；所有議論，其中很多是人家說過的，不過我把他們應用於本題罷了。

第二，第二篇中關於心理學內部的問題，都沒有精密詳細的討論。這是沒有法子的，因爲篇幅所限，只能說個大概，以便做討論的材料而已。

前論

（一）因果律的性質

我所謂因果律；就是說：一切現象，都有原因。　比方我們遇了甲現象，隨後就有乙現象發生；如沒有甲，乙就不會發生；那末我們就說，甲是乙的因。　淺顯的例，就如雪見日光就溶化，日光是雪化的因，這是知識沒到十分精密時的說法。　到了精密的時期，我們就有一個數學的公式來表這種關係。　再用前例說，我們有一個公式表明日光的熱度與雪溶的速率的關係。　到了這時候，我們可以不說前因後果，只說甲乙兩種現象相待爲變就是了。牛頓的萬有引力公式，就是如此。　但是無論如何，我們可以說，因果的關係，不過是可以互從推知的意思。　換言之，遇甲現象發生，知道乙也要發生；見甲現象到某程度，就知道乙現象到某相當的程度。

因果律有幾種應該注意的地方，可以略說一下子：

（甲）因果律是從經驗得來的。　初民及幼兒每每不知道有因果律，所以往往有可笑的幻想同奢望。　但是，無因論者（爲便利起見，我稱主張心理現象，是不受因果律所支配的人做無因論者；下文仿此）一定要引康德的主張，說因果律是理性中所固有的，是先乎經驗的範疇。　這種主張，現在已經受許多人抨擊。　縱使他是眞實，那末無因論者恐怕要自討苦吃。　因爲康德說一切現象，都是受因果範疇的支配，心理現象當然不能除外。因爲他主張本體不可經驗，所經驗者都是現象。　心理現象，是經驗內的事，當然不是本體，但是，因果律的來源，與本題無大關係；並且我不贊成康德的因果觀，也不屑把他來駁無因論。

（乙）我們知道甲因生乙果，並用不着知道甲乙的詳情細節。　比方，一張紙放在火裏頭，是要燒着的。　火焰的頃刻萬變，紙被燒的狀態和速度，我們不用知道，而可以斷定火因必有燒紙之果。　若用羅素的說法，就是因果的關係，不是說同一個因必有同一個果，乃說同一種的因必有同一種的果。

（丙）有時我們明明知道一現象有因果，而不能由因推果或由果推因：這是因爲因果過於複雜的緣故。所以不能以我們不會推知爲該現象無因的理由。譬如瀑布擊石時噴出無數浪花。這種浪花，我們知道是依着力學公式的，並且這種公式是精密的。但是，就是力學專家，要預斷所噴出百千點浪花的大小，方向，速度，恐怕也只好敬謝不敏了。然而我却不能因此說浪花的情狀是無因的。

（二）心理現象的性質

（甲）行爲派的主張。依此派的主張，心理現象，就是行爲，就是人體對於刺激（外界的或體內的）的反應。（筋肉的或泌腺的）這種刺激與反應，都是物質現象可以爲外人所觀察的，可以用物質科學方法研究的，完全有因的。這樣說，一切心理現象（感情，意志，思想等）都是物質現象。所謂純粹思想，也不過是隱微的語言器官的變動，也同別的物質現象一樣受因果律的支配。所以從行爲派的眼光看來，無因論者的主張，完全不能成立。但是無因論者一定不承認行爲派的主張。我現在姑讓一步：所以下文討論，都是容納他們的心理現象的定義，就是心靈派的主張。

（乙）心靈派的主張　心靈派含兩派：一構造派，一機能派。兩派的問題方法不同，但是他們所承認爲心理現象的是相同的。就是凡通常所謂非物質的現象，如感情意志之類，都是心理現象。這是普通的定義，所以不用細講。

本論　一切心理現象是有因的

我的主張——一切心理現象都是有因的——當然不是已經完全證實的。若是完全證實，也用不着我來辨論。比方，火會燙傷皮膚，是完全證實的。假如有人不相信，我就請他自己去實驗。但是，雖然我們沒有證實一切心理現象都是有因的，然而據我們的經驗，許多心理現象是有因的；也有前此以爲無因的，後來知識進步，也找出他的因來；因此我們可以相信一切心理現象都是如此。其實一切物質現象有因的根據，也不過如是，而我們都深信不疑，何以獨獨疑到心理現象呢？我可以設一譬喻。假如我們在一條長路上走。

據已往的經驗，那條路每距一丈就有一棵樹。我們走了幾百里，都是這樣。現在我們望見前路遠處還有排列整齊，像樹的樣子的東西。我們就預測他們也是樹了。這假定當然不是一定不錯的；但是比說他們一定不是樹的，他的根據强固得多了。所以除非無因論者能舉實在的例證明某種心理現象沒有一點原因，我們總相信一切心理現象是有因的。

無因論者當然以為他們的主張是有證據的。我現在把這些所謂證據批評一下子：

（甲）無因論者說，心理現象的大部份，現在還不知道他們的原因。既然不知道，何以知他們一定有原因呢？我們可以回答他如下：心理現象的因果，當然是比物質現象的因果複雜得多。物質界的因果，如瀑布噴沫，都有時不能推測；何況心理界的因果呢？許多心理現象，雖然不知道他們的原因，然而據既往的經驗，可以說他們一定有因的。這一層，我在上節說過了。至於以為他們一定是無因的，一點根據都沒有。他們又說，我們的直接經驗，覺得他們是無因的。這『覺得』是靠不住的。野蠻人覺得雷一定是天神的發脾氣，信鬼的覺得一定有鬼，我們不能承認他們的『覺得』是一種理由。

（乙）無因論者說，物質是死的，固定的，凝滯不變的，所以有因果可言；心理現象是活的，頃刻萬變的，一定沒有因果可言。這種的議論現代大多數思想家已經不承認。所謂物質，不過是『常久的感覺的可能』（A Permanent Possibility of Sensation）這是穆勒約翰（John Stuart Mill）所下的定義，是現代人普通承認的。近來安斯坦的相對論出來，更可以證明物質現象就是心理現象，不是死而固定的，比如風的方向速度是頃刻變化的，但是不能說他是沒有因果可言；心理現象也是這樣。

（丙）無因論者又說，心理現象就是柏格森所謂『純粹綿延』，因為他是綿延，所以不能把他分作各個的狀態。既然不能有各個的狀態，當然不能說某狀態是某別狀態的因或果。這也是附會之說。心理現象不是永久綿延，也有間斷的。杜里舒說，『以我觀之，體驗者乃斷斷續續的，而非永續的。故當比之於電光之爍閃，不得名曰河流。「我有」「我體驗」既為點的，則此斷續勢不能鎔成一片，如不盡之江河。』（杜里舒講演錄近世心理問題第四期第二十一頁）　所以他不容納『意識之流』（Stream of Consciousness）的用語。　杜氏在別地方與柏氏同意的很多，他的話當然不是門戶之見。　據我的經驗，心理現象是斷續無常的。　柏氏所謂純粹綿延，或者是柏氏所見的『道』，斷斷不是我們凡夫所經驗的心理現象了。

（丁）柏格森說，心理現象，無一不包含着一切過去的，是與所有前此與此後的任一現象不相同的。　因果律說，同一個的因生同一個的果。　心理現象既然沒有同一的，自然沒有因果可言。　這話羅素在哲學中之科學的方法的因的觀念章中已經駁過了。　我此處不能多引，姑簡單地舉一種心理現象來作例證，就知道柏格森的話是不對題的。　我們知道凝視黃色二十秒鐘以後，忽轉眼看白紙，就看見白紙現藍色。（即所謂消極餘像）我們比方再凝視黃色，這個黃色的經驗當然包含着前次黃色的經驗，但是，我們却可以預知二十秒以後，轉看白紙，一定有藍色出現。　換言之，我們不是說，同一個心理的因生同一個心理的果，乃是說，同一類心理的因得同一類心理的果罷了。　所以柏氏的話，不能拿來駁有因論。

（戊）無因論者又說，心理現象許多是有個性的，不能用某某原因來解釋他。例如人格，文藝作品等。這話全與事實不合。人格固然是有個性，然而有他的成因，這是心理學者和一般人所知道的。並且人格也是集合而成的，觀於人格有時分裂就知道了。文藝作品，也是可以分析出來他的成因的。不過這種現象很複雜，一時不能完全找出他的因罷了。

他們說，無論如何分析人格及作品的成因，他們的個性是不能解釋的。這句話不過是强詞罷了。須知各成分相合的結果，許多都會使我們覺得他有個性，就是物質現象也是如此。比如輕養二氣化合成水。水有水的個性，並不是合輕養二氣的性質而成的；然而我們却不能因此說水不是輕養化合成功的。心理現象也是如此。

無因論者所以一定要說人格文藝無因的緣故，大抵他們心中有個誤解，以爲人格文藝若可以分析出原因來，就沒有大價值了。這是混『事實判斷』（Existential judgment）和價值判斷（Spiritual judgment 德文稱 Werthurtheil）為一談。這事，詹姆斯在他的宗教經驗之種種第一講(Varieties of Religious Experience, Lecture I)中詳論過，大意說一個事物的性質，起源，成因等和他的意義重要價值無關。所以我們不用怕因為我們知道人格文藝的原因，文藝人格就失其價值了。

（己）無因論者又說心理現象有因的，不過是與物質有關的部份，至於純粹思想，即浮子堡派（The Würzburg School）所發見者，一定沒有因果可言。這也是搔不着癢的話。無論所謂純粹思想，許多心理學者不承認他的存在；（構造派鉅子鐵豈納 Titchener 就是其中之一）縱使果有這個東西，也不過同感覺情調並列為心理元素罷了。心理學者沒有人不知道感覺情調是有因的，也沒有人承認思想是無因的。所謂純粹思想，（我不知道這個名詞是否浮子堡派原有的）純粹當然是指非別的心理元素（如感覺意象）所合成的，並不是可以離神經系而獨立存在或是無因而生滅的意思。所以純粹思想之有無及性質與本題無涉。

（庚）無因論者又說，若是一切心理現象都是有因的，那末，豈不是我們意志不自由嗎？然而我們的的確確覺得我們的意志是自由的。 這有幾件答覆：

（一）他們說，我們覺得意志是自由的。 這自由是沒有外力強迫我們的意思，並不與意志有因的命題矛盾。 所以不能以覺得自由來作意志無因的理由。 我在前論已經說過。 因果不過可以互從推知的關係。 例如，我可以推知你肚子餓時一定想吃東西，這難道是說你的意志不自由，受強迫而吃東西嗎？ 這點羅素在科學中之哲學的方法的因的觀念章中曾詳論，讀者可以參看。

（二）他們又說，我的意志既然都是有因的，那末，我的行為都是許多因的成績，我可以不負責任，豈不是糟了嗎？ 這也是似是而非之論。 意志的原因，最重要的是在個人身上的，當然個人要負責。 比方，一個人對我說，『我要打你；你就是你受傷我不負責，因為這是許多因做的事，不是我做的。』 我就對他說，『你若是打我，我也打你。 我不是打你，是打消你內部的想打我的原因，使他不能繼續實現。』 難道那個人還是不負責任嗎？

（三）還有許多事情，可以證明意志是有原因的。 因爲我們都相信教育可以影響人們的意志；就是無因論者也相信『內生活』『精神修養』可以造成高尚的人格。 若是意志無因果可言，豈不是這些話都是迷信嗎？ 豈不是孔，孟，釋迦，耶穌，及一切教育家都是無事自擾嗎？

（辛）無因論者又說，人生觀是心理現象而他是無因果可言的，所以至少心理現象中這一點是無因的。 這句話不用再駁了。 因爲人生觀用無因論者的名詞說，無非是純粹思想，意志，人格等的表現。 這幾件，我們都知道他們不是無因的了。

現在再就積極方面略說一下。 人生觀不過是一個人對于世界萬物同人類的態度，這種態度是隨着一個人神經構造，經驗，知識等而變的。 神經構造等就是人生觀之因。我舉一二例來看。

無因論者以爲叔本華（Schopenhauer）哈德門（Hartmann）的人生觀是直覺的，其實他們自己并不承認這事。他們都說根據經驗閱歷而來的。叔本華是引許多經驗作證的，哈德門還要說他的哲學是從歸納法得來的。

人生觀是因知識而變的。例如，柯白尼太陽居中說，同後來的達爾文的人猿同祖說發明以後，世界人類的人生觀起絕大變動；這是無可疑的歷史事實。若人生觀是直覺的，無因的，何以隨自然界的知識而變更呢？

結論

羅素說『從經驗看來，我們的意志大多數分明都是有因的，然而我們却不能因此說一切意志一定都是有因的。但是我們可以說「一切意志諒必都是有因的」的理由，同我們可以說「一切物質現象都是有因的」的理由一樣。』(Russell, Scientific Method in Philosophy, P. 232) 我可以擴充他的話而說：一切心理現象都是有因的。這句話可信的程度同『一切物質現象都是有因的』那句話的可信的程度相等。

無因論者的主張的最要動機，恐怕是以爲心理現象若是都是有因的，人們的精神生活就沒有自由。這種誤會，上文已經解釋過。德國惟心論者鮑爾森（F. Paulsen）在他的哲學導言中有一段說有因和自由是並行不悖的，我引他的話作本篇的結束：

『假如我們給因的觀念下正當的定義，假如我們取休謨（Hume）和萊勃尼茲（Leibniz）對于因字的用法——許多元素的變化間的有規則的和調，「這與本篇的定義相同，不過語句有異而已」那末因果律明明流行於心理界中同自然界中一樣。或者在心理界要找出一律性（Uniformity）來或是約這種一律性爲基本公例，是比在自然界難些。但是，心理界有如此的一律性是無可疑的。兩界中都沒有孤立或無定律的元素；每一個元素是與前此的，同時的，及此後的許多元素有確定的關係。任何地方，我們不容易化這些關係爲數學的公式；但是這些關係的存在，是隨在明白可見的。人人默默地假定在完全相同之內部的及外界的情境之下，一定有相同的結果：一樣的觀念，一樣的情緒，一樣的意志，必隨一樣的刺激而起 自由與得正當了解的因果性，完全沒有衝突的；自由不是超越法律的支配 倫理學對于一種內生活的自由，等於無定律無條貫的，實在沒有趣味 反之，絕對不相連繫的元素，與過去未來沒有因果關係的孤立的意志，假如眞有，就是意志的錯亂；不！就是心靈生活的完全破壞 假如後事一點兒不爲前事所決定，那末，當然不能有練習與經驗這種的事情，主義與決心，教育與公共制度，也沒有效力 總而言之，沒有因果性，就沒有目的性』 (F. Paulsen Introduction to Philosophy Translated by F. Thilly, P. 221)

——轉錄努力週報——

科學之評價

——張君勱先生在中國大學講——

童過西筆記

……今天講題是近來我和人家開戰的中心問題。觀戰的人，或許不知道我們戰爭目的是什麼，所以我今天將戰場消息略爲報告諸君。

有人說科學能支配人生；然即就人類對於科學研究其成績得失一端，可以證科學是爲人所用而非人爲科學所用。因爲我們對於自己所手造的事物甲時覺得好，至乙時又覺得壞；科學既是人造的，故亦不能逃人類好惡範圍以外。即此一端，科學能否解決人生，已可想見。數學上面，二加二等於四；化學上面，輕二養成爲水；……這都是科學公例，使我們以後做事情計算便捷。但是科學自產生到現在，其於人生的利害究竟如何呢？在吾國人或不覺得此是問題，因爲認科學一定有益的，在歐洲則成爲問題，已有數十年之久了。

自從文藝復興後，以爲用科學就可以發見宇宙眞理，昔日議論紛如之事件，甲以爲是，乙以爲非，就是一二人的意見是了。自有實驗的科學，而後有眞正明確的條件——公例——這就是科學（Science）的成績。譬如天體之運行，化學之元素，力學上之運動公例，生物學上說的人類進化的淵源，乃至於社會學上社會之原始，都要找出一定的公例來。科學的目的也就在此。

但是自十九世紀下半期後，對於科學，漸由信仰而趨於懷疑，尤其是法國人懷疑最烈。蓋世界各國中感覺最銳之民族，莫如法國；在他國所未覺到者，而法人則已覺到。譬如主權不可分之說，創自十六世紀之布旦；（Bodin）布氏所以創此說者，意在壓倒藩侯，尊崇王室。及帝王神權之說過盛，流於專制，於是盧騷創國民主權論。近年以來，厭惡國家之思潮大盛，於是又有法人狄驥氏欲去國民主權而代以社會互助說。此三人者，皆能見及幾先，發前人所未發，故法國人之先知先覺，眞令人五體投地。

十九世紀之初期，崇拜科學最烈者，有法之孔德氏。孔氏之推尊科學，可見之於其思潮時代分類法。孔氏分人類思潮爲三時期：

第一，神學時期。一切現象都以神話解釋。

第二，形上學時期。欲求最後之原因解釋一切。

第三，實證主義時期。舍去最後原因說，只研究現象相互之關係，而成一種公例。

與孔氏同時者，有藍能（Renan）戴恩（Taine）皆崇拜科學的著名文學家。然十九世紀中葉以降，懷疑的人很多。隨便舉幾個例，則有哥爾諾（Cournot）李諾維（Renowier）蒲脫羅（Boutront）柏格森（Bergson）諸人。此類人之立說雖各不同，要不外科學之能力是有一定之限界之一義。這就是我今天所要說的評價。

第一，科學目的在求一定之因果關係，將這些關係化爲分量的。譬如物體下墜，第一秒多少，第二秒多少，第三秒多少，皆有一定比例。一球之上，左右各加一力，則所行綫路爲平方形之對角線，如是因有多少，則果有多少。故科學方法最成功之地，無過於物理界。

雖然，我們生活於世界上，是否一切事都可以分量計算？　照科學說，馬力多少，則蒸氣機之運轉力有多大；發電機多少强，則電燈可點若干盞；雖然，此種方法，能否用在生物學與心理學上。　生物學心理學上僅言因果，已屬不易，又如何說得到分量的因果。　譬如細胞之分裂，由一而二，而四，而八，而十六，而三十二，以至於千；於是而有腸胃有筋骨。　其所以成爲生機體者，學者求其原因於細胞，而細胞之中，無因可求，故杜里舒氏創爲生機主義以解釋之。　至於心理學，近來有智慧測驗之法，對於孩童授以若干題目，限時解答，最敏捷者認爲最聰明，稍遲者次之，又遲者又次之。　其意所在，無非要使心理學上的因果關係，一如物理學。　這是我決不能相信的。　何以故呢？　人類爲血肉之軀，五官之感覺，如何由耳目而傳遞於腦神經，當然有因果可求；且飢思食，寒思衣，倦思睡，皆爲生理所支配，是無可免的。社會之中，有種種習慣以支配之，見客則問姓名，由聲音笑貌可以推定人之喜怒，一事之開始前與終了後，可以測定人之行爲如何，凡以此故，心理學上有若干種公例。　然謂一人之心理，若其意志力强弱之由來，與其因意志力之强弱而定其成功與失敗。　此外如文學之創作，思想之途徑，乃至個人之意志與社會進化之關係，謂其可以一一測定，這是科學家的夢語了。

第二，科學家但說因果，但論官覺之所及，至於官覺之所不及則科學家所不管。物理學者以物性及物性之變化爲出發點，植物學者以草木爲出發點，生物學者以有生之物爲出發點，此皆有形的而爲人耳目所及。然各種科學最高原則，如論理上之公例，如因果律，已不是耳目之力所能及。倫理學上善惡是非之標準，以及人類之美德如忠信篤敬之類，那一事是有形的？進化論之學者欲以內界之精神化爲有形的，乃採所謂沿革的方法（Genetic method）謂人類之道德可見之於社會制度，亦是進化而來的。如此做法，無非要使一切無形者悉求之於有形之中。吾以爲沿革的方法之是非，係另爲一事。若謂論理的推理由於習慣而來，（經驗派哲學之言）道德爲環境所支配，這是科學欲以有形解釋無形之故，乃將人類精神之獨立一筆抹殺了。

第三，科學家對於各問題，不能爲澈底的問答。譬如物理學家以物質爲出發點，物質何自來，則爲科學家所不問，此就自然科學方面言之也。政治學家以國家爲出發點，至國家主義與國際主義之利害比較，則非科學家所問。生計學以財物之產生爲出發點，至物質文明之利害問題，則非科學家所問。此就社會生活之變遷言之也。夫物質之本性爲何，生命何自來，此等問題，誠哉其爲紛爭不決。然既爲人類，即對此諸事不能不生疑問；解決不解決，另爲一事；而其不能不問，則人類之天性也。譬之達爾文之書雖以實證爲方法，然於生命之原始，則嘆爲不可知。其所以嘆者，則心中有此疑問爲之也。乃至國家主義之利害，物質文明之利害，雖科學家以分科研究之故，勢不能旁及題外之文。然人類前進方向與其行動大有關係，故於其所達之境之利害得失，常不勝其低徊往復。然科學家於事物之本體與夫人類向上之途徑，既不能與人以滿足之解決，而猶傲然以萬能自居，此則引起人類對科學惡感之最大原因。

第四，我所欲言者，非科學本身問題，乃科學的結果。西歐之物質文明，是科學上最大的成績。人生原不能離開物質，然一國之文明，致令人以物質文明目之，則是有極大原因在。

而其原因之可數者，利用科學之智識，專爲營利之計，國家大政策，以拓地致富爲目的，故人謂之爲物質文明。

歐洲各國以工商立國之故，派領事，派銀行團代表，投資外國，滅人家國。 國家既以此爲方針，故其敎育人民，亦不外敎以智識，授以技能，以達國際間兵戰商戰之目的而已。 要知道專求向外發展，不求內部的安適，這種文明是絕對不能持久的。 甲以工商主義侵乙，則乙必起而獎勵工商以求等於甲或凌駕而上之；甲乙之工商既相等，爭投資於未開發之地，則甲乙必各爭海陸軍之强弱；而其參謀部又持先發制人之計，於是事端朝起，宣戰之書夕至，此則一九一四年大戰之由來，彰彰明甚者也。 吾以爲國際間之所求，專在有限之物質，則物質有限，而人欲無窮，謂如此而可爲國家久安計爲人類幸福計，吾不信焉。

諸君聽我的話，或不明白我意思所在。 我的意思，就是要諸君認淸今後發展之途徑，不可蹈前人覆轍。 什麼國家主義軍閥主義，工商主義，都成過去；乃至思想方面若專恃有益於實用之科學知識，而忘却形上方面，忘卻精神方面，忘卻藝術方面，是決非國家前途之福。方今歐美先知先覺，在精神方面提倡內生活，在政治方面提倡國際聯盟，這種人已經不在少數；只看我國人如何響應他，必可以達到一種新境界。而亞美兩洲之中國美國，尤爲地大物博，非若歐洲地小國多，故適於提倡大同主義，觀之威爾遜之熱心國際聯盟與吾國大同思想之發達，是其明證。敢告諸君，我所說的並非夢話，歐美知識界之新學者，都已趨向我所說的新路上來了。

假令以上評價之標準不謬，則教育之方針，可得而言：人生在世，計有五方面：曰形上，曰審美，曰意志，曰理智，曰身體。

（一）形上。人類在世，若但計官覺界所及之得失，而不計內界之心安理得；以言乎個人，則好爲功名富貴之爭，而忘君子爲己之學；以言乎國家，則好爲開疆拓土之謀，而忘民胞物與之義。欲矯此習，惟有將天地博厚高明悠久之理教學生，是之謂形上。

（二）美術。人類終日勞動，走至郊外空氣新鮮地方，就覺得胸中非常愉快；及入油畫館，又覺得人巧可奪化工，可知美術與人生幸福有莫大關係。

（三）意志。 往往有理智的判斷上，以爲極不可能的事，而靠着意志的力量，竟可以實現。 李廣之矢可以貫石，及知爲石，則屢試不中，可知知識與意力是兩事。 而任何難事，意志力強者往往可以通過。 以近年德俄革命之成功言之，皆其政治家意志教育之結果。 一九一八年少數德國社會黨竟能推翻數百年愛戴之皇室。 一九一七年俄之革命之成功亦出人意料之外。 可知政治潮流，苟有意志堅強之人，自有轉移之法。 若認爲事事受環境之支配，則惟有一步不能行而後已。 獨惜今之教育家受外交家之流毒，專以遷就社會爲長策，故其惟一立脚點，則在『維持現狀』（Status Quo） 在此種主義之下，人類之心能潛伏而不見者，正不知其幾何。 總之，意志教育可以改造社會。 惜焉教育家不加注意，而徒委之社會革命黨之手，是一件大不幸事。

至於理智身體方面，現代教育自有相當之成績，不可以抹殺的。

我的講演現在差不多要完了，但是我更要爲諸君總結幾句。 若以歐洲已往之思潮爲官覺主義，而以吾人之思潮作爲一種超官覺主義，則其利害得失當如下表：

第一，官覺主義之結果實驗科學發達，側重理智工商立國，國家主義。

第二，超官覺主義之結果之預測重精神（或內生活）之修養，側重情意，物質生活外發達藝術，國際主義。

今後吾國將何去何從，是文化發端之始的極大問題。望諸君再三注意。

——轉錄時事新報學燈——

勞而無功

——評丁在君先生口中的科學——

張東蓀

丁在君先生爲反對張君勱先生的『人生觀』，於是拿了『科學』來打『玄學』。迄至昨日止，我已拜讀了他的洋洋大文兩篇了。我讀了他的第一篇文章時候，就覺得有許多話非說不可，但我仍是暫時忍着。後來看見林宰平先生一篇文章，我眞跳起來。凡我所蓄於肚裏所要說的話差不多都被林先生說出來了。我十分佩服林先生，却又十分感激林先生，因爲這一下我旣可不悶得難受又可不必寫得手酸。我肚裏的意思雖經林先生發洩了十分之九，然尚有一分，似乎亦應得吐出，方能痛快。所以我看見林先生的文章後即加了一些按語；繼而一想，按語總不十分暢達。因此我把按語拿來改編，以成此篇。

我於開始以前有一個重要的聲明：就是我對於丁張兩先生都是朋友；我今天只駁丁

先生而不駁張先生並不是由於友誼有厚薄。只因爲我有個脾氣是不歡喜錦上添花而只歡喜雪中送炭。在丁先生第一篇文章初發表時，就有人來報告於我，說丁先生方面已預備有許多人對於張先生一個人來『羣起而攻之』（這個話本是謠言，不過努力週報迄至今日卻除張先生自己的文章外，所有譚到『科玄之戰』的無一不是反對張先生的）。我當時聽了這個傳聞，雖明知不可靠，但却預料丁先生方面（即攻擊張君勱的方面）總不會寂寞了，用不着我來湊熱鬧。於是我決定對於丁先生來燒一燒冷灶。想不到素來不甚做文章的林先生居然放了一鳴驚人的響砲，把我的文章十分之九都搶了去了。對於丁先生所應當說的話十分之九既被林先生道破了，我今天所說只是一些餘義。既是餘義，便是『附言』的性質，所以很難標個題目。若標題爲『反詰丁先生』罷，或『對於丁先生的懷疑』罷，則所應反詰的所挾疑問的決不止此數。所以我不得已便拿我這篇文章的結尾上一句話爲題目。這原是由於想不出好題目來的緣故。

爲敘述簡明計，我先說明我對於丁先生的態度，然後加以理由。現在即列舉如下：

（甲）我認爲丁先生不是眞正拿科學來攻玄學，而只是採取與自己性質相近的一種哲學學說而攻擊與自己性質相遠的那種哲學學說。

（乙）我認爲丁先生對於科學的眞正性質沒有說明白。

（丙）我認爲丁先生對於科學，與漢學家的考據混爲一譚，這樣宣傳科學是有害無益的。

綱領既定，請加以說明。先講第一點。丁先生第一篇題目是科學與玄學，第二篇亦離不了科學玄字樣，當然以科學爲符籙而拘拿那個名叫『玄學』的鬼了。可是玄學這個鬼却亦非常調皮，他一躲便躲在名叫『哲學』的人身上，丁先生投鼠忌器起來，於是鎗法就亂了。丁先生對於玄學始終不下一個明切的定義；對於玄學與哲學的關係亦始終無一字提及。敵人尚未認淸，就先開砲，我眞佩服丁先生的勇敢。要是換了小弟兄，萬萬辦不到。其實玄學的性質亦很易明白。哲學向來分三部：即認識論本體論宇宙論便是。因舊日的沿習，學者往往名本體論與宇宙論爲玄學。可見玄學就是哲學，不過範圍較狹而已。哲學中本來有兩派：一派始終沒有深入本體論的野心；一派有這種野心。丁先生最喜歡聽胡適之先生的話，胡先生凡事都取歷史的觀察態度。我希望丁先生亦學一學胡先生，把自從希臘以來的思想史一看，便是這兩派的由來了。我以爲這兩派的戰爭亦好像中國的朱陸異同一樣；我們不必加入他們的戰爭亦如外國人不必參加我們的朱陸異同一樣。哲學一天發達一天，玄學的意味早已變遷了。丁先生還要俯拾當時攻擊玄學（其實當時的玄學只是神學）的話來說，未免近於無的放矢。丁先生崇拜詹姆士，我請拿詹氏的話來告訴丁先生。詹氏在他的哲學之幾問題一書第一講上就說玄學在最初的意思是與科學相反，其實我們應得變更原有的意思。（按原文如下：In the modern sense of something contrasted with science, philosophy means metaphysics. The older sense is the more worthy sense, and as the results of science get more available for co-ordination, and conditions for finding truth in different kinds of question get more methodically defined, we may hope that the term will revert to its original meaning, science, metaphysics and religion may then again form a single body of wisdom, and lend each other mutual support.）不懂此也他並且說哲學對於人生非常重要，不能反對。丁先生若不推崇詹姆士，我原不敢拿他來做擋箭牌。只因爲丁先生好像是個詹姆士的知己，知道他稱讚柏格森是一種虛讓，不是由衷之言。但詹姆士的話如上述的，我却不敢包是違心之論，所以仍舊舉了出來，請丁先生再鑑定一下。但是我不由得要說一句笑話：就是張先生拉了蘭克司德，而偏偏丁先生不爭氣亦拉了一個詹姆士，眞是無獨有偶了。雖然，我本來亦曉得哲學與科學的界限是難分的：如牛頓的絕對運動論在當時何嘗不是科學，然而馬赫便說是哲學而不是科學。而馬赫的經驗論卻被發明量子的濮朗克所譏笑：以爲仍是哲學而不是科學。馬赫攻牛頓，濮朗克再攻馬赫，難保不再有人攻濮朗克麽？所以這種爭論實是無謂。我以爲我們東方人學西方思想却不必並此無謂的東西亦學了來。我現在更舉一個好例，這個例就是丁先生的話。丁先生說柏格森說心的綿延如雪的堆積完全是比喻，不能算數。誠然，但請問丁先生為何對於馬赫所說思想和天響雷一樣（按原文為 We should say "it thinks" just as we say "it lightens." 今照丁先生譯文）即不認為比喻呢？難道不是同一比喻麽？何以對於一個比喻存而疑之，對於另一個比喻則存而不疑？何以對於一個比喻則引為攻擊之的，對於另一個比喻則引為攻擊之具呢？這種以矛攻盾，是否科學家的態度呢？所以我勸丁先生不必高譚科學，老老實實自認是對於某種哲學因與自己的性質相近而歡喜，對於某種哲學因性質相遠而厭惡罷了。近來精神分析學研究人把性情志願假裝為理論以發表，名曰『理由化』。我看丁先生的這種科學論完全是理由化。須知『心』『物』等問題不譚則已，一譚便就到了哲學裏頭去了，從正面肯定，固然是哲學，而從反面否定，亦離不了哲學。我現在亦學胡適之先生，把孫行者與如來佛的比喻，用在我所敬愛的丁先生身上：哲學就好譬如來佛的掌心，丁先生一個觔斗翻了十萬八千里，以為出了哲學的範圍，其實還在如來佛掌心裏。

說到第二點，則是全篇主旨所在了。丁先生對於科學的性質，與科學的確實性，所說的話皆不能使我滿意。 先講科學的性質。 丁先生在他的第一篇中說了，又在第二篇中重言以申明之。 其原文如下：

『科學的方法不外將世界的事實分起類來，求他們的秩序。 等到分類秩序弄明白了，再想一句最簡單明白話來概括這許多事實，這叫做科學公例。凡是事實都可以用科學方法研究，都可以變做科學。』

我現在要求讀者重讀的卽是『對於事實分類以求其秩序，』與『拿簡明的話概括許多事實』這兩句。 以淺陋如我的人看來，我們的常識就是分類以求秩序和用簡明的話以概括許多事實。 如我們說『金』『銀』『銅』『鐵』便可算對於自然的事實爲之分類，並且這四個字便是簡明的話可以概括許多事實。 設我這個解釋沒有誤會，豈不是科學與常識相同麼？ 但實際上取得科學資格最早的是物理學，物理學就不僅是對於自然的萬物分起類來以求他們的秩序。 如『金』『銀』等是常識的分類，科學上却只是原子，並且近來電學進步了，知道原子的不同是由於陰電子的數目。 若果科學的能事僅是分類，實際上却愈分而類愈不立，換言之，即所謂『類』反而逐漸消滅了，難道科學不亦要跟着消滅麼？ 如晚近的相對論，其生命就在幾個公式，我們實在看不出他是對於何種事實分類。 科學發達的結果得着了一個『有敎無類』則說科學就是分類未免太初步了罷。 再如植物學動物學，好像是完全基於分類的；其實植物學中另有植物分類學，而這個植物分類學在植物學全體中並不佔第一把交椅，則其故可以思了。 至於丁先生這種論調，我知道是本於皮耳生，不過丁先生也太無抉擇了罷。 所以我不能不立一個代替說以補丁先生的不足，我的話曾附載於梁任公先生文章的驥尾，現在再抄錄如下：

『據我所見，科學乃是對於雜亂無章的經驗以求其中的「比較不變的關係。」 這個即名爲法式或法則（也許是暫定的。） 如兩個人加兩個狗是四，而兩個貓加兩個鼠亦是四。 都可用一個加號來表之。 因爲經驗的內容總是只有一次的。 如我今天寫字便與昨天寫字不同。 所以科學並不十分注重於內容，而注重於方式，即是關係，即是關係的定式。 所以分類乃仍是初步，而不是最後的。至於得了這個「比較不變的關係」的定式便用一個簡單明白的表號，但這個却不是「概括這些許多事實」』

照我這樣說，設沒有大錯，則我們便知道科學的公例不是概括許多事實的一個簡明話，乃是表示與內容無甚關係的方式。上文所述的貓狗等都是關係者，都是內容，而科學的目的則不在問任何關係者而求比較不變的關係，不問任何內容而求比較確定的方式。但科學並非對於內容諉爲不知，卻以爲一切內容都是關係所造。相對論便是順着這個趨向而得成功的。所以科學能昂首天外，亦正在此。得了這個定式，便可自由操縱一切。

可見科學自身便有論理，科學不必另外求助於形式論理。這一點我覺得自命擔負宣傳科學的大責任的丁先生卻沒有看清楚。林先生說丁先生的論理思想太舊了，眞是實獲我心的話。若果科學的基礎是建築於形式論理的三段論法之上，則科學的正確性必定完全在視其合乎論理方式與否爲斷了。但實際上論理學是比較幼稚的，而物理學化學反比論理學先發達。若把數學歸納在論理裏頭，則非歐克立德的幾何學亦是晚近始出。我嘗說亞里斯多德的論理與歐克立德的幾何一樣，到了現在都不夠用了。不料丁先生一方面排斥亞里斯多德的玄學，而他方面却默採亞氏以來的傳統論理思想。

次講科學確實性的標準，丁先生說：

『科學既然以心理上的現象為內容，對於概念推論，不能不有嚴格的審查。（中略）凡常人心理的內容其性質都是相同的。心理上聯想的能力，第一是看一個人覺官感觸的經驗第二是他腦經思想力的強弱。換言之，就是一個人的環境同遺傳。我的環境同遺傳，無論同甚麼人都不一樣；但如果我不是一個反常的人——反常的人我們叫他為瘋子癡子——我的思想的工具是同常人的一類的機器。機器的效能雖然不一樣，性質却是相同。覺官的感觸相同，所以物質的『思構』相同，知覺概念推論的手續無不相同，科學的眞相，纔能為人所公認。否則我覺得書櫃子是硬的，你覺得是軟的；我看他是長方的，你看他是圓的；我說二加二是四，你說是六；還有甚麼科學方法可言？』

依我這個拙笨的腦筋看去，好像是說科學的確實性卽基於人心的相同。 特此處所謂人心是指感觸思構而言。 果爾則我的疑心又起了。 我現在學丁先生的乖，對於丁先生亦說一句『拿證據來！』 丁先生在他的第二篇果然拿了證據來了，他說：

『這是事實，不是理論。 自從嘉爾登拿統計的方法來研究生物的現象，成功了所謂生物測量學，（Biometrics）我們所謂『常人』已經有了統計上的根據。 卽如英國的常人是五尺八英寸高：五尺以下的是矮子，六尺六寸以上的是長人。 但是矮子同長人的標準完全是隨意的：五尺以下的矮子，和六尺六寸以上的長人之間又有許多過渡的人把他們和常人聯合在一塊。 智慧測量的結果同高度是一樣。 假如我們說癡子的智慧是零天才的是一百，常人的是五十：一至四十九把癡子同常人聯合一氣；五十一至九十九又把常人同天才的界限相混合。 肢體與高度相稱的是長人若是一個人頭異常的長，身異常的短，或是四肢絕對不能相稱，他就是一個怪人，同心理上的瘋子一樣。研究瘋人心理的學者，都覺得瘋子的性質一部分與天才有幾分相似，因爲都是感覺特別發展的原故，但是瘋子的一部分發展過度，失去了心理的平衡，而天才的各部分發展相稱，能保存生活的常態。長人矮子同常人是程度問題不是種類問題，天才癡子同常人的分別，也是比較的，不是絕對的：常人雖然長，然而他的長的程度是爲種族能力所限制，所以世界上沒有八尺九尺的長人，況且長人的體格的係數（Index）如頭骨的寬長手臂的比例等等，還是同尋常人一樣。天才的智慧高出常人的程度，也是爲種族能力所限制，他的心理同生理的組織也是同常人的是一類的機器。這是近七十年生物學心理學的根本觀念，不是可以隨便推翻的。」

這段話我看來看去簡直不明白丁先生說些甚麼，因爲張君勱先生並沒有主張有不學而能的突飛天才者，所以丁先生的話全是文不對題。生物測定學的書，我沒有看見過，所以不敢說甚麼，不過據我看來好像身體的長短不及智慧的高低對於這個科學確實與否的標準性問題來得關切。所以我專講智力實驗，但一講這一點，則丁先生所謂事實卻立刻變為不幸的事實了。何以故呢？因為立刻就把丁先生口口聲聲所說的『常人』的絕對界限推翻了。所謂 Normal 與 Abnormal 只是程度的差別罷了。講智力實驗而探其理論的基礎，實在沒有很多的書。我所看見的只是一個小冊子，名曰人類的效率與智力的層次，乃是美國研究低能兒大家過達德所著。一提起這個人名，丁先生當然曉得。就美國軍隊曾試驗過，共分七等，而最高等只有百分之四半。若科學確實性的標準在人心的相同，恐怕相對論即要失了科學的資格，因為百人中就未必能有四個人懂相對論的。即以尋常所見的而論，一個幼稚園小學校有兒童六七百人，設若教師不先講明二加二是四，而即教兒童回答，恐怕能說二加二是四的就未必定占全數。難道數學上的二加二是四，其確實性是基於人心的相同麼？最淺的例，如相對論上有『空間彎』，就是我們人類所不能目睹的；並且有人說我們人類可以看見長廣闊而不能看見第四量向，正猶海底扁魚只能看長廣而不能看見闊一樣。可見若說科學的確實性是基於人心的相同，實在危險得很。現在再說回來，仍講到智力實驗，過達德告訴我們說有一個不因學習而改的先天智力，所測的卽是這個抽象的智力而不是具體的學習。我想這個話丁先生聽了一定大不高興，因爲不料貨眞價實的科學方法卻背後先有一個玄學的假定。但是削去這個假定，科學的智力實驗法亦立不住了。

至於丁先生說凡用科學方法都是科學，於是我們的問題一轉而爲科學方法的討論了。科學方法若卽是形式論理，則不但玄學用之，宗敎用之，乃至小說戲曲亦都用之。於是普天之下莫非科學。科學既早已如此普遍，丁先生大可不必再費九牛二虎之力以提倡了。可見科學方法決不僅是形式論理。然則是歸納演繹麼？歸納演繹在性質上與三段論法又所差幾何呢？所以我不得不立一個代替說如下：

『科學果有一個唯一無二的方法，則始可說凡用這個方法的都是科學，可惜科學在今天，據我看來，還是各有各的方法。如心理學有觀察實驗內省三法，無論如何，不能排斥其二而僅留其一，使與物理學相等，至於法學的方法與化學的方法即不相同，決不能說法學的比較即是化學的解析。 科學對於所取的對象可以各取各的方法。 如天文學便不能離了望遠鏡，又如生物學中分出細胞學。 可見科學各有方法與分枝發展，只由一個所謂科學方法（即分類與歸納等）高懸於上，決不能統一。」

我這句話的意思如下：科學各應其對象而各取特殊的方法，這些方法雖是二次的，（即林先生所謂的實質論理）卻是非常重要。 若抽離這些各別的二次的方法以成根本的方法，勢必愈普遍而愈失其獨到的精神。 我們要眞心提倡科學便不能僅僅注目於空洞的根本的抽象的方法。

最後我還有一句話：就是科學方法與科學是不能分家的。 這兩個東西，如影隨形，決不能說我們先提倡科學方法自然而然便發生科學。 例如丁先生相信心物是一件東西，試問這見解是由科學方法取得呢，還是由科學取得呢？ 平心而講，心物合一論本不是科學乃是哲學，不過現在讓一步而卽姑認爲科學，但亦必是科學的內容而不是科學的方法。總之，我認爲科學方法不是科學所穿的衣服可以隨便剝下來給別的任何人穿的。我亦是相信心物合一論的，但我仍覺得丁先生的態度却近於武斷，爲科學家所不宜。羅素說心物是由同一的材料構成的，我很想研究這個問題，所以把他的書看來看去，卻除這種簡單的說明外並沒看見有何等詳細的解釋。我對於羅素已抱遺憾了，不料丁先生更奇怪：在他的第二篇第六段『精神與物質』中除了引證斷簡不完的馬赫與羅素的話外，簡直可算沒有說明，卽有一兩句說明亦是十分模糊。我們研究哲學的人尙且對於這種大問題不敢輕信，而研究科學的人平素對於這些問題旣沒有在實驗室試驗過，又沒有做過長期的冥想工夫而竟輕信如此，似非所宜。

第二點已說完，請說第三點。第三點實在不用多說，因爲科學方法不是漢學家的攷據爲理很顯明。科學注重在實驗考據，不過在故紙堆中尋生活，至於那個故紙是否可靠尙是問題。至於存疑的精神，我想除了釋迦便要首推笛卡兒了。但這兩個人的思想卽不是科學。可見僅僅一個『奧康的剃刀』不能即算科學。牛頓有 Hypothesese non fingo。的名言，但他自己立有絕對運動與絕對時空，他的假說可就不算少了。可見假說的多少完全是程度的等差而沒有性質的不同。總之，丁先生怕西洋玄學投入中國的宋學，來借尸還魂，這個精神不但我原諒丁先生，並且還有些敬服；只可惜丁先生同時却把科學投入漢學，做一個同樣的借尸還魂。這樣遙遙相對一來，使我們旁觀者看了大大提不起興趣來了。至於以宣傳科學而論，我固然看不出張先生的玄學妨礙科學在中國的發展至何程度，然亦實在看不出丁先生這兩篇文章促進科學在中國的發展能至何程度。——亦許是我的神經太不靈敏了。若說我對於科學的態度，自信可以不必待丁先生來勸化。但我對於科學却認爲是一個大理想。我嘗說科學好像一把快刀，一切東西碰着了必迎刃而解，即最神秘的生命精神感情意志無一不受其宰割。但是只有一個東西，仍然在外，即是能宰割一切的刀其自身。換言之，即是偉大的智慧。我們看見一輛汽車，看他內部的機括自然是呆板的死的，但迴顧創造汽車者的智慧便不能不說是創造的活的。

科學發展之所以無窮無盡即在此。自從淑種學發明以來，對於人類自己的智慧亦可以設法改良。所以科學是最富於活氣的。凡把科學認為機括，為呆板，這乃是不懂科學。丁先生抱定宣傳科學的宗旨自是前途遠大，但無端把個『考據』拉了來混在一起，則丁先生在中國科學史的功罪他日恐怕要成問題了罷。我現在重誦林先生的話以為結束：林先生說以這樣拿燒酒攙水愈冲愈淡的辦法而提倡科學乃是糟蹋科學，我則說是勞而無功。

我這篇本來完了，但我一想大家都是好朋友，不妨再進一步說說。我以為這個問題本是一個大問題，以玩皮的態度雖無傷大雅，然於社會究不很好；並且亦可不必再爭論下去了，因為爭論下去必定强學哲學的人來臨時抱佛脚譚科學，同時强學科學的人來臨時抱佛脚譚哲學，這當中便難免不有疏忽。這事太不經濟，還是其次，而給社會以惡影響，則為害卻大。例如張先生文中

阿頓與原子並舉，這個漏洞被丁先生吹求出來了。丁先生第二篇中把杜威列入否認思想的行爲派心理學中，我想這個漏洞將來一定亦要被張先生吹求出來的。丁先生只根據羅素的心之分析，其實杜威詹姆士席勒都是機能派，而行爲派對於他們攻擊甚力，不能因爲羅素的一句話即爲定讞。然而這些都是無心之錯，算不得甚麼。不過張先生丁先生在今天的中國學術界中已不是黃毛丫頭，而已躋於命婦的地位，似乎大家何必定要强不知以爲知，使社會稍受影響呢？這便是區區的希望了。至於我呢，預先聲明：如蒙賜教，恕不答復。其實我作此篇固然是由於悶得受不住了，然亦未嘗不是受了丁先生的暗示：丁先生說杜里舒不配反對達爾文，（讀者注意，我以爲反對達爾文與反對進化論是兩件事，決不能說反對達爾文即是否認進化論）於是我一想，以研究生物學數十年的人不配反對達爾文，而研究地質學的人卻反而配贊成達爾文，則我們研究哲學的人當然亦配談科學了。不過我後來再想一想，仍是以『下不爲例』爲佳。所以附此聲明。

——轉錄時事新報學燈——

此篇經予自校，略易數語，特此附白。東蓀識。

人格與教育

菊農

（一）

中國近來的學問界寂寞的很；許久不曾看見辨論學問的文字。最近丁在君先生和張君勱先生忽然提出人生觀與科學的問題來討論，學問的花園裏漸漸有些春氣了。君勱先生的文章上提到教育問題，他對於現代教育表示不滿意的態度；這眞是實際上極重要的問題，對于人類之未來有極重要的關係，所以我也乘此機會說幾句話；至於他們所討論的中心問題，也有些意見，且等以後再說。

我們立在理想主義的立足點上看，以爲現代的悲哀，人生的煩悶，文化的停滯都是由西方文藝復興的兩種精神所釀成。我們常聽見研究文藝復興的歷史家說，文藝復興有兩大意義，卽新人與新宇宙之發見。　主觀方面是個人之發見，客觀方面是宇宙之發現。換言之，便是個人主義與機械主義。　假如我們聽了歷史家的話承認現代文明是文藝復興的產物，那麼現代的文明便是個人主義和機械主義的文明。

一個人的生活態度便足以規定他的一生；一時代的生活態度亦可以規定他各方面的社會制度和社會活動。　個人主義與機械主義是近數百年來文藝復興以後一般人對於生活的態度，這兩種態度便形成了近數百年來的歷史。　無論在政治方面，經濟方面，倫理方面，乃至於教育方面，都表現出這種人生觀的根據來。　我們不願意咒咀文藝復興；文藝復興在藝術，文學與哲學，乃至於科學上的成功我們不能亦不願意否認。　但是他所釀成的痛苦與煩悶却亦不容不承認。

吃苦最利害的當然要算經濟方面和教育方面了。　在自由競爭的經濟制度上那裏能有眞幸福與眞自由；歐洲的大戰和近十餘年來猛烈的社會改造運動，以及勞動界的不安寧，都是『不打自招的供狀』。　教育方面呢，雖然『紙糊老虎，』遠看似乎看不出絲毫破綻來，但近看已經有無數的破洞了。 現在要研究的便是敎育問題。

前面已經略略提到各種社會活動，大部分是由時代的人生哲學所形成，敎育亦不能外此。 所以如果對於現代敎育懷疑時，應當從根本上研究明瞭其所以致此之由，不應當僅僅在表面上批評他的制度乃至於課程，這樣的批評，一定是搔癢不着。 現代敎育是文藝復興後的產物，有好處呢，固然要謝文藝復興；但是如果有壞處呢，亦是文藝復興的責任。假如這句話不錯，那麼至少可以說，在現代敎育的背後牽線的便是文藝復興的兩大精神，進一步說，現在敎育是個人主義機械主義的敎育；好處或者固然亦有，但是這兩種人生態度的壞處，現代的敎育却完全承受了。 在個人主義機械主義之下，當然發生這樣的敎育；所以我們可以斷言，改良現代的敎育決不僅是形式的改革，科目的增删；須要根本上打破個人主義機械主義的人生觀，建設新的人生哲學，從這新的人生哲學上出發，敎育乃可以言改革。 其實敎育不過是社會活動的一方面，我們改造社會的要求，也祇是要求新的人生哲學，也祇是打倒機械主義。

（二）

前段說的話太概括了，此後便要集中在教育上討論。第一個問題便是我們爲什麼要有教育？ 教育是否可能？

對於我們爲什麼要教育的問題，答復得最直截簡當的要算杜威博士了。他說教育所以不可少的緣故，就是因爲生與死兩件事。人類當生下的時候，不能獨立，必須倚賴他人，所以有賴於教育，死去的時候，非有教育將一切知識和經驗傳之子孫不可。這樣的答案老實說實在不能使我們滿意。他這段話裏有兩層應當注意，一則要小孩靠教育學成人，一則人死後靠教育將知識和經驗遺傳給子孫。如此說來，教育事業不過是『郵便事業』這一代傳到後一代，傳之無窮而已。這樣的教育，無非是保存一切知識經驗習慣的方法，對於我們的教育理想，實在大大不同了。他們的教育，目的在保存過去，我們的目的在創造將來。但教育原是爲將來，不是爲過去的。教育不僅是經驗界以內事，更有其精神的意義在。

談到教育便決不能沒有一種理想，希望用教育的方法，使未來的受教育的人能與這種理想適合。便是一般主張教育的目的是造成公民的教育家，也有他們的理想；他們的理想，便是要個個人都養成他心目中的公民。所以我們可以說因爲要使理想實現，所以要教育。現代的教育便是硬將個人和社會分開，定一些標準說社會要合乎這些標準的個人，否則社會不敢歡迎，而這些標準，却並不能算做標準。

我們不妨老實的說，我們以爲人生的理想便是教育的理想，理想的教育實現，便是理想的人生實現。人生的各方面便是教育的方面，決不能離開人生談教育。但是我們所謂人生不僅是那物質方面的生活，物質生活之上更有精神生活；不僅是外生活，更有內生活。

既然說到教育，必定是兩個前提之下纔談得到。用極普通的話說，教育是求進步，但在『進步』這兩個字之下，至少是從此一地位換到彼一地位，其中的意義便是『變』如果宇宙的行歷不是變，個人不能變，便根本上談不到教育。幸而宇宙不是如此。我們以爲宇宙自身便是在變化中，卽變卽本體，卽此便是宇宙行歷的意義；宇宙的行歷，便是生活的創新，個人亦無日不在變中。所以變完全是可能的。但是假如宇宙雖是變化無已，而個人却完全受外圍支配，則又何如？因爲如果這樣教育依然是不可能的。最要緊的是我們認定人們有自由意志，自由意志便是中心的創造力。換言之，我們承認內心心力可以使個人向上；如果內心對於人生之理想有了了解和領會，內心之努力，便可以使理想實現。物質可以支配一切，只是對於活潑潑的心力，却絲毫不能限制。物質可以於某種限度制限我們的身體，却萬不能侵犯着人格的活動；人格是絕對的有自由的。在這種前提之下，誰又能說教育不可能？

或者有人說，這些話全是空話；實際上教育事業並用不着這一套話。此話我亦承認；但是我的答覆很簡單，我祇有說他們所謂教育不是我所謂教育。假如教育完全是求所以適應外物，祇求樣子外表，或者祇求做公民，當然用不着這些空話了。

（三）

人生的理想便是教育的理想。教育一定要有理想，否則便無意義。我們既斷言教育不僅是使人湊合外物，不僅是機械的服從，而是內心的自發。那麼我們的出發點便根本不是機械主義的人生哲學了。出發點既與現代教育的源泉相異，結果自必不同。

教育是做帮助人生的理想具體化的工夫的；我們認爲人生的理想便是人格的實現；宇宙中卽使一切都可以否認，獨有人格不能否認。宇宙行歷的意義便是超於個體的大人格的完成。超人格無時不在創造之中，卽人格無日不在創造之中。人生的目的便是完成他自己的人格以貢獻於大的全體；換言之，便是實現小己的人格以求超人格的實現。

在這種立足點上，（我們認爲眞理是如此的，）覺得現代的教育竟是與我們的理想背道而馳。什麼是教育的目的？不是教人做好公民，亦不是教人做環境的奴隸，乃是教人做『人』。若要我們爲教育下一定義時，我們便說教育的目的是求人格的實現，求人格的完成。　申言之，要使人了解人生的意義，做人便好好做一個完全的自由的「人」。人要怎樣的做？　人格如何而能實現？　便是敎育的中心問題。

所以敎育的任務有兩方面一方面求身與心的調和的發展，無使爲外物所制。　外物是精神自由的阻礙，是足以防礙人向上的。　一切對於外界的研究，（自然科學物理學的研究，）祇是在知識上對於外物有一種了解。　然而我們非了解外界事物的眞相，對於外界事物有認識，便免不了受物界的束縛。　所以各種科學的知識，都是敎人不要做物界的奴隸。　但是知識的能力很是有限，人們用理知得來的知識祇是相對的知識。　得了這種知識固然可以解決實際上的各項問題，對付實際上隨處發生的事情；但是人仍不能完全免乎他的桎梏。　因爲僅是知識雖然可以超脫一些物的束縛，却不能完全超脫。　所以僅僅有實際敎育，還是不夠的。　敎育的任務除此以外，最要緊的是人格的自覺。　這是敎育的任務的第二方面。

人不是爲應付環境而生的，人不是生來解決實際問題的，人有人生的理想，所以實際教育雖不可沒有，却僅僅是一小部分。在我們求人格實現的教育目的下，是決計不夠的。我們所要求的是內心自由。然而取得內心自由的最要緊的事情，當然是自覺。自覺便是人格的實現的第一步。人格之實現非從自覺的努力出發不可。原來『人』與『物』不同之點，正因爲『物』是他動的，『人』是自動的。『物』是受支配的，『人』是自由意志的。人是靠自覺的努力活動的，他的活動他的行爲是自主的。燃着自由意志的火把，即在此自覺的努力之途中實現其人格，不愁不功果圓滿！

總之，我們認爲教育的目的是人格的實現。所以教育的任務一方面要排除外物的障礙，一方面要磨練人格的自覺。

（四）

教育上最重要的問題，據許多教育家說，是如何調和社會與個人的問題。孟祿氏說個人與社會的問題是人類生活中最初就有的問題，這句話從現代教育的立足點上看，實在是不錯的，無論偏重個人或偏重社會都必定發生不良的影響。

但是據我們看來，祇要換一換觀點，這問題便落空。何以一定要將個人與社會對待呢？個人與社會，本來不是可以對待的。硬要將整個的分裂起來，自然要起衝突了。個人與社會原來是不能分開說的，因爲原是不能分開的，原是整個的。社會和個人是一全體的兩方面。在我們經驗所及的範圍裏，誰又見過純粹獨立的個人，誰又見過脫離個人的社會。個人與社會都是一件事實的變形，這件事便是人生。人類生活之集合方面便是社會，特指方面便是個人。社會和個人並不是不同的現象，不過因人們觀點的不同，便當做兩件東西一般。實在是一件有生機，有目的，有自由，無時不創造的全體的表現。我們從人生全體看來，那裏還有分別。如果自己要造出一堵牆來，要隔開兩方面，注重所謂社會一方面便構成了社會壓迫個性的狀態；注重個人一方面便又構成自大的個人主義。無論是那一方面上占上風，人類生活的全體，却受了莫大的痛苦。教育的結果便是畸形的發展。

我們這些話並不是什麽特別的話；因爲我們根本認定生活是一全體。社會是個人的全體，個人是全體的部分。部分的活動的全體，便是全體的創造。便是對於宇宙與個人的問題，也是這樣的解答。

在機械的宇宙觀之下幾乎認宇宙爲敵，努力以求克制之道，科學之發達，這也是一個原因；但是爲人之道却太苦；人生無時無刻不在防禦自然壓迫之中；個人無時無刻不在與自然爲敵，因此而狹義的個人主義極發達。但是我們以爲個人與宇宙在超越界裏並主客之分而亦無之；祇是一大調和。自然界一切事物，對於我都有精神的意義。個人不是要克制自然乃是要與自然和洽。小己人格充分實現時，便與宇宙融合無間了。這正是我們的理想。

敎育的眞意義，便是求這種理想的實現。人無敎育，便不免爲物所蔽，便不能得人格的實現。現代敎育却只見得下層，不曾見到上層，所以將自然與個人對峙起來，社會與個人對峙起來；一部敎育史，祇有偏重個人或偏重社會的許多次反動。始終不能超過一層，從精神生活出發來做教育事業。所以我們的教育理想，似乎始終不曾實現過。

（五）

現代的教育——在個人主義機械主義下的教育——完全是削足適履的教育，將個人的人格磨滅淨了。好像南邊人做糕點的有花樣的印糕板一樣，和好了灰麵只是在印糕板上一拍，便成了一塊糕。印糕板只有一塊，做出來的糕餅，便也是千塊一律花樣相同，形式一致，做糕的人得意極了。現代教育也是這般。定一格式，務使受教育的都變成與這格式合式的千人萬人都一律，他們以為能事盡了。只可惜個人各有個性，各有人格，萬不能強同，這一層他們却不問。祇求形式，辦的是教育制度，何嘗是培養個性，擴大人格。

現在教育的大病，在太偏重知識，而忽略人生的別方面；即使知識方面的教育登峯造極，也祇是畸形的發展。

現代教育之一大特色自然是科學。科學對於人類的貢獻，我們不能否認，科學方法爲求眞之一種準備的方法，亦無疑義。所以科學的好的方面，一則是給我們以比較正確的知識，一則是給我們以從事實下手的歸納方法。但是說到科學似乎應該分四層：一是科學精神，一是科學方法，一是科學本身，一是科學的應用。所謂科學精神，便是實事求是的態度；科學方法便是試驗的方法。現在所謂科學教育，其實只是後兩層，不過是課程上增加課目而已。也不是嚮壁虛造的，只要看歐美各國學校裏的科學課程便很淸楚了。

但是我們可以很簡單的說，科學教育是不夠的。何以呢？這也有幾種理由。

（一）常聽見科學家說科學方法無所不能。科學方法便是從事實歸納求公例的方法。科學方法注重實驗，以爲非實驗得來的便靠不住。實驗便祇有以官覺所及的爲基礎，因此而否認官覺以外的存在。但人生決不僅是感覺與經驗，假如學生僅以此爲滿足，則對於精神生活便不能了解，而爲物界所限。

（二）科學研究的對象是自然，各方面科學家研究自然，必須假定自然是死的，否則無從下手。但因此便爲人類設了一敵，却不道根本上原是調和的。若不能了解這根本上的調和，更何從而說到人格的實現。

（三）科學教育的最大貢獻，是在理知方面的，是知識方面的；但是人決不僅是知識方面，知識最多祇教人如何應付實際問題，是爲應用的，本來理知便是爲應用的。其他各方面便全忽略了。教育第一步當求身與心的各方面的調和的發展，萬不可有畸重畸輕的現象。不調和的教育的結果，便是變態的人生，不特不能助人格之實現，且足以阻礙人格之完成。知識教育固然重要，而精神教育情感教育等也極重要。

這些都是概括的論斷，若再就學校課程中的科學論，也至少有一層弊病。學校中的科學教育祇是販賣知識，教員對於學生祇負轉運知識的責任，科學家做學問的精神絲毫不會得着。而所販賣的祇是科學的結論，所以得此結論的方法學生並不曾了解，學生在年紀輕的時候聽慣了這些結論，都以爲是推諸萬世而皆準的話，結果祇是養成了獨斷的精神。這眞是科學教育所得的最『不科學的』結果，決不合乎科學精神。

有以上幾種理由，所以我們很客氣的說，科學教育有流弊，科學教育不夠，

（六）

我們既說現代教育不完全，究竟我們理想的教育是怎樣的呢？ 我讀君勱先生文中教育方針應改良之三點，以及教育五方面之說，雖心然其說，但很想要尋出一共同的標準來，先思以人類本能為標準，又思以人生活動為標準……但總覺得不對。 祇得先將自己的意見寫出來再說。

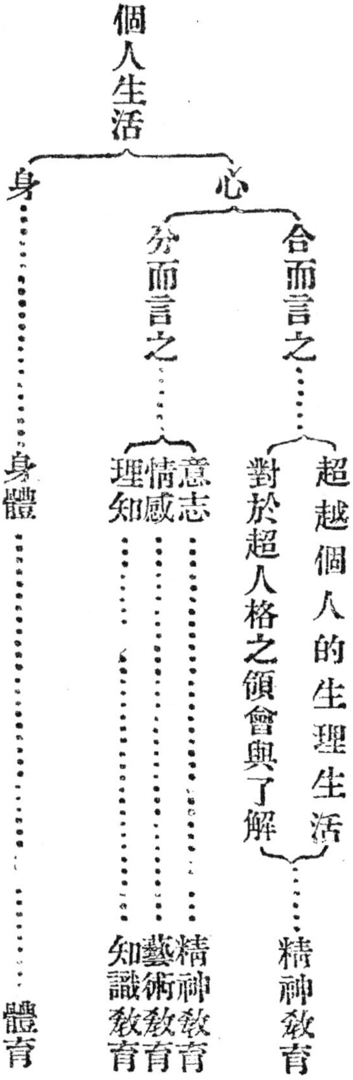

這張表我自己並不滿意，因為還有許多不完全的地方。 個人生活至少有身心兩方

面，身便是身體，心是廣義的心理生活。 個人心理生活分情知意三部分，但是還有超乎知情意三分之上之精神生活，這是心理生活之最深處，人格活動之源泉。 我以這種標準分教育爲五大部分，即精神教育，意志教育，藝術教育，知識教育與體育。 茲分別論之。

（一）體育　我所謂體育不僅是求身體的康健，是要求身體的健康與物質生活之滿足。 這是必須的。 人生在世界上便有他的生存權，應當滿足他的物質生活。 這一層現代教育是注意到的，不過也不能說是已經完全了。

（二）知識教育　從來教育皆是主知，現代教育更偏重這一層。 知識固然是必要的。 人有求知的要求；在這一方面，科學應努力前進，在他的範圍內應用他的方法求取眞理。

（三）藝術教育　人是情感的動物，教育應當訓練人的情感，使情感得以發揚。 培養情感的東西便是藝術。 這句話並不是希望人人做藝術家，但人生却務必要使之藝術化。 個人爲培養情感起見，應生息於能與自然接觸的境遇下，與自然融洽無間，不但使人生美化，亦可以窺見宇宙的神秘，領略到超人格活動的意義。

（四）意志敎育　我們相信意志自由；要使人人自覺到這一點，靠行爲實現他的理想。

（五）精神敎育　此最重要，要使人人了解人生的意義與價值，領會了解超人格的活動，實現個人與宇宙的調和，這一點本能爲力的地方很少，非用默想工夫不可。

個人能得這五方面的完全的調和的發展，便是人格的實現，這便是達到敎育的目的。但是最後一句話，在機械主義的人生觀下，這種理想是否可能呢，這却要大家去想一想的了。

——轉錄晨報副刊——

『死狗』的心理學

陸志韋

科學與玄學的衝突，心理學者看了大不高興。因爲我們爲哲學做『走狗』的人實在左右做『狗』難。在他們原或不過無的放矢，然而我們在亂箭之下變了死狗，『玄學鬼』與『科學精』恐怕還不肯放鬆我們。我們苦得寃枉啊！

心理學的地位比上不足，比下有餘，這是我們自己的不爭氣。他們既已動了干戈，我們遭些無妄之災，只好忍氣吞聲。不過狗之將死，其叫也哀。照狗道主義而論，我們希望這兩員大將把問題辨得清楚，槍法使得整齊。近來的現象乃眞使我們失望極了。

（一）丁在君先生所說的心理學完全不是張君勱先生所說的心理學。一是唯感覺主義的哲學家的口頭禪。丁先生明說是 Pearson 傳授的。Pearson 我們不承認是心理學家。丁先生引了幾句 Mach 的話，丁先生的主張，Mach 未必都能贊同。這是一方面。

又一方面張先生的心理學，看來他的位置介乎 Brentano 與 Wurzburg 學派之間。這種學派原不無一部分的勢力（杜里舒也是一個崇拜者）然而決不能代表一切心理學；就是 Wurzburg 派間接的老祖師尚有『非我徒也，小子鳴鼓而攻之可也』的氣話。

所以兩先生的心理學都是一偏之見。而且你在這一邊，他在那一邊；你穿上心理學的胄甲，我舉起心理學的盾牌。原來所爭的都不是那一回事。心理學只算得三十六着中最後一着的護身符。丁先生呼心理學說『走狗來，』走狗有時偏不來，於是破口說，『你也造反了，你這哲學的走狗。』張先生把心理狗頭上拍了兩拍，『好狗好狗。』

我們膽大的說：兩先生都沒有了解心理學。我們再硬着頭皮說：他們原不必牽涉心理學。

（二）然而『法律賤商人，商人已富貴矣。』心理學爲哲學與科學開一條來往的路線，本稱不來什麼功，現在偏受玄學家與科學家的抬舉了。只是我們無論反對或是中說，立脚點儘可不同，儘可你推 Pearson 我奉 Mach，事實總須分個明白。這一層上，我們很可惜丁先生出言不愼。譬如說色盲人看玫瑰花是綠的，丁先生信仰而偏袒科學家，甚至把 Helmholtz 的錯誤都信以爲眞理了。又如說天才與瘋子都是感覺特別發展，那竟是奉了上諭，揑造證據。張先生不得已而談心理，我們覺得他的措辭比丁先生穩健得多。他只是述學而不敘事，偏固是偏，還沒有欽定現象。

於此我們要在兩先生之外，奉勸當代『躋於命婦的地位』的先生們不要再輕談心理了。張東蓀先生是我的知交，他的出言不愼我們也不能爲他曲諒。他自己沒有讀過許多智力測驗的理論書，偏說實在沒有幾本書。他自己贊成 Goddard，竟敢說科學的智力測驗，除了玄學的假定，就立不住。近來還有一位林宰平先生自己嘗了自己的吐涎還沒有知道，倒說電流直接引起味覺。這些都是事實的問題，是則是非則非，無從辨論。

這一段話並不敢有意挑撥，大家都是初學，孰能無誤？譬如志韋的工夫大都消磨在試驗心理學裏講心理學史就不免時有掛漏，決不敢認他人的批評為挑撥。諸公是當代名流，發言輕重我們但願諸公不要強不知以為知。再諸公各有專長，在自家田地上著書立說，我們那不佩服。既已屈駕到心理學的領域裏，我們當然十分歡迎，不過諸公的發言須對於我們負責任了。因此諸公不當不滿意於我們的不滿意。

心理學的受罪恐怕也因為他的名詞太普通，不知底蘊人容易濫用，但願以後普通心理學的名詞能像試驗心理學的名詞的秘奧，或者竟像有機化學的名詞的野蠻。

末了，我們再為丁張兩先生提起一段故事，以博一笑。子不語裏有一則題為『鬼球，』心理學就是那球，而先生們自己已有定讞。你們踢了一夜天亮了，球亦開口說話了。

東蓀按：

志韋老友的話是很對，不過我說沒有幾本書是以我所看見的為限，不然下句便不通了。至於我舉過達德是因為丁先生曾對我說過這個人很好的話，其中原有緣故，不是汎論，志韋先生未曾明白，那就難怪了。 至於志韋先生這篇文章我亦有引為遺憾的地方：即他始終只說『不是甚麼，』而沒有說『是甚麼。』 現在用一個比喻：例如導淮，非請專門家不可。 若是這個專門家來了，只說這個方案不對，那個方案又不對，始終自己不另說一個對的，而只以『是則是，非則非，無從辨論』為結果。 這個淮河是導不成了。 所以凡不學這一科的人固然不可強不知以為知，而學這一類的人則宜大譚而特譚。 雙方必相輔相成，若只是一方是不行的。 未識志韋以為然否？

——轉錄時事新報學燈——

玄學與科學的討論的餘興

丁文江

天下沒有打不完的官司；筆墨官司自然也不是例外。兩造既然已經用了三四萬字把有關係的事實論點發表了出來，惟有聽讀者做審判官慢慢審查判決；不然，不但讀者要討厭，連『努力』同『晨報』的主筆也未必肯把他們的有限的篇幅永久來供給我們發揮，所以我認爲我這方面的辯論已經可以宣告終了。這一段餘興，一來是我對于參加訴訟人的答覆；二來是對于讀者供獻的參考資料；就譬如律師將文書上的證據呈給審判官一樣的。

參加訴訟的人對于我有重要批評的是梁任公同林宰平，我對于他們兩位好像不能完全緘默。但是我細看任公的那篇文章是與會所至信手拈來的批評，對于我的第一篇宣戰書似乎沒有詳細研究。他看了我的第二篇答詞，大概可以了解我的態度，所以我爲經濟起見，只預備對于宰平先生做一個單簡的答覆。

（二）答林宰平

宰平先生是我生平最敬愛的朋友。他肯給我這樣的明白嚴正的忠告，我不但不敢生氣，而且很感謝他。他自己說是反對我的，然而我細細讀他的文章，却不能不引為同志。因為他引屠正叔的話說：

『科學的精神在于拋除成見，服從客觀眞理。研究科學的人一定是平心靜氣拿極公平的態度極細密的眼光去處理他們所研究的對象。因為不如此不能得很好的結果。人類經過科學的訓練以後，可以養成謹慎，忠實，公正諸美德。』

宰平先生又說：

『這種見解現在說的人很不少。在君先生所主張，我們平日談話之間，本來沒有甚麼相反的意見　對於上列科學的方法是否有益於人生觀，當然是肯定的』

他又說：

『有許多人說科學是完全物質的，機械的，冷酷殘忍的；科學文明的結果就是這回世界的大戰，及現在歐洲財政破產的情形。　這種主張我們也不敢贊成』

讀者要記得科學方法是否有益於人生觀，歐洲的破產是否是科學的責任，是這一次討論裏面的最重要的問題。　對於這兩點，宰平先生的態度既然這樣明顯，無論他對於我其他的議論如何反對，我當然不敢不引他為同志。

他反對我的理由一半由於誤會。　這種誤會，他看了我第二篇文章，自然會得解除。一半由於他反對我攻擊玄學，反對我的態度同講法。

學佛的人同學科學的人對於玄學的態度，當然是不能相同的——這種絕對不能相容的討論大半是辭費。但是他說玄學就是本體論，張君勱所講的人生觀與玄學無關，我却不能承認。君勱的人生觀大部分是從柏格森的玄學脫胎出來的，他自己答我的文章已經完全承認。我請宰平先生細細的看看君勱所說的玄學教育同玄學的派別，是否單單限於本體的。

魯濱孫(J. H. Robinson)說的好：

『許多人崇拜玄學，說他是我們求最高眞理的最高尚的努力。許多人鄙夷玄學，說他是我們最愚蠢的盲動。在我看起來，玄學同烟草一樣，是對於他性情相近的人的一種最快心的嗜好。當他一種嗜好看，是比較的無害的。』

（在製造中的心，頁一〇二）

無奈好玄學的人大都不肯把他當嗜好看——他們明明是吸煙，却要騙我們說，煙草可以當飯吃。我們如何能不反對他呢？宰平先生要我給玄學下一個定義，我就斗膽說：

『廣義的玄學是從不可證明的假設所推論出來的規律。』

至於宰平先生反對我們的態度講法，更是不成問題的了。一個人的態度講法，是對於激刺的一種回效——我第一篇文章是看了君勱的清華講演做的；我的態度是受了他獨斷論調激刺的結果，就譬如連宰平先生這樣懇摯的人，受了我的激刺，也會說出許多俏皮話來，是一樣的道理。

宰平先生說我是帶幾分宗教的口氣，我承認他是我的知己。韋爾士批評亞剌伯人的科學文學說：

「他們或者是自己騙自己，以爲政治上雖然有盲目同暴動的表現，科學文學仍然可以繼續發展的。從前這種態度無論在那國可以代表科學文學。聰明的人向來不敢同强悍的人決鬥；他大抵帶幾分趨炎附勢同倖臣的臭味。或者他對于自己，並沒有十分的信仰。講道理有知識的人從來沒有迷信宗敎的人的那種膽量同決心。但是在最近這幾個世紀裏面，他們的確積蓄了許多的信條，增加了許多的膽力；他們慢慢的從普及敎育同平民文學方面找出了一條握權的路，所以從有史以來到如今，他們從來沒有像今天這樣放膽的說話，而且要求在人類事業的組織裏面佔一個指揮的地位。』（世界史大綱，頁四三四）

（二）參考的書籍

我們所討論的問題範圍這樣廣，參考的書籍自然是舉不勝舉；況且我又蟄居在天津，除去了南開的圖書館以外，苦於無書可借。所以我現在只能把我平日自己愛讀的書同這一次參考過的書列舉出來，供讀者選擇。

（甲）關於生物學同演化論的：

達爾文著　物種由來

要知道達爾文的學說，最好是看他自己的書。我不知道在中國批評他學說的人，有幾個從頭至尾看過這部名著的。

威爾遜著　發生同遺傳中的細胞(E. B. Wilson: The Cell in Development and Inheritance)

冒根著　試驗動物學(T. H. Morgan: Experimental Zoology)

這兩部都是近代的佳作，但是都是爲專門學者說法的。比較的容易懂的是下列的兩部：

孔克林著　遺傳與環境(E. C. Conklin: Heredity and Environment)

托姆森著　遺傳性(J. A. Thomson: Heredity)

(乙)關於理化學的

安吾斯坦著　相對論(Einstein: Relativity)

蘇黠著　物質與能力(F. Soddy: Matter and Energy)

施羅森著　創造的化學(Slosson: Creative Chemistry)

(丙)關於人種學的

琦士著　人類的古代(A. Keith: The Antiquity of Man)

德克峨士著　體形學與人種學（W. L. H. Duckworth: Morphology and Anthropology）

這兩部都是很重要的書，但是沒有學過比較動物學的人不容易看待懂。

下列的兩部書比較的淺近：

德克峨士著　有史以前的人(Duckworth: The Prehistoric Man)

戈登外叟著　人種學引論(Goldenweiser: Early Civilisation, Introduction to Anthropology)

（丁）關於科學的歷史，方法，同人生的關係

賽推克著　科學小史（W. T. Sedgwick and H. W. Tyler: A Short History of Science）

梅爾士著　十九世紀歐洲思想史（J. T. Merz: History of European

Thought in the 19th Century)

皮耳生著　科學規範(Karl Pearson: The Grammar of Science)

詹文斯著　科學通則(S. Jevons: The Principles of Science)

赫胥黎著　方法與結果(Huxley: Method and Results)

赫胥黎著　科學與敎育(Science and Education)

韋布倫著　近代文化中科學的地位（Veblen: The Place of Science in Modern Civilization)

蘇點著　科學與人生(F. Soddy. Science and Life)

魯濱孫著　在製造中的心(Robinson: The Mind in the Making)

（戊）關於心理學的

詹姆士著　心理學的通則(W. James The Principles of Psychology)

比上列的這一部書容易看一點的是詹姆士的心理學敎科書(Text Book

of Psychology)

諾司娥塞著 孩童心理學(N. Norsworthy and M. T. Whitley: The Psychology of Childhood)

何爾姆士著 動物智慧的進化(S. J. Holmes: The Evolution of Animal Intelligence)

(己)關於知識論同玄學的

馬哈著 感覺的分析(E. Mach: The Analysis of Sensations)

羅素著 心之分析(B. Russell: The Analysis of Mind)

羅素這一部書是介紹心理學同哲學最好的著作。 他是爲中國學生做的,所以說理是由淺入深,引證是折衷衆說,而他的文章簡練活潑,步步引入入勝。

杜威著 哲學的改造(J. Dewey: Reconstruction in Philosophy)

杜威著　實驗論理文存(Essays in Experimental Logic)

杜威著　德國的哲學與政治(German Philosophy and Politics)

要知道君勱所信的正統哲學在德國政治上發生的惡果，同對於歐戰應負的責任，不可不讀此書。

柏格森著　創造的演化(H. Bergson: Creative Evolution)

柏格森著　心理的能力(Mind Energy)

開崙著　詹姆士與柏格森（H. M. Kallen: William James and Henri Bergson)

哀利屋特著　近代科學與柏格森的幻想(H. S. R. Elliot: Modern Science and the Illusions of Prof. Bergson.)

十二，六，五。

——轉錄努力週報——

「玄學與科學」論爭的所給的暗示

唐鉞

自張君勱先生在清華學校關於人生觀與科學的講演稿發表以後，引出了許多直接或間接關於這事的討論。現在雖然還沒有大結束，但是，我從頭到尾（到我寫這篇的時候）統看一下，却得了幾個暗示。這幾個暗示，是關於討論這些問題時的態度與方法的．不是關於辨論的內容的。

我所得的暗示，是關於下列各點：

（一）辨論者對於對方應取的態度

（二）辨論者對於讀者應有的關顧

（三）辨論者對於題目應負的責任

（四）辨論所用的名詞應下定義

（五）誰配說話

（六）發表辨論的機關

（一）辨論者對於對方應取的態度

當丁在君先生發表玄學與科學以後，梁任公先生就定出兩條論國際法：（甲）辨論時不要嫚罵對方，（乙）不要旁涉枝葉問題。關於後者，下文再說；此刻且說前者。在君第一篇文說了幾句頑皮話，挖苦君勱。這雖然是『善笑謔兮，不爲虐兮，』但是究竟不是頂正當的。因爲無論一個人怎樣有修養，很少能絕對的平心靜氣；君勱的雅量着實難得，但却也不能『犯而不校，』所以他的答覆中就寫出一大段『君子之襲取』來。雖然兩方沒有傷感情，但是未免浪費筆墨。我以爲這種話頭，最好能刋落淨盡。雖然大家都有

『忍俊不禁』的時候，但是文字究竟比不得談話，大家總要莊重些爲是。

（二）辨論者對於讀者應有的關顧

發表文字，原要公衆注意。不然，儘管可以用私函往來討論，不必登載在報章上頭了。既是要大衆注意，不能不尊重讀者。這事，第一應該不浪費筆墨去譏刺對方，因而浪費讀者的腦力和時間。第二，不必將作者與對方的私人關係，以及一切其他關於人的——而無關論題的——事情寫給讀者看。此次論爭的諸君，很多都免不了這個手續。我覺得這種行爲不是頂『知禮的』(Gentlemanly) 我想把與本題無關的私人關係寫給讀者看，有點像把自己家裏的『婦姑勃谿』告訴人一樣。至於張東蓀先生却提起雙方人數多寡的問題，看見努力上許多文章駁君勱，而沒有駁在君的，他就做了一篇文駁在君。我想學術上辨論，不是行政會議，要服從大多數的。論爭的兩方，人數多的未必是，人數少的未必非。若是我們所爭的，是兩方的孰勝孰負，或者有多助寡助的問題。但是，我們所爭的是在他們的主張孰是孰非。既然所爭在是非，那末雙方參戰者的多寡，當然不成問題。所以經農（饒恕我自己也提起私人的事體，但是後不為例）把他的詰問君勱那篇文給我看的時候，原也說及雙方人數多寡的問題；我就請他删去，他也贊成。我想為尊重讀者起見，辨論者應該不說這些與論題無關的閒話纔是。

（三）辨論者對於題目應負的責任

對於題目應負的責任，第一件，任公所定的國際法裏頭已經有了，就是，辨論須緊切本題，不要旁涉枝葉。君勱的講演，範圍已經廣泛。在君又把他稍微放大些。到了君勱的答覆，竟放大了好幾倍。此後越放越大了。我統計起來，有下列許多問題都牽涉在內：

（一）人生觀與科學的異點（這是君勱的原題。）

後來在君把他的講演所關涉的各事分論，又經林宰平先生分段辨論。我覺得林先生的分題，條理很好。我就把他分段的大概列下：（各目的文字

不是林先生原有的）

（二）人生觀與玄學的關係。

（三）科學的分類法。

（四）論理學（包概念推論等）與科學的關係。

（五）物和心。

（六）知識論。

（七）純粹心理現象與因果律。

（八）科學教育和修養。

任公文中所提的問題，又稍微與上列的不同。就是：

（九）人生觀和情感的關係。

（十）情感和科學方法的關係。

張東蓀先生又提出三題來：（這三題的講法是大要，不是他的原文）

（十一）科學與哲學的分界。

（十二）科學的性質。

（十三）科學與考據學的關係。

以上共有十三題，其中也有幾題密切相關的，可以一起討論。但是，要想在一篇文中論完他們，或論完大部份，必定使讀者『如墮五里霧中』，不知道論點所在。我希望以後的論爭者極力縮小範圍，因爲問題的範圍小，則討論時不至發生誤會；因之眞理容易發見。

對於題目應負的第二責任，是話不要說得過火。我覺得這回原宣戰者（在君與君勱）的說話好像都有點過火。或者一個人要使人家注意他的主張，不得不如此。但是，我覺得說話過火容易引起讀者的猜疑，以爲我們的論證是『色厲而內荏』的，因此反使他們誤解我們的主張同事理的眞相。

（四）所用的名詞應下定義

這層很要緊，但是也很不容易實行。因爲本題以外，所用以論證的事物，若一一加以定義，勢必使文字過于冗長。我的意思，最好取折中辦法。將與本題相關較切的名詞加以定義。其餘的，一俟對方對於他們的定義與作者意中的定義發生異點時，作者再發表他自己的定義，以便參較。

（五）誰配說話

東蓀先生說對於這事，『亦可不必再爭論下去了，因爲爭論下去必定勉强學哲學的人去譚科學，同時勉强學科學的人去譚哲學，這當中難免有疏忽』他因此以爲這事『不經濟』，幷且要『給社會以惡影響。』我對這話，很表同情。但是，我覺得這話只表半面的眞理。第一，有些問題，是介於哲學科學之間的，當然學科學的同學哲學的都可以有點話說。第二，學科學者固然可以不必說哲學；但是，遇着學哲學者『無風起浪』來同科學尋事時，却不能不自衛。（我是指衞眞理，不指衞個人。）否則科學的地位，必受社會的誤會，於社會一定無益而有損。第三，哲學者不能絕對不談科學，因爲哲學不能不顧及科學的事實。就是柏格森主張直覺是科學惟一方法，然而他若不懂科學方法，何以知科學方法之不適用于哲學呢？學哲學者既然不能不牽涉及科學，則與其從哲學書本中學得關於科學的知識，何如從研究科學者得到這種知識呢？或者有人相信哲學書本中的科學比科學者的科學靠的住些，那末，我就不敢多話了。第四，就是兩方有時說錯話，我想也不至於給社會以惡影響。君勱和在君雖然是中國學術界中的『命婦，』但是，我想他們也不至期望國中讀者對于他們的話一味隨聲附和，像從前國人信受至聖先師孔夫子的話一樣。卽如這囘，他們一兩句錯話，都有人出來駁正他，何至於給人家當做『金科玉律』呢？至於東蓀先生的『如蒙賜敎，恕不答復』的態度，我的淺見以爲不是頂正當的。比方人家對於我的議論有正當的辨駁，我的意見與他不同，爲甚麼我一定不發表我的意見，使眞理早些發見呢？我以爲人家駁我，我若以爲實無答復的價值，儘可以不答復。但是預先聲明不答復，可以不必。

（六）發表辨論的機關

我國還沒有適當機關，可以發表玄學同科學中一般的問題的言論的。但是，一般讀者却眞是求知若渴，所以日報週刊，起而兼担這種責任。這固然是很好，但是，也不免有壞處。即如此次，在君以爲努力是給一般讀者看的，所以他應該說些頑皮話。然而因此却引出雙方許多無謂的爭論。若是在哲學期刊上發表，大家就不好這樣開頑笑了，也不便提起私人關係了。所以我因此次的爭論，極盼望國中有個適當的發表這類言論的機關出來。

以上是我對此次論爭所得的暗示。至於他們的價値怎樣，我不敢講；我不過寫出來給大家看看，以備萬一之採擇罷了。

——轉錄努力週報——

一個癡人的說夢

——情感眞是超科學的嗎?——

唐鉞

梁任公在本年五月二十九日晨報附刊上發表一篇文章，叫做『人生觀與科學——對於張丁論戰的批評其一。』 他這篇的結論是：

『人生關涉理智方面的事項，絕對要用科學方法來解決。 關於感情方面的事項，絕對的超科學。』

這結論的前半，我是沒有閒言的。 他的後半，我實在不敢贊同。 任公駡要以科學方法來解釋愛情的是『癡人說夢。』 但是，我正是主張這樣解釋愛情的。 我倒情願做一個癡人，在不癡的人面前說一點我的夢話，列位且聽我道來！

任公說：『情感……內中最少有兩件的的確確帶有神秘性的，就是「愛」和「美。」』

他對於『神秘』的意義，沒有說得明白。據他下文所說，大抵是（甲）不可分析，和（乙）不可理解。但是不可理解是因爲不可分析；若是可以分析就可以理解；所以下文只就分析方面說。

我在未討論之先，要警告讀者一件事，就是美和愛可否分析與他的價值的高低無關任公說：『……想用科學方法支配他，（指愛和美）無論不可能，卽能，也把人生弄成死的沒有價值了。』這種話是用不着反駁的。因爲我們論事實的時候，不能羼入價值問題。譬如我們誰不願『花長好，月常圓』呢？然而實際上花月不如此，難道我們可以不認這不如人意的事實嗎？比方愛和美一受科學的支配，人生就沒的價值，那也是我們要老老實實地承認的。然而科學支配的結果幷不是這樣。請任公不必抱杞憂。科學方法是否有支配愛和美的能力，暫且不論；姑假定他能支配愛和美，世界只會更有秩序，人生只會更有價值，斷沒有任公所害怕的結果。我記得從前牛頓說明虹霓的物理，詩人頡茲（Keats）大不高興，以爲把虹霓的美麗減少了。這是頡茲一個人的見解。從別人看來，虹霓的美麗不特不減少，而且得這解釋以後，反要增加。我以爲愛和美經了分析理解以後，也要使人越覺得他們的可貴。

我以爲美是可以分析的。任公說『請你科學家把「美」來分析研究罷，什麼線，什麼光，什麼韵，什麼調……任憑你說得如何文理密察，可有一點兒搔着癢處嗎？』美的分析當然沒有這樣簡單，也不是單就美術品的質料研究的。我承認現在美學是很幼稚，對於美的分析，爭論很多。但是許多學者都承認美的經驗是可以分析出來的。就是所謂線，光，韵，調等當然是支配美感的要素，分析出線光等至少是分析美的一部份；豈可一筆抹殺，謂爲搔不着癢。或者任公的意思以爲線，光，韵，調等，不是美感。這話當然是對的。但是，二份輕氣一份養氣，也不是水，但是在某條件之下，合起來却會變出水來；線，光，韵，調等不是美，然而作某種的組織，就生出美來。這都是一樣的道理。科學分析的結果，並不是說水同二份輕氣一份養氣是一樣的東西，當然也不說美感同線，光，韵，調等是一樣的東西。

有人說如此則美不是依舊帶有神秘性的嗎？我說不錯的。但是這一種神秘性，沒有甚麼希罕，是一切經驗所共有的。比方把紅色黃色混合起來就生橙色，橙色也不是紅，也不是黃也不是紅黃同時呈現。這樣來說，橙色豈不是『的的確確帶有神秘性的』嗎？

美感既是沒有大了不得的特色，爲甚麼我們覺得他有點神秘呢？這却有個道理。美是特種的愉快的感情，而且他所依傍的理智要素是極複雜的，極複雜則不容易分析因爲他是愉快的感情我們不肯分析；因爲一加分析，快感就要減消，那是反乎我們的求樂的天性的。有這兩個原因，所以好像美是不可分析的。

美術品中有很多的地方外人看來以爲是不能分析的；而美術家自己却以爲是可以分析的，畫家的配色下筆多少是可以分析的。有時有『妙手偶得』而自己不能分析的地方。這是因爲（一）美術品的組織複雜，自己不能追憶創作時詳細的階段；（二）『得之於心而應之於手』的地方，往往非言語所能現表。後者是因爲人類語言不完全，（卽所謂『言不盡意』）並不是不可分析，也幷不是超乎理智的作用。

就是一時不能完全分析美感，但却不可不用分析方法來駕馭他。因爲用所謂『直覺』『綜合』等方法，是無結果的。 譬如杜甫的詩用分析的方法，如杜工部詩話所採集來的材料中一部份雖然不精密，還有可以使人了悟的地方。 若不用分析法，簡直一天到晚說他怎樣沈鬱，怎樣渾雄，豈不是越說越糊塗了嗎？

美的分析，現在雖然不精密，但是我們知道美一定不是不可分析的。 我們知道野蠻人同小孩常常喜歡濃豔眩目的顏色，如深紅，濃綠等，而且不管他們怎樣配合。 至於受過陶冶的人就喜歡『清微淡遠』的顏色——如青紫，及淺紅，淡黃之類——並且注意他們的配合。 這可見美不是超乎理智的東西，美感是隨理智的進步而變化的。 這種理智的成分，可以用科學方法支配的。 其不可分析的部份，就是美的直接經驗的性質；那是科學的起點，而且理智事項也都有這種不可分析的起點的。 這種起點，就是所謂『所與性』（Givenness）『所與性』的本身，不特不可分析，也是不必分析；我們所要分析的，是一個『所與』（Datum）同別的『所與』的關係，就是要有甚麼其他『所與』而這一個『所與』纔能發生。 至於要分析『所與』的本體，是無意義的問題，好像問白色為甚麼是白色，或是問第一個以前還有第一個沒有一樣。

任公由美說到愛，他的浪漫的筆鋒更起勁了。他說：『至於「愛，」那更「玄之又玄」了。假令有兩位青年男女相約為「科學的戀愛，」豈不令人噴飯？』但是這個問題，恐怕不是一句『挖苦』的話可以勾銷的。據我癡人的意見，以為『科學的戀愛，』不特沒有甚麼可笑，而且是最高級的戀愛。現代的心理學及心病學已經證明個人的戀愛是受他的氣質，已往經驗，及現在環境所制約的。中國俗語說：『情人眼裏出西施，』也以為愛是『玄之又玄』的。不知道實際並不是這樣。有些男人愛上一個在普通人以為很醜的女人，大家就講這是不可理解的。自心病學者看來，就知道這個女人一定有某點——如多髮，或凸目，或特種的口音之類——可以使那個男人歡喜，而這個男人所以喜歡這一點又是因為他小時對於這點曾感受極大愉快的緣故。這些事情本人往往自己不知道；但是，用某種方法可以證明這種因果關係。我所謂『科學的戀愛，』就是一個人要學分析自己的性情同偏執（即所謂有『自知之明，』）庶乎不至因為對方的不重要的特點，陷入情網，致貽後悔。據心病學者的經驗，這種不幸的事，是往往而有的。

任公又引孝子割股療親，程嬰杵臼代人撫孤而犧牲生命，田橫島上五百人的自殺做例子，而斷說『這等舉動……都是不合理的，却不能不說是極優的人生觀之一種。』世間竟有不合理而又極優的人生觀，豈非奇談！ 據我看來，程嬰杵臼處那種環境，他們所做完全是合理的。 割股療親，動機是合理的，方法是不合理的。 這事，我在科學與德行篇中（見六年科學第三卷第四期）曾論過，我那裏說：『夫人身皮肉，難保無病菌存乎其間，以食老病之人，殆矣。 且不諳脈絡，操刀妄割，設有不測，勢必震驚病者而其疾日以加篤。……』人生觀應該包含動機，方法兩方面；方法不對，往往弄出同動機相反的結果，不能算是優等的人生觀。 田橫島上的五百人的自殺，因為田橫的自殺。 田橫的自殺，不過因為不肯臣事劉邦，這是封建時代的習氣，沒有甚麼特別可取的地方。 五百人大抵因為感田橫的知遇而死，也是効忠於個人，沒有多大價值。 現代日本乃木大將身殉明治天皇，他們國中的知識階級都不以為然，歐美倫理學者也多批評他的不是：因為一個人自己是一個目的，不能給別人作手段；殉他人而死，是不認自己爲目的（殉主義又當別論）清德宗死的時候，最受知遇的康有爲却沒有攀龍髯而去；康氏的爲人不必論，但是這一點却不是他的壞處。

田橫島上五百人的自殺，動機無可取，方法更無論，豈可看做極優的人生觀？

至於『孔席不煖，墨突不黔，釋迦割臂飼鷹 這是無稽的神話，我只是不相信，）基督釘十字架替人贖罪（替人贖罪也是神話！）』 這四個人是理智極高，感情極富的，於『民胞物與』的道理見得深切，所以有偌大的願力，並沒有甚麼不可思議的地方。這種極偉大的人物同冥頑不靈及窮兇極惡的人一樣是變態的，一樣是可以分析他的成因的；不過現有的史料不夠做根據罷了。 這些人是經過後人多量的理想化的，所以我們覺得他們有神妙不可測的地方。 請看論衡實知篇，就知道漢時已經把孔子當做神人能後知萬世的了。 耶穌釋迦的理想化，當然是更厲害。

至於『人類活歷史，却什有八九從這種神秘（指「一個人對於所信仰的宗教，對於所崇拜的人或主義，那種狂熱情緒」）中創造出來』 這不能成爲一種理由。熱情生出活歷史，固然是事實；但是，熱情不可分析，又是一個問題，不能以前者證後者。 這裏，我可以帶說一句話就是這些熱情所創造的活歷史，至少一半是糟糕的。 中國歷朝的女禍，歐洲宗教的殘殺史，就是因為熱情脫離理智的羈絆的結果。 這種『脫羈』的情緒，我們不必去鼓勵他們。

我們所以看得愛這樣神秘，是：（一）因為他的成因比別的心理事項複雜，一時不能分析得精密；（二）因為愛是最強度的快感，我們不肯用理智分析他的心理條件，因而消滅他；（三）因為他是人類最高的快感，所以許多文學家把他理想化，弄得我們以為愛是『玄之又玄』而且『神聖不可侵犯』的東西。 其實愛同火差不多：他的本體沒有甚麼好壞，而他的結果是可以好可以壞的。 他受理智的支配的程度愈大，他的結果愈好；反之，結果就愈壞。 世間許多罪惡，是由不受理智支配的愛情發生，凡誠實不自欺的人，一定不肯同十七八歲男女一般見識，把愛看做神秘而至尊無上的東西。 近年青年男女，因為信仰愛是神秘，是絕對超理智的，而弄得身敗名裂，貽禍他人的，已經不少了。

至於愛的本身，是經驗的『所與，』是不可分析而且不必分析的，同美一樣。上文說美的話可以類推，恕不重提了。

我以上說了許多夢話，現在要做一個結束了。就是關於情感的事項，要就我們的知識所及，儘量用科學方法來解決的。至於情感的事項的『超科學』的方面，不過是『所與性，』是理智事項及一切其他經驗所共有的，是科學的起點；我們叫他做『神秘，』也未嘗不可；不過這種的『神秘，』同『平常』的意義無別罷了。我的夢話，『暫此為止』

——轉錄努力週報——

科學與人生觀

王星拱

張君勱先生和丁在君先生爲了這個問題，打了一個月的惡戰，並且引起許多人加入戰團，於是戰線因之而延長，戰地亦因之而擴大，所爭論的問題，愈弄愈複雜了。一直到了舊歷的端陽佳節，還沒有打得一個決定的結果出來，或者縱令打到無限年的端陽佳節，也不能有一個決定的結果出來！我早已也想搖旗吶喊，加入擁護科學的戰團；但是因授課過於忙碌，沒有做到這一層。今天因爲傅佩青先生找我來講演，我於是抽出若干的時間，把我自己的意思，組織成一個局部的系統，寫一篇出來。我這一次的加入戰團，固然不敢比較美國的對德宣戰，把德國打到落花流水，然而却希望可以比較中國的對德宣戰，僅僅發出一篇宣言，而能處理中德邦交之局部問題。

這個問題中有兩個名詞，一是『科學，』二是『人生觀。』　我們先把這兩個名詞的意義確定下來，然後來討論牠倆有無關係及其關係若何。　科學有兩個意義：一是廣義的，一是狹義的。　廣義的科學是凡由科學方法製造出來的，都是科學。　這句話有一些人不承認。　他們說：『科學之所以成為科學者，以其內容非以其方法也。』　他們的意思似乎是：科學方法是形式的邏輯，這個形式的邏輯，宗教中也用牠，小說中也用牠，難道宗教小說都可以叫做科學嗎？　（見張東蓀先生的『勞而無功』論文。）　這實在是誤解科學方法。　科學方法不是形式的邏輯，其中有許多精密嚴毅的手續。　所謂精密者，是層層不漏空；所謂嚴毅者，是不以感情而定去取。　宗教家小說家實在沒有用過這個方法，而且他們無須用這個方法，或者他們簡直不能用這個方法，若用這個方法，那就不成其為宗教小說了。　狹義的科學是指數學物理學化學生物學地質學等等，現在已經為普通『街上人』所承認為科學的。　這些科學，萌芽於希臘，重生於文藝復興時代，昌明於十八世紀之後。　我現在姑就這個狹義的科學來立論。

人生觀這個名詞，因為歷史上之沿襲，也有兩種不同的意義：一是生命之觀念（Conception of life）二是生活之態度。（Mood of living）這個生活，是就普通術語中所謂精神生活而言。依科學去解釋生命問題，應該叫做『人生之科學觀，』和依科學去解釋宇宙問題，應該叫做『宇宙之科學觀』一樣。對於生命這個問題，科學獨有科學的解決方法。其解決之圓滿不圓滿，和大家之贊同不贊同，那是另外一個問題。縱令科學能夠解決得圓滿，也不能得大家全體贊同。科學家說：地繞日而行，宗教家一定要說日繞地而行，那有什麼辦法呢！依科學態度而整理思想，構造意見，以至於身體力行，可以叫做『科學的人生觀。』科學家的態度，與宗教家及美術家的態度實在是不同的。現在我也要從這兩個意義上面，略為討論一番。

我們把這兩個名詞的界說陳述明白了。我們再來討論科學是否能應用於人生觀？換一句話說：科學是否能夠應用以解決人生問題？我們要想討論這個問題，必須先看科學所憑藉以構造起來的是些什麼？

科學所憑藉以構造起來的，有兩個原理：（一）是因果之原理，（Causality）（二）是齊一之原理（Uniformity）

因果之原理是說宇宙中之各種現象，必定有因果的關係，沒有無因而至的，也沒有不生效果的。這個原理裏邊，包含着可分之原理（Divisibility）或多元之原理（Pluralism） 因爲辯別出來何者爲因，何者爲果，那已經把宇宙分成零零碎碎的塊片了。有些哲學家以爲宇宙是不可分的，故對於這個原理，極端反對。姑舉一例而言：布拉德烈（Bradley）說：我不懂得何以糖是甜的？把他的意思引伸出來，是：糖是一件東西，甜是一件東西，這兩件東西如何發生關係起來？依因果之原理來講：因爲糖中有糖質，所以糖是甜的。但是這裏又要發生兩個問題：一是何以糖中有糖質？二是何以糖質是甜的？再往下追尋，可以至於無限，而糖與甜兩個的因果關係，永遠接續不起來。所以他的結論是：『原來就沒有糖是甜的這樣一回事。』莊子說：『今日適越而昔至』『庸詎知天之非人乎？庸詎知人之非天乎？』也是宇宙不可分析的意思。科學以爲宇宙是可分的，德毛克里脫司（Democritus）所講的原子，幾何學中所講的點，萊柏氏所講的單子，（Monad）力學所講的力線，物理學所講的電子量子，化學所講的分子原子，生物學所講的單位性質，都是在宇宙可分之原理上立論。固然，拿時間空間物質或其他存體逐漸分析，是無限的，然而無限無礙於分析，這是算學中羣論所發見的。凡我們經驗所分得到的，總是有限的，但是又可以用理智分至無限。無限之外可以有有限，例如〇與一之間，有無限的分數，然而一却是有限的整數。若是宇宙是一個混沌圓軟的東西，那麼科學就不能成立了。

齊一之原理是說：同因必生同果。假使沒有這個原理，則宇宙之間祇有千千萬萬一點一滴的事實，我們很難尋覓因果關係出來，那麼，科學也無從構造了。歷史告訴我們：科學可以從許多現象上看出同點，而把這些同點綜合起來，就成爲定律。有一些哲學家也極力的想方法去推翻這個原理。然而比推翻因果原理，却還要困難得多。其中最時髦最有力的論調，就是柏格森的創化。他的意思是：宇宙間所有過去的現象，都是現在現象發生的原因；套佛家一句話來說，就是所有過去都成現在。但是宇宙間所有過去的現象之共總，是時時刻刻不同的，所以宇宙間永遠沒有同因的現象。既沒有同因的現象，那裏能有因果的現象呢！那麼同因必生同果，不過是一句便利的虛誑。然而科學的意見卻不與此相同，試為敘述於下：

一件東西的性質，可以從兩方面看待：一從個體方面看待，是為個體的性質；二從類的方面看待，是為類的性質。個體的性質，是一件東西所有無限的性質；把這些無限的性質集合起來，就是這一件東西——物。類的性質，是一類中之分子所共有的若干性質，把這些共有的性質集合起來，就是類。科學的定律，是建築在類的性質上面的。

類的性質，可以分為兩種：（一）是一類中之分子必有的性質；（二）是一類中之分子性質之平均代表。形式邏輯與數學中之類的性質，都歸第一種，例如凡甲皆歸甲類，凡非甲皆歸非甲類；凡是單獨的（不一定是物質）都歸『一』類，凡是成雙的都歸『二』類，凡是沒有的都歸零類，凡是無限的都歸無限類。但是在沾滯物質的科學之中，類之性質都歸第二種，——都是平均代表，卻可以有例外。在社會學中，固然是如此，在生物學中也是如此，即在物理學化學中也是如此。 這種平均代表的類的性質，又有二種：一是定性的平均代表，例如凡物受熱則澎漲，是物類之類的性質，然而水在零度四度之間受熱則反收縮，有一種鎳滲金受熱亦不澎漲，受冷亦不收縮。 能言爲人類之類的性質，然而人類中却也有啞巴子。 一是定量的平均代表，例如五尺半高，爲人類之類的性質。 然而嚴格測量起來，恐怕沒有人恰恰是五尺半高。 有許多人對於從平均代表上構造起來的定律，大加攻擊，而以對於定量的平均代表爲尤甚，他們的意思以爲：各人有各人的高度，五尺半不過是一個平均代表，代表不是本身，所以沒有眞實之價值。 豈不見現在的國會議員嗎？ 他們到是代表，但是這些代表的意見，可是眞實的國民意見呢！ 我也承認這個攻擊，不是無理取鬧。 二千年前亞里士多德，也曾看出這個困難，他想用最終法式的觀念來免除牠。他說：一個人無論多高，都有傾往於五尺半高——最終法式——的趨向。 依我看來，這到可以不必。 這個類的性質，惟其因爲牠們能夠代表類中分子的性質，所以牠們也是眞實的，從牠們上面構造起來的定律，也當然是眞實的。 倘若從國民中抽出的議員眞正能做國民的平均代表，他們的意見豈不是真實的民意嗎？　這不過是一個比喻，嚴重的討論，還要歸到平均代表之類的性質之問題。

定性之平均代表的類的性質，就是各分子之個體的性質之一部分。　個體的性質，既是真實的，這個類之性質自然也是真實的。　一個特別的物之個體的性質多得很，例如顏色堅度，……而受熱則澎漲，也是這些個體的性質之一端，但是這個『受熱則澎漲』的性質是所有的物所共有的，至少也是多數的物所共有的。　我們把各物之不同的性質—如顏色堅度—放在一邊，而把各物之共有的性質—受熱則澎漲—單提出來，爲類之性質，這有什麼稀罕呢！

至於定量的平均代表的類的性質，也是真實的。　在生物界中，一個生物之個體性質，參差不齊，這是事實，我們不能不承認。　然而一類中各分子的性質，總有一個類的平均（Race average）這也是我們不得不承認的事實。　一類中各分子的性質之分量，也許沒有一個恰恰和這平均代表相符，但是也許有多數是恰恰和這平均代表相符的。　足見個體之性質卽爲類之性質，並不是不可能的。例如一羣人中，也許沒有一個恰恰是五尺半高，但是也許有許多人恰恰是五尺半高。若是一羣人中沒有一個恰恰是五尺半高而我們仍可用五尺半來做平均代表。這是因爲宇宙是可分的；——因爲五尺二，五尺三，五尺四，五尺五，五尺六，五尺七，五尺八，……和五尺半都是理智截分宇宙的數目；五尺二……五尺八，旣是可有的，五尺半自然也是可有的，幷沒有如攻擊者所說的那麼與眞實不符。在無機界中，各原子各電子之溫度速率……等等分量，固然是不同的，然而却是不同到『奇怪』的地步，而可以爲一個平均數所代表。這樣的事實，卽朋加烈所說的無秩序之秩序。我們在力學中用牠，在電磁學中用牠，在氣動說中也用牠，幷不是在客觀方面無所憑藉，而隨意建設起來的。這些定量的平均代表，論他們的價值，固然是眞實的，因爲牠們可以利便思想推測之進行。卽論他們的本質，也是眞實的。不過牠們的眞實和感觸所得的，不是完全一樣的。我們承認：在感觸的世界之外，另外有一個世界，羅素把牠叫做形式的世界，皮耳孫把牠叫做概念的世界。他倆的意思固然不同，（例如羅素的形式的世界不是有描寫的作用的，皮耳孫的概念的世界，是有描寫的作用的）然而有一點却相同，就是這個非感觸的世界，是由感觸的世界構造起來的，而且這個非感觸的世界之行動，是絕對底有規則的。　這一點却與玄學家所主張的超物質的自由的玄學的世界，大不相同。　所以羅素說：從物之個體的性質，抽出類之性質，是抽象之原理，也可以叫廢除抽象之原理。（因爲不是抽出一個空的東西出來。）　皮耳孫說：概念的世界是用感觸世界建築起來的。

現在我們就用皮耳孫的名詞概念的世界，來陳述我們的意見。　類的性質，是一類中分子之個體的性質之平均代表，個體性質是存在於感觸世界的。　類的性質，是存在於概念世界的。　科學事實，就是個體性質之表現。　科學定律，就是類的性質之表現。　類是不能脫離個體而獨立的，概念的世界是不能脫離感觸世界而獨立的。　科學定律，也是不能脫離科學事實而獨立的。　所以概念世界中有同因必生同果的定律，感觸世界中，也必定先有同因必生同果的事實。

這兩個原理，實在存在於宇宙之間，所以數學物理學化學等等科學可以憑藉牠們而構造起來。 我們再看人生各種現象，是否與數學物理化學等等科學所研究的對象——從這兩點看來——有根本的不同。 換一句話說，就是這兩個原理，是否也存在人生各種現象之中？

（一）生命之觀念　生物界與礦物界之最大的區別，就是一邊是有生命的，一邊是無生命的。 然而這兩大界的界線，也不是容易劃得出的，就和『低等動物之本能，和高等動物之智慧不是容易劃得出的』一般。 地球上的生命，必定曾經有一天從無機物質進化而來，這是我們必須承認的事實。 而且化學家也有一種試驗，雖不能證明，然而却可指示生物如何從礦物進化而來之途徑。 波特羅（Butler）把一種膠體物質，放在極紫光中，此膠體物質之動，頗類似單細胞生命之動。 極紫光是富於能力的，多數膠體物質之原子，是很大的。 由此我們可以猜度：無生命的物質，若依一定的成分之配合，再經受一定的勢力之傳遞，是可以變成有生命的。 這種配合與傳遞，自然是現在科學家所做不到的。 但是我們不能因為現在科學家做不到，就相信有一個神秘的力量在裏邊主持。 天地之間，科學家所做不到的事，還多得很咧！　卽就無機界而論，我們還不能用人力去發生和支配鐳類原質之放射的變遷。　試問我們可能相信鐳類原質裏邊，也有一個生命之力或與生命之力有同等神祕意味的力在那裏主持嗎？　斯賓塞爾雖信宗教，然而因爲受了赫胥黎的影響，對於生命問題，到底主張是各部分之互組。（Corroboration of Parts）　我們解決這個問題，實在用不着像唐馬森另外加一個生命力到生物界裏邊，也用不着像赫克爾主張萬物皆有生命。　無生命的物質，在地質歷史時期中，有一定的組織，經受一種特別環境之刺激。（這個環境也許在現在和將來的地球上天然狀況之中，不能重行發見了）　就進化而成生物，並不是不可能的事情。　下等動物不過用本能的反應去求生，到了高等動物，遂進化而用概念之選擇與組織——卽智慧的活動，我們也不必另外加入一個靈魂，去解決高等動物的智慧之問題。　總之，高等動物之智慧活動，不過是生物活動中之最複雜者，和低等動物之不能活動，幷無根本的區別，用不着歸功於靈魂。　生物活動，也不過是天然活動中之一部分，和無機界之活動，也沒有根本的區別，也用不着歸功於生命力。所以凡用以研究無機物質的物理化學，也可以應用於生物問題，用以研究生物的生物學，也可以應用於人生問題。不過在人生問題中，因子較爲複雜，不及在科學（就狹義的科學而言）裏邊各問題中的各因子，容易爲試驗者所規訂而已。

（二）生活之態度　前段已經說過：這個生活是指普通術語中所謂精神生活而言。玄學家之主張科學不能解決人生問題，其最重要的理由大概不外乎三種：

（甲）意志自由　他們說：人的意志是自由的，科學所憑藉的因果律，不能應用到這上邊去。意志是人生動作之起源，即是人類歷史之產地。意志既不受科學的管理，則由意志而產生的人生動作，自然也不受科學的管理了。我們因爲要討論科學是否能應用於人生，我們到要首先問問：意志可是眞正自由的？從好的意志的方針說起來，愛生惡死是生物之天性，人類當然也有這個天性。然而田橫島上的五百人，到了死着半個都不留的地步也不悔。（用梁任公先生所舉之例。）歐洲大戰的時候，有許多愛國健兒甘心致命於槍林砲雨之中。　從壞的意志方面說起來，愛好也是人類的天性，寡廉鮮恥的事，總是人所不願意做的，然而竟有人終身從事於娼盜事業，而恬不以爲怪。試問我們受了氣質（Temperament）之遺傳，和環境之濡染與暗示，都能願意我們所原來願意的嗎？

（乙）感情神秘　對於這一點，唐鉞先生的一個癡人的說夢已經說得很詳細，我現在不必多說了。　人類有求生活（包含個體與種族而言）與求較好的生活（即所謂向上的生活）之欲望。　能夠滿足這些欲望的，就發生愉快的感情，不能滿足這些欲望的，就發生悲苦的感情。　其經歷的途徑，雖不能像二加二得四那樣容易明瞭，然而却也不像『哲子石』（Philosopher's Stone）那樣底不可捉摸。　若是我們明白了這個途徑，却可以用方法去發生感情。　而且中國舊書中有『以理克欲』『發乎情而止乎禮義』的說法，這個『克』和『止』，也就是用方法去支配。　不過我們究竟願意克不願意克，願意止不願意止，又要迴到上節所說的意志問題上去，這裏不再說了。

（丙）**人生觀之不統一** 他們說：人心不同，各如其面，對於同一的境遇，樂觀者以為可喜，悲觀者以為可憂。對於同一的事體，『仁者見之謂之仁，智者見之謂之智。』張君勱先生說科學與人生觀無關，丁在君先生說科學與人生觀有關。科學裏沒有什麼公式，把大家的意見都可以囊括而無遺。固然，各人有各人的天性，由先天遺傳而得來；各人有各人的學識，（指所有的知識，不必是科學知識）由後天教育而得來。各人的觀察點不同，當然各人的人生觀不同。而且我們並不希望世界上各人的人生觀，都是相同的。如果世界上各人的人生觀都是相同的，那樣『清一色』的世界，又有什麼趣味呢？但是甲有如此如此的遺傳與教育，所以甲有如此如此的人生觀，乙有如彼如彼的遺傳與教育，所以乙有如彼如彼的人生觀。張君勱先生有他的遺傳與教育，所以他主張科學與人生觀無關。丁在君先生有他的遺傳與教育，所以他主張科學可以完全應用於人生問題。　而且凡是與張先生受過相類似的教育的，其主張大概都與張先生的相同。　凡是與丁先生受過相類似的教育的，其主張大概都與丁先生的相同。　人生觀雖不能統一，但是人生觀由於遺傳與教育而定，這一個原理，是統一的。　若能將各人的遺傳與教育明白底知道了，他的人生觀，也可以一索而得。　但是我們所比較容易做到的是考察各人所受過的教育，若能明白知道一班人所受過的教育都有大致相同的，他們的人生觀也可以測度得大致不差，而可以得一個平均代表，和在科學（狹義的）裏的定律一樣。　不過因爲有一部分因子沒有預先明白，所以牠的準確程度稍遜一籌而已。

我的結論是：科學是憑藉因果和齊一兩個原理而構造起來的；人生問題無論爲生命之觀念，或生活之態度，都不能逃出這兩個原理的金剛圈，所以科學可以解決人生問題

科學之本質已經討論過了，科學之價值也不能一筆抹煞。　實驗主義家把價值和本

質混在一處，固然也有可以訾議的地方。然而我們却也不能把科學之明物致用的價値，卑之無甚高論。因爲我們是要生活在世界上的，並且是要改良現在的生活，而求得較好的生活的。我們既不能『返樸歸眞』脫離這個世界，我們應當把這個世界上的人類生活切切實實的維持，一步一步的改良。吳稚暉先生說得好：我們生活在這個世界上，是要把在這個世界實現的東西，弄得很美滿的，原來我們生活在這裏就是這樣的一回事。智慧之維持生活與改良生活，在經常的狀況之下，總要比本能高千萬倍。科學爲智慧發達之最高點。而且我們中國一班穿長衫的先生們，向來都歡喜偷嬾逃入於『此天地之所以爲大也』一個籠統的橡皮性的玻璃球裏邊，不肯切切實實底做去。一個首善的北京城，連一個消糞場都沒有，到了暑熱的天氣，還有許多糞車在街上橫行。貧民窟的貧民，都窮到不成人樣子。我們天天所用的物品，都是直接底或間接底從外國輸入的。到了這樣的地步而負思想先進之責者，還要壓迫明物致用的科學，還要摧殘維持生活改良生活的無上利器的智慧，我也要套一句老文章來嗟嘆一番，『嗚呼，是亦不可以已乎！』

轉錄努力週報

科學的範圍

唐鉞

自丁在君先生發表『凡是用科學方法的研究都是科學』（這是大意，原文見他的玄學與科學篇中）的意思以後，許多人大起恐慌，以爲這樣一來，學術界的地盤都被科學佔盡了。林宰平先生似乎就是有這樣的感想的。他說『其結果必至天地間無一不是科學罷了。』我的淺見，以爲這樣的結論，不能從丁先生的主張演繹出來。充丁先生的話的結果，不過說『天地間無一不是科學的材料』罷了。這樣說是沒有甚麼不可通的地方。丁先生在他那篇玄學與科學討論的餘與上說，他那方面的辨論『已經可以宣告終了。』我所以不怕讀者討厭，又提起這個問題的緣故，是因爲我知道很多人有上述那樣的恐慌的，我不妨將個人的淺見寫出來同大家商量。我就把林先生的話做討論的出發點，而旁及其他關於本題的意見。

林先生說：『譬如一步一步的先搜集材料，次假定公例，又次試驗證明，這樣誠實有條理，固然應用到那一方面都相宜。然科學若僅指這種空空洞洞的方法，那麼凡做人能夠誠實有條理的，（按林先生的意思，應該說能夠用假定證明等方法的）都可稱他是科學家麼？』這有兩層解答。第一，科學方法中所謂試驗證明，是極其謹嚴的。試驗時的一切條件都要受試驗者的制裁。就是不能試驗的現象，也要用歸納五術等等以排除不相關的事實。人類的日常生活條件過於複雜，并且事機迫不及待；這種眞正的科學方法，不能夠完全應用。所以我們做人處事的根據，多少含些臆測在內，不是眞正的科學方法；（這話讀者不要誤解以爲日常生活是『超科學的』，因爲我們不能夠完全應用，同科學方法之不可用，及我們應該儘量應用此法，是不同的命題；）所以無論一個人做人怎樣誠實有條理，我們不能稱他做科學家。林先生不過假定有這麼一個完全應用科學方法去做人的人，然而實際上是沒有。假如果然有這麼一個人，我們很情願稱他做『做人的科學家』。第二，通常所謂科學家，單指用科學方法去研究事實而得他們的因果關係的人，不包括應用科學方法去創造（如藝術）或變更物我間的關係（如『做人』）的人。我們通常稱呼，是照此例。若是嚴守此例，那末就是有眞正用科學方法去做人的人，也可以不稱他做科學家了。

林先生又說：『若謂繪畫等，……既是應用科學的方法，總可謂之科學。其實這句話只可說繪畫等也未嘗不可用科學的方法來研究；至於繪畫自身……要說他是科學，就很費解的了。』林先生既然承認繪畫可以用科學方法來研究，那末，當然可以有繪畫的科學——即關於繪畫的事實之科學的研究這個繪畫的科學，與繪畫自身——即藝術品的創造——不是不相容的東西至於繪畫自身，雖然應用科學如透視學等，而實在是藝術，從來沒有人稱他做科學。林先生說這樣稱說是『費解的，』我還要說，不特費解而且是不通。以上的話，推之其他藝術也是一樣。關於這一點，林先生同我的意見實際上沒有差異。

林先生又提及『基督教科學』（Christian Science）『靈學』（Psychical Research）和妖怪學，而說他們雖然應用科學方法而不是科學。茲分別解答如次：

『基督教科學』雖也『利用暗示方法，』而含有其他不合科學的方法，所以不能稱爲科學。他雖然冒充科學，我們只能看他做一種宗教。

靈學，雖然得少數學者如洛奇（Sir Oliver Lodge）輩的崇信；但是大多數的科學家都不承認靈學所用的方法是真正科學的方法，所以不稱他做科學。洛奇於變態心理學是外行，他對於靈學的判斷，是靠不住的。洛奇從前信一個做靈媒（Medium 略如吾國的巫，號能召鬼）的女人，後來經詹姆斯（Wm. James）發見伊是『譸張爲幻』的，而洛奇前三年到美國演講的時候，還要說他所見過的靈媒沒有作僞的。此公昏憒，可謂達於極點。這是枝節的話。我們所當注意的：靈學不是科學，是因爲他不用科學的方法，不是因爲他所研究的材料的特別。

至於妖怪學，要看我們的『妖怪』的定義怎樣。我們若以爲妖怪是天地間一種實在的東西，同猴子，貓頭鷹一樣實在；那末，他的有無，還不可知。『皮之不存，毛將安傅』當然不能有研究妖怪的科學。 假如我們不過把『妖怪』代表某種非常現象，而用科學方法去制裁他們發生的條件而研究他們的性質，（或者結果證明『妖怪』不過是變態心理作用，）這種的研究，當然稱為科學。

林先生以為丁先生說『胡適之講紅樓夢，也是科學，』是可笑的話。 其實沒有甚麼可笑的，假如胡先生的講紅樓夢，是用眞正科學方法以求得關於此書的事實，那當然是科學；假如他不過說欣賞的話頭，那就不是科學。 講紅樓夢之是否科學，要看他所用的方法怎樣，不能因為講的是紅樓夢，而說他不是科學。

我的淺見，以為天地間所有現象，都是科學的材料。 天地間有人，我們就有人類學，人種學，人類心理學等。 天地間有魚，我們就有魚學。 天地間有藝術，我們就可以有藝術學。天地間有宗教，我們就可以有宗教學。 （現在所謂『藝術學，』『宗教學』是不是眞正科學，與本題無關。） 說藝術宗教的科學的研究是科學，不是說藝術宗教就是科學，同說魚的科學研究是科學，不是說魚就是科學一樣。

很多人反對以藝術宗教爲科學的材料，因爲恐怕一經科學方法的解剖，宗教藝術都沒有價值了。除非我們能夠證明凡是經科學方法分析過的東西，都是沒有價值的；我們儘可以寬懷過活，不必抱杞人之憂。我們知道紅燒魚翅，不因爲我們知道怎樣烹法而變成不好吃的東西；珍珠也不因爲我們知道他怎樣成功的而變成輕賤的物品。

或者又有人以爲某種現象，如宗教藝術至少總有一部份用科學方法研究不出來所以然的；所以就說不能有宗教或藝術的科學。這話是不對的。因爲無論那一種科學任憑他怎樣發達（如天文，物理，）都有一部份——恐怕是大部份——還是研究不出來所以然的。科學中這種未知的部份，京垓年代以後，或者可以望其漸近於零；但是要使他等於零，恐怕是萬刼做不到的事。然而吾人的知識却是日有進步的，可以不必因此灰心，更不應該因此而說科學方法不適用於研究某類的現象。

有人以爲各種科學，各自有各自的方法。既然各自有各自的方法，那末，科學方法的種類繁雜，當然不能說用科學方法的研究，都是科學；因爲一種材料，不能適用許多方法的緣故。我的淺見，以爲各科固然有各科的方法，而同時有他們共同的方法。就是心理學同物理學也有共同的方法；（如假定及謹嚴的證明等等）心理學中所謂觀察實驗，內省，只是一個方法。（實驗不過以人力支配事物發生的條件而觀察之之謂，內省不過是在實驗的條件之下而觀察心理現象之謂，離實驗而內省，不是心理學。）所以不能說一切科學沒有惟一的共同方法。既然有惟一的共同方法，那末，當然可以說凡用這種方法的研究都是科學。

或者以爲『這種空空洞洞的』共同方法，不是科學獨到的地方；我們提倡科學，不應該僅僅指這樣抽象的方法，這話我極表同情。我還要進一步說，在今日不特不必提倡科學的共同方法，就是各科的特殊方法也不必提倡。因爲（第一）科學方法，非文字所能滿意地介紹的；（第二）今日的中國已過了提倡科學時期而應該入於實地研究的時期了。但是這番又翻起科學方法的問題，是由於有人誤解科學的性質，並不是因爲學科學者要仍舊提倡抽象的方法的緣故。

很有許多人以爲旣是天地間沒有一件不是科學的材料，那末豈不是人類只有科學而不用再有別的活動嗎？　這是誤會。一個東西，可以同時爲幾種活動的材料。　就科學內舉例，如解剖學與生理學都是以動物的軀體爲材料　舉普通的例，如西湖的山水，旣然可以爲地質學研究的材料，（在科學的範圍內，）同時可以供我們的流連欣賞（在藝術的範圍內）　推之他種活動，也很多是這樣　所以恐怕學術界的地盤被科學佔盡的人們，是心有罣礙，所以妄生恐怖；若無罣礙，就可以遠離虛驚了。

以上是我對於科學範圍的淺見。　是否有當，請讀者評定好了。

——轉錄努力週報——

旁觀者言

穆

（一）引端

丁張兩先生的辯論，一時引起許多人的參加，算是熱鬧極了。我也久想下一些批評，可是懶於動筆。今天夾着十多個喧雜的旅客，坐着條搖兀的小船，要經歷六七小時的路程，眞是沉悶極了，我想就趁此機會胡亂寫一些我的見解。固然文字難免草率，但是裏面的話，也懷蓄得久了，不是隨時胡拉。至於下面引到丁張幾位的話，原文語句均已忘卻，不過約略記其大意。

（二）科學家的人生觀

張先生說：科學是給人類利用的，不是用人類的東西，但人類既然要用到科學，當然不得不俯就科學的尺度，譬如你要坐船，便不得不適應船上的生活。 張先生又說：各人有各人的人生觀，彼此無從統一，在張先生的語氣裏自然容許有科學家一派的人生觀在內。我的意思很多，現在便從科學家的人生觀一面逐次引申說下。

（甲）尊重事實 科學家最重要的精神，是承認事實而尊重事實，他們應用到他們的人生觀上，自然應該是一種尊重事實的人生觀。 大凡神秘的感情的倫理的各派人的人生觀都帶有幾分輕視事實和超脫事實的傾向。 兩方的異點，比較起來，一方是客觀的平等的看視外物，而一方則爲含有主觀的好惡的對於外物夾雜了價值高下的評判。 考慮到人類起源的問題，人們爲好惡的私心所驅逼，都願意曉得人類是天生的神造的，從此好把人類的價值高出於一切動植生物之上，但是科學家把許多事實列舉出來，告訴我們說，人類和下等生物本來是同祖的一原的。 他們沒有顧憐到人類的地位要從此降低，人類都喜歡想，人是地球上的主人翁，地球是居天體之中心，從此人類的地位，像是宇宙中的至高無比的一般，但是科學家列舉事實證明人類在宇宙中的渺小，而譏切人類自己的誇大。所以我想正當的科學家的人生觀，第一條件便應該是尊重事實。

（乙）平等觀　因爲科學家把尊重事實的精神來觀察外物，故覺得外物畢竟平等。一個大聖大賢的心理，和一個瘋狂病人的心理，在尋常人看來，一個是可愛好的，一個是可憎惡的，一個是應該尊敬的，一個是應該鄙棄的，顯然有鴻溝之界劃；但是在科學家的眼光裏，兩種心理，同爲現世人類的事實，同有重大的關係值得研究和探討，並沒有善惡是非高低的區分。一根地上的小草，一隻顯微鏡底下的小生物，一個幾萬萬里的星球，一件人類忽略不經意的平淡的自然變化，到科學家眼裏，和驚天動地蕩精搖魄的人間事實招到同等的注意了。蘋果墜地，這在普通人看來有什麼善惡是非值得注意的價值呢？所以我想科學家的人生觀，確有與衆不同的第二條件，便是對於事實之平等觀。

（丙）條理密察　科學家對於事實的平等觀，並不是漫無分別，他的能事，是在把各種事實詳細探求出他的前因後果相互的關係來。神秘派的感情派的倫理派的人們，對于外界事實往往有一種直率的口吻，說這是自然有的，或是說道是不應該有的；但是在科學家的口裏，他們決不如此說。事實的出現，定有他出現的原因，不能說他自然有；既有他出現的原因，便也不應說他不應該有。科學家只叫人知道，在如何條件之下，某事實便會有，在如何條件之下，某事實便會無：這種態度，應用人生觀上，當正可有絕大之影響。譬如論到家庭問題，說他是天然的罷，便懶了人們改革的心願；現在曉得家庭的組織，並不是天生便如此了，並不是理所當然了，鼓動起人們改革的希望和勇氣。但是家庭之間充滿了厭惡咒咀和衝突，兒子覺得父親是可厭惡的，丈夫覺得妻室是可咒咀的，人們的集合便是罪惡苦痛，感情之流露便是衝突，這不是現在中國家庭新舊交代的現狀嗎？一般人怪他是物質生活之流弊，是科學教育之傳主母，我想科學那肯承受呢？科學家對於這種問題，一定能根據事實，描出他的來因去果，求一個圓滿解決的方法。只因他因果的觀念深了，所以不看得事實的善惡，（都是條件下的產兒）不見得吾心之好惡，（都要在條件下去解決）低着頭承認他，平着氣含容他，細着心查察他，按着步驟去改變他，這是科學家應該的。

我所以說科學家人生觀的第三條件，應該是條理密察。

爲免冗長起見，論科學家的人生觀暫止於上舉之三條。

（三） 科學家與內心精神之生活

張先生是注重內心精神之生活的，丁先生說只有在研究科學之狀態底下有精神的生活，林先生反駁說離了顯微鏡又如何呢？ 我想說只有在研究科學時見精神，顯見是太狹隘了，但是科學家斷不要害怕自己給人家逐出精神生活的圈外去，誰也不肯信科學家的生活是沒有內心精神之生活。 張先生是要提倡宋明理學來力挽頹風的，我想爲我理想中之科學家辯護，根據上列三層爲科學家下幾條總目的褒頌是：

（A） 襟宇闊大

（B） 心氣和平

（C） 思理細密

這都是宋明理學家思想中之人格評語，至少科學家中有幾個是擔當得下的。

（四）丁先生的態度

我想繼此批評丁先生的態度，因爲丁先生自居於擁護科學而出與張先生辯難，他說玄學鬼在西洋混了好幾百年，現在沒飯吃了，混到中國來，張君勱給玄學鬼怪上了，我們應該打破他，不然科學前途就受障礙了。

這番話實在很風趣。他又說，他的話過高深，恐讀者不明了，所以把風趣的話來引起看客的興趣，但是看客們的興趣引起了，疑問也隨了而起了。他說玄學是鬼怪，科學儼然是神仙，很可惜這是價值之評判而不是事實之叙說，這且不管：

（一）玄學鬼在西洋到底有沒有一碗飯吃啊？

（二）西洋的科學家用什麽方法打逃這個玄學鬼的？

（我想第二條更要緊，——倘使第一條是事實——我們只要把西洋人的老法術來參攷應用，不愁中國的玄學鬼打不逃。）

（三）西洋的玄學鬼是不是給科學家罵他們是鬼怪，所以沒有飯吃逃掉的呢？　否則何以丁先生站在科學的地位，而用神秘派感情派的口吻？

（五）神仙的法寶——拿證據來

拿證據來，丁先生說是科學家的法寶，可是法寶雖靈，依我看來，至多把來做一個護身符，不給玄學鬼迷上，若要收服玄學鬼，恐怕還非這件法寶的能事。　丁先生有意要替科學前途打倒玄學鬼，最妙的方法不在乎說玄學鬼不應該存在，而在乎細細研究出玄學鬼怎樣出現的道理來。　譬如心理學家斷不應說你不應該發狂，他祇應該研究人家發狂之原由而想一個方法來破除。　丁先生說科學可以把人生觀統一，但是丁先生自己先不肯低首下心的承認事實，平心靜氣的把事實研究而想一個合理的解决方法來，（這不是說丁先生的地質學是說他的打玄學鬼）我認為對於科學家應有之態度已經缺憾了。

（六）科學與國家主義

張先生反對科學，說近世國家主義也是科學之流弊所致，所以要提出形上的內心生活來補偏救弊，詳細待我慢慢下批評。我現在要說的，科學並非與世界主義立於恰相反對的地位，人類眞心要走向世界主義上去，我雖不說完全要靠科學，科學到底也可以效萬一之徵勞。羅素可以說是受過科學薰染的一個人，他對於這次歐洲大戰爭所下的觀察批評和以後人類應該走的路的提供，也不好說他一些沒有科學的頭腦，即使說他充滿着科學的精神，也不十分過分，安見得科學與世界主義的相違反呢？但是羅素的書中盡力提倡解放人類各種的正當衝動而使之自由，對於宗教文學美術等等均有相當之意見，却不似丁先生似的把科學兩字抹殺其他一切，不曉丁張兩位先生對他感想如何？

（七）暫告結束

我的旅程完了，在這旅程中間，那能一心一意的做文字，其他還有好多的話，我只好有相當機會再說。

——轉錄時事新報學燈——

玄學上之問題

近來丁在君先生與張君勱先生爲科學與玄學之爭，發表許多文章，引起學術界之注意。一時起而招辨者，類皆國內知名之士，對於專門之學，皆有深造，故其所發言論，自多價值。但亦有主張偏激思想之間，發生絕大缺陷者，考其所以致此之由，大率對於玄學之所以爲玄學，不無稍欠了解。因憶舊讀乾姆斯（James）所著哲學問題（Some Problems of Philosophy）書中有專論『玄學上之問題』一章，頗能將玄學之界說，與夫玄學的問題之性質闡明無遺，爰節譯之以供讀者之評覽焉。

頌皋。七，二，蘇州。

欲於玄學（Metaphysics）一詞，加以明確之定義，誠爲不可能之事。如欲將玄學所涉及之問題，一一加以說明，則最妙方法，莫如卽先探索其意義之所在。原夫玄學，乃所以討論各種空虛的（Obscure）抽象的（Abstract）普遍的（General）問題，而爲科學與人生所未能解決者，易言之，卽此種懸而未解決，玄而且深，關於事物之全體或其永久的原素之問題也。欲明此義，請舉例如左：

(1)何謂思想？　何謂事物？　思想與事物之間如何發生關係？

(2)吾人所云『眞理』果作何解？

(3)一切事實均由材質（Stuff）而成，試問究竟有否此種普通之材質？

(4)世界究竟由何而來？　往昔或竟不如是乎？

(5)何者爲本體中之最眞實者？

(6)凡百事物果如何而併合成一宇宙？

(7)整一（Unity）與分異（Diversity）孰爲根本的？

(8)凡百事物祇有一源歟，抑爲多源歟？

(9)一切事物均爲前定的歟，抑有數種事物爲自由的歟？——例如吾人之意志然。

(10)試由全部以觀，世界是否無限止的(Infinite)抑爲有限止的？(Finite)

(11)世界之各個部分是否相互接連，抑有空隙之處？

(12)上帝是誰？　一切神又是誰？

(13)身與心果如何連合者？　二者是否相互發生動作？

(14)凡一事一物如何能由別一事物之中發生變化或自產生？

(15)任何事物對於任何其他事物，如何發生動作？

(16)空間與時間果爲『眞有』乎？　藉曰否，則二者果作何解？

(17)就知識言，物體如何感入心中？　心又如何觸及物體？

(18)吾人藉普遍的觀念而知一切，然則此種普遍的觀念果爲眞實乎？ 藉曰否，則是否祇有特殊的觀念眞實？

(19)何謂事物？

(20)推考之種種原則爲天賦者乎？ 抑爲後天所得者乎？

(21)美與善是否祇係一種意見，有否一種客觀的證實（Objective validity） 設曰然，則所謂客觀的證實又作何解？

類此形式之問題，是謂玄學上之問題。 康德嘗謂玄學上之重要問題有三，卽：

(1)何爲我所能知者？ (What can I know?)

(2)何爲我所應爲者？ (What Should I do?)

(3)何爲我可期望者？ (What May I hope?)

試觀上述各問題，可知欲於玄學一詞，假定一相當之定義，尙非難事。 所謂定義，誠如椢兒夫(C. wolff) 所言，可歸納於下列一句：凡論及事物之可能者，是謂玄學，與徧及事物之實在者，顯非相同。何則？蓋後者所涉及之問題，太半關於實際的事實故也。或曰：玄學者乃所以探究一切事物之原因本質，意義，及其結果者。或曰：玄學實爲研究本體之最普遍之原理之學；而所謂原理，不特彼此啣接一起，卽於吾人知識之能力，亦發生關係焉。

夫此處所謂原理，在吾人觀之顯有不同之意義可以想見。謂爲眞『有』乎，則原子靈魂之說尚矣。謂爲羅輯的定例乎，則『凡物非存在卽爲存在』之說是已。謂爲普遍化的事實乎，則『凡物必須於已存在之後乃能有所作用，』卽其例矣。原理之意義，旣如是之複雜，由原理而完成之科學，又難有實現之望，然則此種定義，推其究竟，直等於一裝飾品耳。夫玄學之最嚴重的職務，不在乎他，卽在乎研究此種單純問題。斯而果能一一解決，則玄學已不失爲一種整一的學問。因此本章所欲討論者，不過爲少數單純問題，其他概不述及焉。

且夫上所云之各問題，大都爲眞實者也。換言之，祇有數問題，吾人或以不當之名詞說明之。今以『事物』而論，是否由於一種物質所組成，抑不止一種物質？是否出自一源，抑不止一源？　是否都爲前定的，抑有數種爲自由的？　類此兩岐之問題，難於解決，固可付之不論。　但此種問題，苟非吾人得以證實之，在自然律上，要與吾人相牴牾，則可無疑。是故卽使吾人不能於此種問題有所增益，而於原有之問題與夫假定的答案，吾人亦必重視之。　不甯如是，卽關於此種問題之種種有價値的意見，吾人亦須詳加分析，而負責以討論之。　例如『關於世界之起源究有若干意見』而論，吾人卽須善加分析而一一討論之。斯賓塞爾嘗謂世界非永久者，卽爲自我創造者；非自我創造者，則爲外力所創造者。　但此三種假設，不過在斯氏個人言之，如此焉耳，是否正確，固又一問題也。　藉曰正確，則三者之中，果以何者爲最合理，何以爲最合理，不豈又一問題耶？　申述至斯，吾人不啻已深入玄學之重圍，無以解脫，蓋卽使吾人隨斯氏而斷定無一起源之形態爲可以思議，而斷定全部問題爲非眞實，吾人亦不失爲玄學家矣。

有數種假設，以其自相矛盾之故，令人視之似爲荒謬絕倫。　例如『連續的綜合，所永不能完成者，是謂無限性，』(Infinity) 卽一明證。　蓋所謂無限性，乃指無限的而言；旣云無限的矣，則謂爲由連續的綜合而完成之，豈非一絕大之矛盾而何？是故分析各項假設，與分析各項問題，均爲吾人所應重視，均於玄學之研究爲不可缺少者。明乎此理，吾人可以自爲玄學家，而將上述各問題，加以詳密的討論矣。

——轉錄時事新報學燈——

『科哲之戰』的尾聲

王平陵

第一，科學的一元論（實證論）的見解，於事實上及歷史上顯然是不能成立。因爲在希臘時代的科學，全是包括於哲學之內；及科學離哲學而獨立以後，哲學依然存在，並沒有縮小他的範圍，或消滅掉他的痕跡。不但如此，而且有許多科學者，正因爲哲學而存在，他的科學的創見纔能發揮光大的；就是由科學萬能的見地上所成立的『實證論』要亦不過是科學的哲學罷了。更就事實而觀，近代的大科學家，由科學的見地而發展，其結局稅駕於哲學的境地的，正復不少。例如達爾文（C.R. Darwin）是一位生物學者，然而他的進化論，則超脫科學的領域而入於哲學的範圍了。赫胥黎（T. H. Huxley）黑格爾（E. H. Hackel）輩，都是進化論者，也漸次接觸於哲學問題了。此外由科學方面而接近於哲學問題的，尚是很多，所以科學萬能的謬誤，不必要根據歷史的事實來證明，即由人心的本性而觀，也可以瞭然了。　這正因為人性統一的要求，不能以部分的抽象的科學的眞理，即算是徹底的滿足。

第二，補合的二元論之見解，卻有可取的地方了。（一）就是承認科學與哲學，有並立的可能性。（二）就是確知其在作用上為對立的而非一元的。

總之，科學與哲學，其為『學』則同，而其為學之性質則異。　科學乃分觀宇宙間一部分的事實，而探究其原理的；哲學乃合觀宇宙，取天地間一切事實，合一爐而窮究其本根的。科學是哲學的基礎，哲學是科學的綜合。　科學的研究事物，不問其對象之眞僞，但依據日常的經驗，假定此現象為眞有，乃立於假定之上，從而探究其原理罷了。　如物理學假定物質為常在，從而究其現象的法則；心理學假定精神為眞有，從而敘其作用之變化。　至於物質精神為實為妄之討論，則侵入於哲學之範圍，而非科學所能擔任的了。

科學與哲學的對象，是完全不同的：哲學之對象，是全體及具象體之實有；科學之對象，則為部分及抽象體之實有；對象既不相侔，斯機能各有差異。　哲學的機能，是兼情意作用之理知科學之機能，則爲純粹的理知；所以哲學的方法，是思辨法論理法與直覺法之總全，科學的方法，則專爲經驗的，歸納的。　哲學與科學的關係，非全然同一，亦非全然無別，蓋『同中有異』『異中亦有同』，哲學必俟科學而始得完全，科學亦必俟哲學而始得正確；所以說科學哲學爲補合的二元論，就是這個緣故了。

要之科學與哲學的關係，爲全體與部分之關係，哲學由科學而得材料，以充實其內容，可免踏於空虛的流弊；科學則由哲學而鞏固其目的與基礎，以獲得論理的確實性。　是以二者的進步爲相互關聯的，科學進步，則哲學亦必進步；哲學發達，則科學亦必有同樣的發達，兩者各盡其職能，於是人生便得完全的進步了。　綜上所述科學與哲學的異同，現在爲明瞭起見，分別條舉於左：

（甲）同點

（一）不憑藉信仰，不依據傳說，專恃合理的智能爲武器，以窮究宇宙之眞理的，是爲哲學和科學的共同出發點。

（乙）異點

（一）哲學以實有的全體性及直接性爲對象；所以他的原理是具體的，根本的。科學則以實有之部分性及間接性爲對象；所以他的原理是抽象的，表面的，假定的。

（二）哲學的目標，在創造其規範及價值；科學的目標，在說明或運用其法則與事實。換句話說：哲學以滿足全我的要求爲目的，科學則惟以滿足知的要求，及功利的要求爲目的。

（三）哲學的機能，爲人格的根本性性質，而科學的機能，則爲理知作用。

（四）哲學之統一原理，對於實有爲內在的，故哲學爲『自我之學，』或『主觀之學』；科學之統一原理，對於實有爲外在的，故科學爲『非我之學，』或『客觀之學。』

（五）哲學以解決根本疑問，滿足根本要求爲職能，科學則以解決實用疑問，滿足實用要求爲職能。

現在爲着要解釋『科學哲學的異同與關係，』未免長言之了。自從『科哲之戰，』兩方面正式開火以來，聲勢非常豪大，但是現在不知爲什麼沉寂下去！所以我這篇論文，或者已經是『科哲之戰』的尾聲了。

——轉錄時事新報學燈——

箴洋八股化之理學

吳稚暉

最近張丁科學之爭，雖大家引出了許多學理，沾溉我們淺學不少，然主旨所在，大家拋却，惟鬥些學問的法寶，縱然工力悉敵，不免混鬧一陣。實在的主旨，張先生是說科學是成就了物質文明，物質文明是促起了空前大戰，是禍世殃民的東西。他的人生觀是用不着物質文明的。就是免不了，也大家住着高粱幹子的土房，拉拉洋車，讓多數青年懂些宋明理學，也就夠了。於是丁先生發了氣，要矯正他這種人生觀，却氣極了嫚罵了玄學鬼一場，官司就打到別處去了。後來他終究對着林宰平先生把他的初意簡單說了出來，他說：『林先生若承認歐戰不一定是科學促成，我的目的達了。』（大意如此）。張先生在省憲同志會演說，說政府是暫時存在的東西，我吃驚不小，威廉第二的綠氣砲，竟引出了本來慈悲而且科學化的張先生，轉變了一個無政府主義者，做我們的同志，我還有何說呢？但是我愛美詞，我尤愛眞理。　無政府時代雖我們不及親見，我想必定是一個瑤池樂園，決不是高粱幹子土屋，還有拉洋車人的人境。　我們人類，自己不要毛皮，自己不要爪牙，四個足跑路很穩當，自己冒險，叫兩條後腿獨任了跑路，把兩條前腿轉變成了兩隻手，便已心懷不良，有要鬧出物質文明的整備。　張先生應該在此時早早反對那兩隻毒手，才算眞有見地。什麼放他在抱犢谷用高粱幹子，會造起土房，他定要不安本分出個孫美瑤同臨城的火車戰爭了。　張先生若說他長了手，也便就會讀程氏遺書及朱子全書，精神亦高出於猴子。這我本絕對的承認。　然卽此便可見他長了手，他才有讀程朱理學的結果。　最初便是物質進步，然後精神進步。　就讓一步來講，他精神進步，有將讀程朱理學之傾向，他自然便長了手，馬上叫物質也跟着進步。　精神物質是雙方並進，互相促成，什麼戰爭不戰爭，竟會歸咎到物質呢？　西方物質進步，故精神亦隨了進步。　若理想的無戰爭，必要經由社會主義，及張先生的理想無政府主義，才可達到。　程朱的理學，他做夢也說不上。　沒有哥白尼把一個物質的太陽放在中心，張先生理想的無政府名詞，在宋明理學書上尋得出麼？　所以張先生的人生觀，現在我的見解與丁先生又是不同。他並不是撞見了玄學鬼，他乃不曾請教玄學鬼。他的人生觀，是誤在他的宇宙觀。這說來話長，我已在太平洋雜誌上投一文，帶着批評了，現在也可以不必羼說。我現在要老實請教張先生的，我有三個武斷：

（一）張先生厭惡的物質文明，大約卽指種種的所謂奇技淫巧。我說他現在所謂奇技淫巧者，過了數百年，還止同今日高粱幹子的土房一樣。張先生若活到彼時，定還要氣得腹大如牛，亦且瞠目不曉得如何反對。

（二）從今日而到理想的無政府，至少還有比歐戰大的三十六回，同歐戰一樣的七十二次。這是我的最乾脆最讓步的批評。

（三）小學强迫雖未普行於全世界，理論則已普遍。中學强迫，在三十年後，世界上必有一區首先行之。大學强迫在世界完全實行，克己點說三千年，放個大砲說三百年後。到大學强迫的時節，街上的洋車夫，灶下的老媽子，都具有張君勱先生的智識，你想他還會做洋車夫麼？還會做老媽子麼？他們還肯戰爭麽？　他們還會當什麽飛機汽車算得上物質文明麽？

本此三武斷可以復下一結論曰：惟物質文明進步到不可思議，設備強迫全世界人的大學輕而易舉世界方能至於無戰爭。

如謂此次歐戰，如何促成，曰：是乃張先生反對物質文明所促成。　有人曰，德國物質文明忽進步不已，製造了東西太多，思往外販賣。　英國物質文明也進步不已，製造了東西太多，也思往外販賣。　因而攘奪販賣場，就弄到戰爭。　這戰爭不是明明物質文明所促成？我說這是事實，我所承認。　然若世界上都同美國一樣，他們到那裏去尋販賣場？　還不是大家收了野心，互相交易而退，各得其所，每天發明點奇技淫巧，以相娛樂麽？　惟其印度有位張先生讀太谷兒的好詩，反對物質文明；南洋羣島有位張先生學巫來由長老的靜坐，反對物質文明；中國又的確有位張先生，在灰堆裏拾着一個程夫子的玩物喪志，好像熱狂的拜倒，又反對物質文明。　然而從寸布一針都要叫柏林或倫敦供給。　從前老頑固洋烟是要吸的，洋錢是要拿的，洋學是反對的。　現在張先生是理學名儒，洋烟洋錢是不要了。　然而火車是要坐的，不肯坐騾車的；輪船是要坐的，不肯坐釣船的；推而至於風扇也要裝的，電燈也要點的：於是柏林要攬張先生做主顧，倫敦也要拿張先生算買客，綠氣砲便發動了。若歸獄於火車輪船風扇電燈洋布洋針，他們老實板起了面孔回報道，你既要用我們，你何不學美國將我們自造？ 若歸獄於張先生的反對物質文明，又要需用他，張先生何說之辭？張先生恕罪，張先生為我們所敬畏之友，且實在是個物質文明提倡者。 他是傷心着綠氣砲，臨時瘋顛。 凡冒犯個人之處，乃是戲言。 至世界有不進步之民族，惹起物質文明進步人之野心，乃是眞理。 歐戰之損失，是余中國人之罪也夫，是余中國人之罪也夫，於物質文明何與？ 這種話頭是三十年前郭筠仙為了劉錫鴻說的，二十年前梁卓如為了張之洞說的，不料到了今天還要陳庸腐臭的叫吳稚暉為了梁啓超張嘉森說，眞算倒楣。

（附註） 何以羼雜了得罪梁先生呢？ 因為張先生的玄學鬼，首先是託梁先生的歐游心影錄帶回的。 最近梁先生上了胡適之的惡當，公然把他長與學舍以前夾在書包裏的一篇書目答問摘要，從西山送到清華園，又災梨禍棗，費了許多報紙雜記的紙張傳錄了，眞可發一笑。

二十年前張之洞王先謙李文田之徒，重張顧王戴段的妖燄（此一時，彼一時，其詞若有憾，其實尙可相對許之）暗把曾國藩的製造局主義夭折了，產出了遮醜的西化國粹，如王仁俊一班妖怪的西學古微等。幸虧有康祖詒要長過素王，才生出一點革命精神。他的徒弟梁啓超時務報出現，眞像哥白尼的太陽中天，方才百妖皆息。當時的西學書目表，雖鄙陋得可以，然在精神上批評，要算光焰萬丈，較之今日的書目，儘管面目方雅，可惜禍世殃民，眞有一是福音，一多鬼趣之別。他受了胡適之中國哲學史大綱的影響，忽發整理國故的興會，先做什麼清代學術概論，什麼中國歷史研究法，都還要得；後來許多學術講演，大半是妖言惑衆，什麼先秦政治思想等，正與西學古微等一鼻孔出氣。所以他要造文化學院，隱隱說他若死了，國故便沒有人整理。我一見便願他早點死了。照他那樣的整理起來，不知要葬送多少青年哩。

我不是敢罵梁先生，我是誠心的勸諫。凡事失諸毫厘，差以千里。不是胡適之的哲學史大綱便是好的，梁先生的先秦政治思想便是謬的。現今有許多古學整理的著作，我都拜倒。然而或是考訂的，或是質疑的，或是最錄的，價值都大。惟有借了酒盃澆着塊壘，眞叫做下作。

胡先生的大綱，雖有一部分澆塊壘的話頭，雖用意是要革命，也很是危險，容易發生流弊。果然引出了梁漱溟的文化哲學及梁啓超的學術講演。胡先生所發生的一點革命效果，不夠他們消滅。他們的謬誤，乃是完全擺出西學古微的面孔，什麼都是我們古代有的，什麼我們還要好過別人的，一若進化學理直是狗屁。惟有二千年前天地生才，精華爲之殫竭。無論億萬斯年止要把什麼都交給周秦間幾個死鬼，請他們永遠包辦，便萬無一失了。你想他如此的向字紙簏裏，掏甘蔗渣出來咀嚼，開了曲阜大學，文化學院，遍贈青年，豈不禍世殃民呢？　這是梁先生走去那條路上，走得太遠了，所以陷入迷魂陣。

我有一天跑到胡先生的書房裏，四壁架滿了線裝書，桌上也堆得東一堆西一疊。　他隨手把面前的一堆移過，他說你看了是不樂意的。　我說這些給你看，我是熱烈贊同的。　但是我二十年前同陳頌平先生相約不看中國書，直到五四運動之後，我遇見康白情傅斯年諸位先生，我才悟他們都是飽看書史，力以不空疎為尚。　他們不是鬧什麼新文化，簡直是復古。　我想時機到了，古學有整理之必要，所以要請章太炎去里昂講經。　去年將國內國外的空氣細細一檢驗，我的思想上了大當，覺得妖霧騰空，竟縮回到時務報出世以前。　影響在政界，把什麼最熱烈的革命黨都化為最腐臭的官僚，簡單歸罪，可以說是四六電報打出來的。

這國故的臭東西，他本同小老婆吸鴉片相依為命。　小老婆吸鴉片，又同升官發財相依為命。　國學大盛，政治無不腐敗。　因為孔孟老墨便是春秋戰國亂世的產物。非再把他丟在毛廁裏三十年，現今鼓吹成一個乾燥無味的物質文明，人家用機關鎗打來，我也用機關鎗對打，把中國站住了，再整理什麼國故，毫不嫌遲。

什麼叫做國故？與我們現今的世界有什麼相關？他不過是世界一種古董，應保存的罷了。埃及巴比侖的文字，希臘羅馬的學術，因明惟識的佛經，周秦漢魏的漢學，是世界上人公共有維護之責的東西，是各國最高學院應該抽幾個古董高等學者出來作不斷的整理。這如何還可以化青年腦力，作爲現世界的教育品呢？亞里斯多德之古籍，經流血而擲諸校門以外。希臘拉丁之文，至今逐漸強迫最古董之學院廢除。此種彰明皎著的大改革，是世界共認爲天經地義的了。梁先生還要開一筆古董賬，使中學畢業的學生，挾之而渡重洋，豈非大逆不道？胡適之是拿六經三史做了招牌，實在是要騙他們讀七俠五義。梁先生上了他的當，竟老實的傻氣出來，把青年堆在灰字簏裏，梁先生自己睡了想想，也算得上一個笨伯罷？

章太炎的考據，定也不算丟醜。他那章氏叢書裏幾種小品，可以充得傳作。但他要把那灰字簏的東西，對青年做一個新系統的傳達，他就糟了。去年在江蘇省教育會的講演，我在倫敦看民國日報覺悟所載，我替他短氣。乃現在還被什麼書坊刻了出來，眞是他老年的污點。梁先生必定也替他難過。人己對照，便能覺悟那種灰色的書目，是一種於八大不利，於學無所明的東西了。

從前張小浦說得好，『倘眞正是國粹，何必急急去保？二千年以來，定孔孟爲一尊，斥老墨爲異端，排除無所不至，然而老墨之書至今光景長新。』所以在三十年內，姑且儘着梁先生等幾個少數學者，抱殘守缺，已經足夠，不必立什麼文化學院，貽害多數青年；更不必叫出洋學生帶了許多線裝書出去，成一個廢物而歸。充其量都成了胡適之胡先驌諸位先生，也不過做一個洋八股的創造人而已。少數的胡適之胡先驌原是要的，不幸梁先生要大批的造，不幸又有最高等的學者張君勱先生出來做護法，使他繁殖。因此，同張先生反抗，並詞連了梁先生。

——轉錄晨報副刊——

評所謂『科學與玄學之爭』

范壽康

（一）緒論

自張君勱氏在清華週刊第二七二期上發表了一篇講演稿『人生觀』以後，引起了我國學術界年來罕見的大波瀾。所謂『科學與玄學之爭』的導火線就是這篇『人生觀』。張君勱氏爲了這篇文字，不久就引起了丁文江氏的駁擊。丁氏發難以後，于是加入這一次的爭論的有梁啓超任叔永胡適之孫伏園林宰平張東蓀章演存朱經農唐鉞甘蟄仙王星拱等諸氏，對于這種大規模的學術上的討論，一方面我覺得這是學術界應有的事情，所以我以爲這種爭論在爭論本身上是應該提倡，却不應該排斥；但是在他方面我却覺得這次討論的內容未能十分令人滿意，所以我不顧自己學識的淺陋，以爲爲眞理起見，爲學術起見，還有出來把這筆總賬清算一下的必要。

我看這次論爭的中心要在於『人生觀與科學的關係，』所以關於討論的程次和範圍似應由這個中心問題而決定。 梁啟超氏在他那篇『人生觀與科學』裏面說得好：

> 『凡辯論先要把辯論對象的內容確定：先公認甲是什麼乙是什麼，纔能說到甲和乙的關係何如。 否則一定鬧到「驢頭不對馬嘴，」當局的辯論沒有結果，旁觀的越發迷惑。 我很可惜君勱這篇文章，不過在學校裏隨便講演，未曾把「人生觀」和「科學」給他一個定義。 在君也不過拈起來就駁。 究竟他們兩位所謂「人生觀，」所謂「科學，」是否同屬一件東西，不惟我們觀戰人摸不清楚，只怕兩邊主將也未必能心心相印哩。』

梁氏這段評論最是確當。 這次論爭的缺點我以爲第一就在討論的程次和範圍問題多被忽視的一點。 梁氏獨具隻眼，對於這個問題，獨能首先認定清楚，而且他又能與以相當的解決，他確不愧爲論壇的老將。

對於討論的程次和範圍一層，——梁氏而外，——伏園氏也有一種提案。——伏園氏在『玄學科學論戰雜話』裏面說：

『我以爲現在兩方都還沒有注意到首先應該注意的三個問題，就是：玄學是什麼？ 科學是什麼？ 人生觀是什麼？ 不消說，只是這三個定義就可以討論幾百萬言而沒有解決。 不過至少，我以爲雙方都應該宣布自己對這三個名詞的定義。 這樣纔能使觀戰人明白，此方之所謂玄學科學人生觀，是不是彼方之所謂玄學，科學，人生觀。

『不過要討論這個問題，只是下了那三個定義還不夠，我以爲還有一個更重要的定義應該明白的，就是哲學是什麼？』

伏園氏這個提案雖足以證明他注意到討論的程次和範圍，然而我覺得他的見解已落梁氏之後。——他於科學之外，另立一個哲學，不是他已承認科學只能爲狹義的科學（不包含哲學在內）麼？ 但是爭論者所指的科學倘是廣義的科學，那末他這個另論哲學的意見又未免是另生枝節了。

梁氏及伏園氏而外，王星拱論『科學與人生觀，』他所定的程次和範圍也還不錯，他對於這一層的見解，大體與梁氏相同。

至於其他諸氏中間，有的人們所實施的攻擊係側面攻擊，有的人們所計畫的戰鬭係短兵相搏，可以說樹這一種堂堂正正的旗幟的差不多是沒有。

照我的私見，我同梁氏一樣，也以爲這次問題的核心既是『人生觀與科學的關係，』那末，討論的程次和範圍應當如下面所列：

（一）人生觀是什麼？

（二）科學是什麼？

（三）人生觀與科學究竟有無關係？　如有，他們二者的關係究是怎樣？

（二）人生觀是什麼？

人生觀為關於人生的現實及理想兩方面的見解。古來對於人生觀，議論極多，實在是衆說紛紜，莫衷一是。關於人生現實的見解有悲觀論及樂觀論等。關於人生理想的見解有快樂論及直覺論等。進一步言，人生觀所包含的內容雖分現實和理想兩方面，而注重却在於理想方面。我們對於人生想立一種完善的理想當然應以了解人生現實的眞狀為第一步，然而了解人生的現實究不過是為我們樹立人生理想的準備；所以人生觀就大體而言也可說是關於人生方面所有價值問題上的主張。這一種主張，實際上雖是各人各殊，但是我們對於這種人生方面各種價值問題的解決未始不能求一種共通應守的規範。這是我對於人生觀的私見一斑。

現在我再討論諸氏關於人生觀的意見。

張君勱氏在那篇『人生觀』裏面不過列舉了九條我與非我的關係，他對於人生觀起初本沒有提出一個明白的定義。丁文江氏在第一篇『玄學與科學』中間，就駁他說是我與非我的關係不止九條。張氏雖對丁氏的駁論仍有答辨，然丁氏這個責難大體是妥適的。張氏在那篇『再論人生觀與科學幷答丁在君』一文，他自己也曾下一人生觀的定義說：

『人之生於世也，內曰精神，外曰物質。內之精神變動而不居，外之物質凝滯而不進。所謂物質者，凡我以外皆屬之。如大地山河，如衣服田宅，則我以外之物也；如父母妻子，如國家社會，則我以外之人也。我對於我以外之物與人，常求所以變革之，以達於至善至美之境。雖謂古今以來之大問題，不出此精神物質之衝突可也。我對於我以外之物與人，常有所觀察也，主張也，希望也，要求也，是之謂人生觀。』

張氏在這一段文字裏面，我以爲有兩種地方可以訾議：第一，如丁氏的批評，張氏所定『物質精神的分別是以內外分，以我與非我分，』這一點未免過於幼稚；第二，張氏所謂人生觀旣是包括一切我對於我以外之物與人上面的觀察，主張，希望，要求，那末，難道張氏不是如丁氏所言，也把我與非我的關係已經從九條放大至無窮麼？

至於丁文江氏呢，他對於張氏議論的駁擊，論鋒雖銳，可是他自己對於人生觀却未曾發表一明確的定義。此外諸氏裏面對於人生觀的見解雖頗繁多，然而最得要領的要算梁啓超和王星拱二氏。現在把二氏的議論評論一下。餘則從略。

梁氏在『人生觀與科學』中說：

『人類從心界物界兩方面調和結合而成的生活叫做人生。我們懸一種理想來完成這種生活，叫做人生觀。』

梁氏這個定義，內容確是明瞭。他對於人生現實的研究方面雖行忽略，但就大體而言，他的見解是正當的。不過他的文字可惜太簡單些。

王氏在『科學與人生觀』中，論人生觀頗爲詳細，他說：

『人生觀這個名詞，因爲歷史上之沿襲，也有兩種不同的意義；一是生命之觀念，二是生活之態度。』

倘使我大體可以把生命之觀念看做人生現實的問題，把生活之態度看做人生理想的問題，那末王氏這一層的意見，就我個人看來，大體是不錯的。　但是王氏關於這兩個問題，更寫有詳明的解決這裏面却頗有懷疑的餘地。　就生命之觀念而論，他以爲生物活動和無機界之活動沒有根本的區別；就生活之態度而論，他以爲意志毫不自由，全受因果律之支配。　但是照我所見，這二點却不是這樣容易能夠速斷的問題。　生命和意志問題實是自古迄今尚未解決的謎。　我們如果能夠斷定意志毫不自由，生命全無意義，那末，人生不是變做一種機械，試問人類社會裏面還有什麼道德可言，什麼責任可講呢？　果如王氏所言，今天的社會現象不過是昨天的社會現象所必致的結果；明天的社會現象不過是今天的社會現象所必致的結果；我們人類不是簡直毫無參與的餘地麼？　退一步說，王氏縱使承認我們能夠參與，但他既以爲參與的原動力—意志—全受因果律的支配，那末，所謂參與，充其量也不過是必然的參與，我們對於這種必然的參與那有責任可講呢？　王氏倘不否認道德，我以爲王氏對於這種問題還應當愼重研究才是。

【注一】此地所謂因果律是指狹義的因果律，即必然的因果律，參看後面『因果律與充足

（三）科學是什麼？

科學的解釋有廣義和狹義兩種。照廣義講來，凡由科學方法製造出來的學問都是科學。廣義的科學裏面包含說明科學及規範科學兩種。照狹義講來，科學單指說明科學。什麼叫做說明科學？什麼叫做規範科學呢？原來我們人類所謂法則中間有兩種不同的法則：一種叫做必然的法則，一種叫做當然的法則。必然的法則（自然的法則）都是一定不變，我們不能用人力去左右他們，他們是必然的，是不可避的。當然的法則（規範）却是不然，在放任的時候，我們未必服從，也未必不服從，換言之，當然的法則的實行非必然的，是可以隨人而異的；但是在他一方面，當然的法則，縱使有時有人去背犯他，却是我們所要求的，所以我們對於他們，總想竭力發見，幷想竭力尊奉。科學裏面凡是研究必然的法則的叫做說明科學，研究當然的法則的叫做規範科學。如動物學，植物學，物理學，化學，地質學，乃至研究意識的自然的法則的心理學等都是說明科學。如論理學，美學，乃至研究人生的當然的法則的倫理學等都是規範科學。與廣義的科學—包含說明科學及規範科學—相對待的是宗教和藝術。這是我對於科學的見解的一斑。

現在我再討論諸氏關於科學的意見。

關於科學的定義，意見極多，然大體講來，似以科學方法爲廣義科學的本質的見解最占優勢。如丁文江，王星拱，唐鉞等諸氏都取這種主張。對這一層我以爲是妥適的。張君勱論科學分類及各項問題洋洋數萬言，但對科學的定義却沒有一個明白的宣言，這實在令人驚怪；不過他所謂科學從他的科學分類看來，是指廣義的科學，這却是毫無疑義的。至於反對以科學方法爲廣義科學的本質的見解的代表則有林宰平張東蓀二氏。我以下對二氏的意見略微批評一下。

林氏在『讀丁在君先生的玄學與科學』裏面說：

『……即如烏爾夫主張凡用科學方法所研究者皆可謂爲「科學的，」然嚴格說來，科學的究不是科學，換句話說就是科學方法，究不是科學自身。譬如一步一步的先搜集材料，次假定公例，又次試驗證明，這樣誠實有條理，固然應用到那一方面都相宜，然科學若僅指這種空空洞洞的方法，那麽，凡做人能夠誠實有條理的，都可稱他是個科學家麽？假如科學方法卽是科學自身，然則幾何學的方法應用於繪畫音樂等，能否卽將繪畫音樂叫做幾何學；數學方法應用到無線電上，能否說無線電就是數學；物理學應用到醫學上，能否說醫學就是物理學？……若謂繪畫等雖不能說他卽是幾何學，然他既是應用科學的方法，總可謂之科學，其實這句話只可說：繪畫等雖未嘗不可用科學的方法來研究，至於繪畫自身，他是整的，調和的，活的，不可分析的；音樂也是如此；要說他是科學就很費解的了。』

林氏這種駁論未免牽强。第一，科學既是一種學問，那末，學問自然不應該和藝術，宗敎混爲一談。我們用科學方法研究藝術或宗敎的時候，我們固然可以稱這一種科學做藝術學或宗教學，但是斷不能稱應用科學方法的藝術或宗教（假使有這一種藝術或宗教）做科學。我想丁氏的主張大概也是如此。林氏似可不必吹毛求疵。第二，科學方法雖是科學的本質，但我以爲丁氏決不會把科學方法就看做科學。科學方法是一種研究方法，科學是應用這一種研究方法而成立的學問。研究方法和應用這種研究方法的學問當然是不同的。林氏也可不必故生枝節。我以爲林氏這段辯論在討論學術上恐怕是沒有多大的價值。

至于張東蓀氏呢，他在『勞而無功』中間說：

『……丁先生說凡用科學方法都是科學，於是我們的問題一轉而變爲科學方法的討論了。科學方法若卽是形式論理，則不但玄學用之，宗教用之，乃至小說戲曲亦都用之。於是普天之下莫非科學。科學既早已如此普遍，丁先生大可不必再費九牛二虎之力以提倡了。可見科學方法決不僅是形式論理。……科學各應其對象而各取特殊的方法。這些方法雖是二次的，（卽

> 林先生所謂實質論理）卻是非常重要。若抽離這些各別的二次的方法以成根本的方法，勢必愈普遍而愈失其獨到的精神。我們要眞心提倡科學便不能僅僅注目於空間的根本的抽象的方法。』

張氏主張提倡科學應當於第一次的科學方法而外，注目於第二次的科學方法，這也未始無理。然而我要問第二次的科學方法的根源究在那兒？我們有了第一次的科學方法，所謂第二次的科學方法不是就會逐漸由此產生出來麽？不過我此地所謂第一次的科學方法，如王星拱氏所言，幷不單指形式的論理，此外還包含『許多精密嚴毅的手續。所謂精密者，是層層不漏空。所謂嚴毅者，是不以感情而定去取。宗教家小說家實在沒有用過這個方法，而且他們無須用這個方法，或者他們簡直不能用這個方法。若用這個方法，那就不成其爲宗教小說了。』張氏對此，不可悞解。更進一層，就如張氏所說，我們提倡科學應當把第一次和第二次的科學方法兼行注目，那末結局張氏所提出的問題不過是應當注目的科學方法的內包問題，對於以科學方法爲科學的本質的這一層完全沒

（四）人生觀與科學的關係

如上所述，人生觀既是關於人生的現實及理想兩方面的見解，科學又指廣義的科學，那末人生觀與科學二者，我以爲大部分是有關係的，可是同時我却主張科學決不能解決人生問題的全部。爲什麽呢？人生觀既分做現實和理想兩面，那末，我們關於人生所能得到的法則，一部是必然的法則，一部是當然的法則。而人生觀既注重於理想方面，關於現實的法則不過是爲樹立理想的準備，那末，當然的法則自然比必然的法則爲重，而所得必然的法則不過是爲樹立當然的法則的根據。因爲這個緣故，我們很可以說人生觀實在是規範科學裏面的倫理學的研究問題，同時我們也可以說：人生觀大體就是倫理規範的全部。關於倫理規範，我在拙著『教育哲學的體系』（見學藝第四卷）裏面，曾有『對於倫理規範的探討』一節，裏面說：

「我們的倫理的規範是由兩部分合成的，就是由主觀的和客觀的部分合成的。良心—就是感覺感情和意志的所合成的統一的意識—有二種的作用。（1）良心命令人類做各人所自認爲善的行爲。（2）良心又營各種善惡的評價。「做你所自認爲善的行爲！」這一個命令實在決不會錯誤的。可是許多的錯誤却是存在於善惡內容的判定裏面；就是甲以爲善的，乙未必也以爲善；乙以爲惡的，甲未必也以爲惡。康德以爲普遍妥當性是倫理規範的要件，我也以爲這個普遍妥當性確是重要。一項法則所有的妥當性範圍愈小，這項法則的威權也就愈減。倘使只有先驗的法則才能夠普遍地適用，那末，先天的形式（指1）實在是唯一的道德規範，這是毫無疑義的。所謂直覺主義就立脚於這一點，而且他只能夠也只應該中止於這一點；可是事實上他往往還想從主觀獨斷地演繹適用於實際生活的內容的倫理規範，（指2）這是直覺主義的根本錯誤。內容的倫理法則決不是如純粹主觀形式一樣，能夠單從主觀直觀而得的，我們只能用科學的探討方才能夠獲得這一種內容的倫理規範。至於這一種由科學研究而獲得的內容法則究竟有沒有普遍妥當性，這實在是一個疑問。可是我們不要忘記：（甲）單單純粹形式的規定對於實際科學和實際生活是不夠使用；（乙）從主觀方面獨斷地演繹出來的規範比從科學研究所得的規範更當少妥當性和權威。對於倫理的當為的先天形式，對於人類最可寶貴的義務意識，我們當然不應該和快樂主義的學問家一樣去全全忽視他——快樂主義的學問家將各種倫理的規範都看做經驗的產物——可是在這種先天形式以外，我們不得不根據科學研究樹立幾條更切實的內容的基本法則。「哲學家的倫理的立脚點雖是變化百出，可是他們對於道德目的的判斷是比較少於變化；倘使達於道德意識的某種發達的段階的時候，這一種判斷大概也會固定起來，和論理的關係一樣。」胡恩特（Wundt）的這一句話的確含有至理。』

就上一段文字看來，讀者當也了解我對於倫理規範的見解的大概了。我的私見以爲倫理規範—人生觀—一部分是先天的，一部分是後天的。先天的形式是由主觀的直覺而得，決不是科學所能干涉。後天的內容應由科學的方法探討而定，決不是主觀所應妄定。換句話說：人生觀的形式方面是超科學的，但是人生觀的內容方面却是科學的。而形式方面普遍妥當始終不變，除實踐外，實無更事研究的必要，所以現應研究的實偏於內容方面，而爲研究內容的法則起見，尤不得不採用科學研究法。在這一種意義，人生觀與科學二者大部分是有關係，而同時科學却不能解決人生問題的全部。

關於私見，上面已經約略述完，現在再對諸氏的議論加以批評。

張君勱氏在『人生觀』裏面，把人生觀與科學二者完全絕緣，以爲人生觀的各項問題決非科學（廣義）所能解決，而科學所能解決的決非人生觀上的問題。這一種立論未免過於超絕事實，無怪乎引起了科學家丁文江氏的攻擊。更進一層，就是張氏自己弄到後來也不能自圓其說，居然現出胡適之那篇『孫行者與張君勱』中的三對矛盾來。

我對於這一種人生觀與科學完全無關的見解不得不表示反對。

至於丁文江，王星拱，唐鉞等研究狹義的科學的諸氏呢，他們對於科學（狹義）與人生觀二者似乎都有主張完全相關的傾向。換句話說：他們都以爲人生觀的解决全賴狹義的科學，狹義的科學能夠解决人生觀的全部。弄到結局，他們竟至承認人類的意志全受因果律（狹義）的支配，他們看人類直同機械一樣，他們否認自由和道德。這種議論是科學家對於人生觀所時有的偏見。我對於這一種人生觀與科學完全相關的見解也不敢表示贊成。

就人生觀與科學的關係而言，完全無關和完全相關的兩種見解既都難稱妥適，那末，能夠成立的自然不出部分相關的見解。諸氏裏面抱部分相關的主張最明顯的要推梁啓超氏。梁氏在他的『人生觀與科學』裏面說：

『人生問題，有大部分是可以——而且必要用科學方法來解决的。却有一小部分——或者還是最重要的部分是超科學的。』

對於梁氏上面的判斷，我是全體贊成的。可是梁氏在那篇的末段對於上面的判斷所添的說明還未能使我滿意。他說：

『人生關涉理智方面的事項，絕對要用科學方法來解決。關於情感方面的事項，絕對的超科學。』

對這個說明，我以爲梁氏以理智與情感的分別爲科學能否解決的界限，這是難算正當。爲什麼呢？現今的心理學不是已經把情感研究到某種程度麼？照梁氏看來，難道心理學不是科學麼？梁氏這種結論難怪要引起唐鉞氏的『癡人說夢』，說得梁氏無話可答了。現在我在最後，敢替梁氏另下一種的說明如下：

『人類的倫理的當爲的先天形式——就是人類最可寶貴的，站在道德現象的背後而爲道德現象的資本的義務意識——是超科學的。此外的一切倫理的內容法則却完全應由科學方法來解決。』

（五）幾個附帶問題

（一）因果律與充足理由的原理

唐鉞氏在『心理現象與因果律』中說：

『我所謂因果律，就是說一切現象都有原因。』

王星拱氏在『科學與人生觀』中也說：

『因果之原理是說宇宙中之各種現象，必定有因果的關係，沒有無因而至的，也沒有不生效果的。』

以上二氏對於因果律所下的定義當然是不錯的。可是我以為這是廣義的因果律，主觀地講來，我以為這就是充足理由的原理。這一種廣義的因果律雖認定宇宙中之各種現象必有因果，但同時卻沒有包含同因必生同果的意思。這種廣義的因果律只要求有因有果，卻並未要求同因必生同果。同因必生同果是根據齊一之原理而來的。這是學理上嚴密的解釋。至於平常我們在實際談論上或文字上所講的因果律卻是狹義的因果律，幷不是這一種廣義的因果律。換句話說，是指包括因果及齊一兩原理的因果律，卻不是單指原理的因果律。所以對這一層，我以爲辨論者應當辨別淸楚。

（二） 人生觀的科學與科學的人生觀

任叔永氏在『人生觀的科學或科學的人生觀』裏面下個明白的斷定說：

『人生觀的科學是不可能的事，而科學的人生觀卻是可能的事。』

對這個斷定，我覺得不十分對。科學的人生觀固然可能，人生觀的科學爲什麼談科學的人一定要讓給談玄學的人去講？換言之，人生觀的科學爲什麼是不可能？人生觀雖有一極小部分是超科學的，但是這一部分是唯一的先天形式，把來做一種最後假定，無所不可，而此外一切對於內容的法則正待用科學方法去切實解決。從來的倫理學就可說是研究人生規範的科學。任氏難道不知道這種科學的存在麼？我看任氏所以不承認人生觀的科學能夠成立的理由，似乎在於這一種學問的法則不能强人以必同的這一點。

他說：

『張君所說的人生觀既然是一個渾沌囫圇的東西，科學方法自然用不上去。張君是不曾學過科學的人，不明白科學的性質，倒也罷了；丁君乃研究地質的科學家，偏要拿科學來和張君的人生觀搗亂，眞是牛頭不對馬嘴了。』

照任氏的意思，以爲丁氏不能勉强張氏用科學方法去定人生觀，那就可以不必拿科學和張氏相辯，也就可以證明人生觀的科學不能成立。這樣講來，我們不能勉强他人用科學方法去解決眞或美的問題，那末，論理學或美學難道就不能成立了麽？說明科學的法則固然是必然的，可是規範科學的法則是當然的，却非必然的。當然的法則，不能强人以必同，但却不失爲一般所要求。我以爲人生觀的科學之能否成立和張氏之遵奉該科學的法則與否完全是兩個問題。任氏把來混做一起，那就未免是錯誤了。

（三）辨論的態度

關於此次論戰的態度，我以爲極有缺點。對這個問題，梁啓超氏早已發表了一篇

『關于玄學與科學論戰之戰時國際公法。』梁氏說：

『我希望措詞莊重懇摯，萬不可有嘲笑或嫚罵語。倘若一方面偶然不檢，也希望他方面別要效尤。』

唐鉞氏在『玄學與科學論爭所給的暗示』裏面也有一段論辨論者對於對方應取的態度，唐氏說：

『文字究竟比不得談話，大家總要莊重些爲是。』

梁唐二氏的議論是極有價值的。丁在君以爲努力是給一般讀者看的，所以他就該說些頑皮活。我以爲丁氏這種迎合心理的態度决不是學問家所應取。丁氏對于這次參加論戰者的態度惡化不得不負重大的責任。

七月十日上海

【註二】做這篇文章的時候，第一因爲時間短促，第二因爲材料繁雜，種種遺漏的地方實是在所不免，所以讀者諸位能加以切實的指正最所盼望！

——轉錄第五卷第四號學藝——

讀了評所謂『科學與玄學』之爭以後

唐鉞

學藝第五卷第四號登載范壽康先生的評所謂『科學與玄學之爭』這篇可稱文理密察，議論審愼。惟是對於鄙見的解釋，有不盡與我意想相符的，我不得不說幾句。

（一）因果律的廣狹二義

范先生以爲通常所謂因果律是『狹義的因果律』即齊一的原理，（謂同種的因必生同種的果，）而我對于因果律所下的界說却是指『廣義的因果律』（謂各種現象必有因果）未免有辨別不淸楚的毛病。我原說『我所謂因果律，就是說：一切現象，都有原因』 我這界說，才看好像是單指廣義的因果律，其實是包括廣狹二義。 因爲我底下緊接着就說明原因的意義。 據我那裏（心理現象與因果律）所說的，一說『有因有果，』就是說『同種的因必生同種的果，』我于下文又說『因果的關係，不過是可以互從推知的意思。』 若同種因不必生同種果，怎麼可以互從推知呢？ 或者范先生以一種果也許有幾種原因。（這一層通常稱爲原因的紛歧 Plurality of causes ） 但是這不過是我們知識沒到精密時暫有的現象，並不是事實上如是。 苦雷頓在他的論理學導言中有幾句話說得很淺顯，我引他於下：

『嗜酒可以因事例不同而原因不同：熱可以由燃燒，或摩擦，或電發生。……這種缺點不過是太寬泛或太膚淺的分析的結果。 到分析能找出實在是怎麼一回事——結果的眞相——的時候，就可以決定他的惟一面基本的原因的性質。』（J. E. Creighton, An Introductory Logic, P. 244.） 同理，一種因也只有一種果。 所以我的界說，似乎不應該引起讀者的誤會。

范先生以爲廣義的因果律就是充足理由的原理。我的淺見以爲，這也不甚妥適。首先稱說這個原理是萊勃尼茲。他說：『由充足理由的原理，我們判定若沒有充足理由解釋何以事實或命題恰是這樣而不是別樣，沒有一事實是眞有，沒有一命題是眞實。（雖然這些理由常常爲我們所不知道）』（見他的單極論中）雖然這個原理可以包括廣義的因果律，但是他的範圍廣泛，似乎不應該把他們兩個看做同物。嚴密言之，我們應該分別三個原理：

（甲）充足理由的原理；

（乙）因果的原理——一切現象都爲前事所制約；

（丙）齊一的原理，亦稱歸納的原理——同種的原因必有同種的結果。

（二） 人生觀與科學

范先生又說：『他們（指丁文江，王星拱，唐鉞等）都以爲……狹義的科學能夠解決人生觀的全部。弄到結局，他們竟至承認人類的意志全受因果律（狹義）的支配，他們看人類直同機械一般，他們否認自由和道德。』關於自由和道德，以下再說。這裏我要說對於人生觀與科學的關係。范先生同我的意見實質上沒有大差異，不過言語上差別罷了。爲什麼呢？

我在一個癡人的說夢中說，直接經驗（所與）是科學的起點。所謂起點，就是說非科學所能轉移的。范先生說：人生觀的『先天的形式是由主觀的直覺而得，決不是科學所能干涉。』范先生的『先天的形式』就是『義務意識。』這『義務意識』若的確是由直覺而得，（這事還沒有定論，暫且假定的確如此，）那末，就是我所謂直接經驗之一種。那末，范先生的主張同我的有什麼不同呢？

人生觀雖然是包含有直覺的部份，但是我們却可以說『科學能夠解決人生觀的全部。』因爲縱使所謂『義務意識』是由直覺而來的，而人生觀之所以爲人生觀，却是對何種現象而起『義務意識』的問題而不在於『義務意識。』這樣看來，就是說科學可以解決人生觀的全部，也無不可。因爲一切科學都着含直覺的部份這部份是不發生問題的，是無所用其解決的，也從來沒有科學家要解決這部份的。譬如我們能感白色，這有什麼可以解決的；要解決的是如何而才感白色罷了。范先生在所引他的敎育哲學體系一段中分倫理規範爲形式的內容的。我的意見以爲人生觀只是內容的倫理規範的問題，而不是形式的規範的問題。所以我以爲人生觀不是由直覺而得，科學可以解決人生觀的全部。

或者范先生以爲人生觀的直覺的部份是『最重要的部份；爲注重起見，我們應該說科學不能解決人生觀的全部。』我以爲這所謂重要是實用上的重要而非學理上的重要。我們討論科學與人生觀的關係，所爭者是學理問題而不是實用問題。自學理方面看起來，『義務意識』是不成問題，因而不是重要。范先生所謂『義務意識，』就是『做你所自認爲善的行爲。』（見敎育哲學體系）『善』的意義就是『應當做的。』所以這意識，就是『做你所自認爲應當做的行爲。』這句話，實在不能夠發生一點效力，因爲我們所要解決的正是你所自認爲應當做的到底是不是你應當做的。這個問題惟科學可以解決，直覺只可敬謝不敏了。

這樣看來，更可以明白直覺在人生觀上，並不算是最緊要的了。因爲他所給與我們的，不過一句贅疣的話『做你所自認爲應做的行爲』罷了。即范先生自己也以爲『所得必然的法則（指狹義科學所探討的）……是爲樹立當然的法則的根據。』當然的法則既然須待必然的法則的根據而方可樹立，還用得着什麼直覺呢？

（三）意志自由與道德

范先生說我否認意志自由和道德。我自信我並沒有發表這種渾括的議論。不知道范先生何以說我如是主張。

范先生在駁王星拱先生的那一段說：『他既以爲參與（社會現象）的原動力—意志—全受因果律的支配；那末，所謂參與，充其量也不過是必然的參與，我們對於這種必然的參與，那有責任可講呢？』恐怕范先生對我也有這種的懷疑。由這段看來，范先生似乎以爲意志如有原因，就無責任可言；所以說我是否認道德，因爲我是主張意志有因的。范先生說，意志自由的問題，是『自古迄今尚未解決的謎。』當然我不敢冒昧來嘗試解決，但我們雖不能解決，卻至少可以研究這個謎到底是不是一個謎。

我的淺見，以爲『意志受因果律的支配』同『一個人對于他的活動應該負責』不是不相容的問題。這點，我在心理現象與因果律中（庚）段已經簡單地說過。不知道何以范先生說我否認道德的責任。

關于意志有因與道德的責任不相衝突的理由，我姑且再說幾句。

（甲）『意志自由』這話本來有二義。鮑爾森在他的倫理體系第二卷第九章中把他分稱心理的及玄學的。他說：『前者是指以自己的意志起決心及行爲的能力；（抉擇的自由）後者是說意志或各特殊決心的自身沒有原因』（F. Paulsen, A System of Ethics Bk. I Chap. IX）他在同章又說：『道德上的負責及法律上的負責不過根據于心理的自由』 我在心理現象與因果律裏所否認的只是意志的玄學的自由，（卽意志無因）並沒有否認心理上的自由。 怎麼可以說我否認道德上責任呢？

（乙）倘是有人說我的意志既是爲某些原因所制約，那末你們去請那些原因負責好了，不要問我。 然而我們所謂要一個人負責，不過說我們可以因他的行爲的惡果而加以相當的科罰。 這科罰的目的，正是要對治那些原因。 因爲意志的這些原因是在那個人的身上，因之，科罰也加在那個人的身上，期望能消滅這些原因或防阻他使不至妄發。所以我們如知道惡果的原因不在他的身上，如一個人餓了五六日以後，偷了三塊餅吃之類，我們就不加罰於他，而只設法改良他的環境；因爲這行爲的主要原因不在他而在環境。又如白癡的人做壞事，我們不施刑罰；因爲在這種人施刑不能對治做壞事的原因。 若說作惡既然是全由因果的必然關係，何以要對治。 我們可以答說，社會的對治，也是因果的必然關係。

（丙）以上所說，或者有人以爲只能說明意志有因不悖於負責原理，而不能免去把人生弄成毫無意味的結局。他們以爲我的意志旣有原因，我的學問功業及其他活動，都是許多原因的成績，還有什麼意味呢？我且請問所謂我者是什麼東西，難道這些意志和意志的原因（卽性格習慣等）不是我嗎？那末，所謂許多原因的成績，不就是我的成績嗎？

也許又有人說：意志的近因，如性情習慣等，固然是我；但推而極之，性格習慣等，都是遺傳和從前環境的結果。所以我的事業，尋根究底，只是遺傳和環境的成績；有什麼意味可言呢？這有兩層解答：

（a）自今溯前，我固是許多非我的原因的結晶品；而自今推後，我却是許多非我的結果的原動力。我覺得這將來的意味正無窮哩，何至於毫無意味呢？

（b）我之爲我，固然是遺傳及從前環境的結果；但是除却此我，却沒有別的我。此我是我惟一的所有。我何至覺得他的活動毫無意味呢？或者因爲此我不過是種種前因的結果，因而斷定一切世事都無意味，像佛法小乘敎所主張的，也未嘗不是『持之有故。』不過大多數人都不作如是觀，並不因爲此我是因緣和合而成遂對於學問事業等失掉興味了。

以上拉拉雜雜說了許多話，不過要說明我前此幾篇議論的立脚點，並不是系統的討論。亂雜無章的地方，只得請讀者原諒了。

十二，九，廿二。

——轉錄努力週報——

一個新信仰的宇宙觀及人生觀

吳稚暉

小引

我做這篇文章，是拿着鄉下老頭兒靠在『柴積』上，晒『日黃』，說閑空的態度，來點化我，超度我，解釋我自己的一霎那的。我固然不配講什麼哲理，我老實也很謬妄的看不起那配式子，搬字眼弄得自己也頭昏腦脹的哲學。他的結局，止把那痳醉性的囈語，你謳我，我謳你，又加上好名詞，叫他是超理智的玄談；你敬我，我敬你，叫做什麼佛學，什麼老學，什麼孔學道學，什麼希臘派，什麼經院派，什麼經驗派，理性派，批判派等等，串多少把戲，掉多少鎗花。他的起初，想也不過求個滿意的信仰。跟手，變成了『學』。一變成了學，便必定容易忘了本旨，止在斷爛朝報中，將自己的式子同別人的式子鬥寶，將自己的字眼同別人的字眼炫博。學固然是學了。學者固然是學者了。問他為什麼串那許多把戲，掉那許多鎗花，也就不如靠在柴積上的日黃中，無責任的閑空白嚼了出來，倒乾脆一點了。所以有人對我說，德國人譏誚哲學家，常說『哲學是把做成系統（所謂式子）的話，去妄用他的名詞（所謂字眼）的。』這固然是言之太過，然形容哲學家鬧得人太兇，不能叫人簡單了解，存心擺他學者的臭架子，也是有幾分實情的。

但是，從又一方面講來，我的對於學者，頗能懂得應該要加個相當敬禮。其詞若有憾焉，其實乃深喜之。我知道『雖善無徵，無徵不信，雖善不尊，不尊不信，』學者要維持一點門面，不能鹵莽滅裂，在柴積上日黃中，把無責任的瞎嚼蛆，亂噴出來，求一時的痛快，遺無窮的笑柄。學者非但不肯幹，也不應幹。故止好說了半句，留了半句，耐耐性性的經過幾百年幾千年，經過幾十個學者幾百個學者，才一點一點的愈加分明出來。於是有的東西，在從前，聖人也糊塗的，到如今柴積上日黃中的老頭兒也知覺了，還有連現在的聖人也懂不來的，自然現在柴積上日黃中的老頭兒更夢也不曾做着，又止好讓學者擺起臭架子，烏煙瘴氣地去整理整理整理了再千百年再叫往後柴積上日黃中的老頭兒看做平常。這種逃不過的麻煩，我也是懂的。然因為如此，我這篇文章，也就有『予不得已』的氣概，把『誼不容辭』的責任心，强迫着寫了出來了。

第一理由是簡單的：就是為那無責任的痛快瞎嚼蛆，不免遺着無窮笑柄的閑談天，止有柴積上日黃中的老頭兒，也懂不得難為情，可一說徑出的。

第二理由是繁複的：積了無窮學者，一個明白過一個，才在綿延的歷程中有個比較的明白。這也就是我肯崇拜學者的惟一緣故。故學者的後勝於前，並不是後人聰明才力一定過於前人，止是許多前人代他積了智識，他容易暴富。所以好像如梁卓如梁漱溟兩位先生在任何一方面都超過我們的孔二先生。並且也是孔二先生在天之靈（聊爾云云）願意『他倆』勝過『他老』的呀。因為世上沒有一個父親不盼望兒子『跨竈』，沒有一個師父不願意徒弟『青出於藍而勝於藍』。　若偏是孔二先生妒忌有勝過他的兩個梁家小後生，那中國止好一代不如一代，這無異說中國人將由癡愚而禽獸，禽獸而蛆蟲，止賸他巍巍然高坐大成殿上，他老也有什麼顯煥呢？　他從一貫而大同，好像他的敎育，立能化腐臭爲神奇。　然敎了二千幾百年，止是愈敎愈劣，便是兩位梁先生數年前自稱一個觔斗已跳出十萬八千里者，現在承認還是在他手掌之中，這又無異承認這位『走方郎中』止是說嘴賣假藥，並無起死回生的本領，所以對他愈加佩服，無異把他的敎育招牌投入毛厠，撕破他的假面。　兩位梁先生自己個人的謙光，自是美德。　最好笑的，衆口一詞，物質文明掀起了此番大戰。　此番大戰乃是空前的大戰，（好笑）又是最後的大戰。（更好笑）　所以有個甚滑稽的羅素，信口胡扯，一面發發自己的牢騷，一面拍拍我們的馬屁，口氣之中，似乎要決意舍了他歐洲的物質文明，來尋我們『中國的精神文明』　（羅素是滑稽已極的滑稽，他胸中是雪亮的。　然歐洲像他那樣口氣的傻子，眞也不止一人，無非止是臭肉麻的牢騷。）於是吹入我們素有誇大狂喜歡擺空子架而又久失體面的朋友們耳朶裏來了，這種恭維，無異雪中送炭，自然不知不覺，感動入骨，相信入骨，也把自己催眠起來。縱使兩位梁先生的文化學院曲阜大學在理都是可有而且應有，但似乎太早了一點。恰恰好像幫助萬惡的舊習慣戰勝新生命，替孔二先生的大喫牛肉，加寫了一張保單，却恰恰把他老人家子孫的飯碗，無意中可以一齊敲破。因此我這篇文章的直覺信仰，也或者間接的對於最近中國思潮，獻着一點號泣而諫的愚誠。

新信仰

大家都說，『凡人不會無信仰，』這是對的。有人說，『人人有個信仰，便是人人有個宗敎，信仰便是宗敎，』這是不對。這是名詞上向來太籠統的謬誤。古代把一切哲學倫理學敎育學美學等皆混合於宗敎，現在他們一一脫離了宗敎，自己獨立起來，宗敎亦沒有話說。宗敎的範圍，就自然的縮小。但現在還不曾立一個信仰學，把宗敎附屬在他底下，畢竟仍讓宗敎一名詞代表了一切信仰，反把種種非宗敎的信仰隸屬在宗敎學，惹得多數學問家而非宗敎家的，常說宗敎可以不信，宗敎學殊有研究之價值。其實彼所謂宗敎學，卽指信仰學的全部。故宗敎一名詞，最好嚴格的限制了以神爲對象。這又是宗敎家求仁得仁，最所贊同。本來若將許多無神的信仰，羼入宗敎學，雖是學問家所許，必非宗敎家所樂。所以眞要淸楚，頂好是立一信仰學的名詞，把宗敎學管領了起來，其式如左：

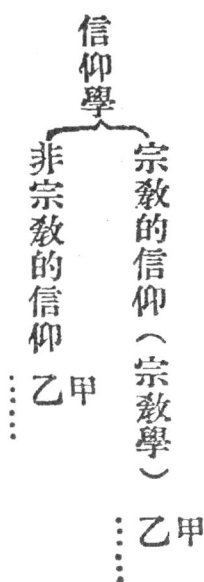

信仰學
- 宗敎的信仰（宗敎學）……甲乙
- 非宗敎的信仰……甲乙

如此，信仰學是學問家所當研究。彼所管領的宗敎學，宗敎家固在必應研究之列，卽非宗敎家爲其有人類進化史上相當價值，亦極可研究。

閑話少說，我所謂『新信仰的宇宙觀及人生觀』不過說這個宇宙觀及人生觀，並非哲學家的宇宙觀人生觀，乃是柴積上日黃中鄉下老頭兒信仰中的宇宙觀人生觀。這個信仰是一個新信仰，非同『虔城隍拜土地』宗敎式的舊信仰。然未下這解釋時，我又怕把這新信仰三字標了出來，避開哲學範圍，終竟被講信仰學的先生們拉進宗敎區域，那末免驢頭不對了馬嘴，故表明幾句。

宇宙觀

舉現象世界，精神世界，萬有世界，（有）沒有世界，（無）適用時間空間的，不適用時間空間的，順理成章的，往來矛盾的，能直覺的，不能直覺的，合成一個東西，强加名言，或名曰本體，又曰一切根源。照我合成的成分而說，旣應統括萬有及沒有，……則又有所謂『一個』，所謂『本體』，所謂『根源』，下這樣的具體名詞，自然於理論爲極不可通。然我拿玄談家滑稽的老把戲來做回答，可說照我上面的界說，理論自身，配算什麼一個東西；旣明白的指出包括『往來矛盾，』便也何妨有所謂『本體』等等，不合理論的矛盾。若還就理論，做一個老實的回答就是由我執筆而寫，我卽萬有的一分子。寫了要諸君賜看，諸君又不過是萬有的一分子。我能寫，你能看，便非用個名詞不可。到了我們超入沒有我們，自然用不着名詞，我也用不着寫，也沒有諸君要看。更定然沒有這篇文章。自然而然，便沒有這種『一個』呀，『本體』呀，『根源』呀等的名詞了。現在姑且用了他們，好在柴積上日黃中嚼着白蛆。

如是，放之則彌六合，變爲萬有，是這一個；卷之則退藏於密，變爲沒有，也是這一個。（凡此文偶引成語，皆取其恰合下筆時之論調而已，非有心表示同意。因我此文，止表示個人信仰，非所以言學。不敢誣古人拉偶象，在柴積上紮綵。）陳老古董所謂萬物有生，原質是風水地火，或金木水火土，是這一個。新西洋景所謂綿延創化，是片斷而非整個，止有眞時，並無空間也是這一個。所以不消說得煤油大王家的哲學主義，名叫實驗，吳稚暉拚命做這文章，鼓吹物質，是這一個。就是那低眉菩薩的涅槃，悲觀少年的虛無，也是這一個。我不管什麼叫做無極太極道妙眞如，又不管一元多元玄元靈子，我止曉得逼住了我，最後定說到『一個。』

先要插說緊要而又不相干的幾句。我這篇文章，也可以如丁在君先生的說法，（丁先生玄學與科學一文見努力週報）的確是玄學鬼附在我身上說的。然而我敢說附在我身上的玄學鬼，他是受過科學神的洗禮的。這種玄學鬼一定到世界末日，可以存在，不受孔德排斥的。附在我身上的玄學鬼，沒有附在張君勱先生身上的那種『無賴。』他不敢說到『初無論理學之公例以限制之，無所謂定義，無所謂方法。』他止想要求科學神占領的區域，把丁先生所謂可知道的，占領了去。可知道區域裏假設，儘科學神用論理去假設着。把那丁先生所謂不可知的區域，賸下了，讓給玄學鬼占領了。不可知區域裏的假設，責成玄學鬼也帶着論理色采去假設着。雖這種帶些論理色采的玄學鬼，必定被那『大搖大擺』的鬼同胞，笑着矛盾，笑着淺薄，但因爲他能竭力要想幫科學神的忙，所以鬧這個玄謊，也便定可免得丁先生的一『打』。

第一便要在這插說中交代明白，凡說到是『信仰』上的『一個』容易有『無賴』的玄學鬼來贈送徽號，叫他做上帝，叫他做神。可以混同夾賬，拉扯着三百年前的笛卡兒先生們，說道你所說的一個，便是無所不在的神，無所不在的上帝。那我要恭恭敬敬立起來，唱着喏搖頭道，這未免太褻瀆了。我說的一個，我自己固然就是他；便是毛厠裏的石頭也是他。說我便是上帝，便是神，已滑稽得可以了。并且說毛厠裏的石頭，亦是上帝，亦是神，不嫌太難堪嗎?所以縱使我請我的玄學鬼，『無賴』一下，讓一千步一萬步，承認有個上帝，有個神。上帝神非卽我，非卽毛厠裏的石頭。不過有個我，便有個上帝神來鑑臨了我；褻瀆點又說有塊毛厠裏的石頭，便又有個上帝神去鑑臨了他；那就上帝神也已降尊得極咯。充其量，上帝神止是那『一個』裏面的貴族。我與毛廁裏的石頭是『一個』裏面的落難者，淪於卑賤的罷了。上帝神之與我，之與毛廁裏的石頭，還是同屈於一個之下。上帝神決非便是那最後的一個。如此，既然上帝神不過一個的一分子，則我與毛廁裏的石頭，也忝爲一個的一分子。肯承認上帝神獨爲貴族嗎，我們自己肯永屈卑賤嗎，這便定有問題發生的呀。這種憑空的推戴同一分子，來做我們的上帝神，止有讓宗教家去賤賣。在我同毛廁裏的石頭皆受過科學神洗禮的玄學鬼，到底不肯太『無賴』全把論理抹煞。所以在論理上還是不肯讓步，完全否認着有什麼上帝，有什麼神。

或則另有蒙混着說道，上帝神是有超絕性的，超出於你所謂『一個』的。哈哈，這是『大搖大擺』的『無賴』玄學鬼常作口頭禪，用來把人催眠的。可惜那無賴玄學鬼的伎倆，弄不出什麼神通，能跳出『一個』的圈子之外。『一個』是包括了『沒有世界，』換言之便是已經包括了超絕。區區止有一點超絕性的上帝神，眞正要叫何足道哉，何足道哉了。故爾，那種駭得煞人的顯赫的名詞，上帝呀，神呀，還是取銷了好。否則惟有我吳稚暉畢竟還笑笑罷了。深恐毛厠裏的石頭，塊塊都出來爭稱上帝，爭稱神，那就上帝神的尊嚴終要掃地的呀。

把以上得罪上帝神的插說，完全交代明白，意思就是說我以後說下去，倘然有些離奇得太好笑的名目，假設出來，決非大講神話。止是要說得淺薄容易聽懂，好讓環着柴積，在日黃中的聽衆，聽了像煞有价事罷了。

那我便劈頭的假設着，我所謂一個，是一個活物。從他『一個』變成現象世界，精神世界，萬有世界，沒有世界，無論適用時間空間的，不適用時間空間的，順理成章的，往來矛盾的，能直覺的，不能直覺的，恆河沙數的形形色色，有有無無，自然也通是活物。

又應急要的插說幾句，有人問，笑話了！別底先不要問，請問既說沒有，叫做『無』，如何還去裝上『物』，更說『活』呢？我就笑答道，因爲『無』也是

『一個』一分子，『一個』是活物，所以他也應是活物。 你不曾看見我寫了一撇三畫四豎四點，如此的不憚煩，我才能說，你才能懂；我才能肯定他『物』的『活』的，你才能否定他不該『物』的『活』的。 這簡直還可以六合之外，聖人存而不論嗎？ 你若再說他是超絕，他是不可思議，對咯，更圓滿了！ 但是你更瘋了，筆畫却更多了。 剛剛更替我證明白應該注意了。 注意所能及，很淺近的便是包括在『一個』裏了。 一個是活物，他就確確實實也是活物了。

又自從一個變成了萬有世界及沒有世界，照論理是但有萬有世界及沒有世界，更無一個存在。 必要有到絕對，無所謂萬有，更以外無『無』，止有一個不大不小不長不短不硬不軟不白不黑……的東西，才復返於一個，否則無到絕對，我且擱筆，你亦莫問，也便復返於一個。 除此兩途之外，一個乃無從存在，你倘然要看看那一個是什麼東西，就拿我看看；或者就拿面鏡子拿你自己看看；或者就拿毛厠裏的石頭看看。　說得闊大點，更用着千里鏡顯微鏡等拿世界萬有看看。　你若看得厭煩了，更閉了眼睛，拿浩浩蕩蕩杳杳冥冥，所謂道妙，所謂眞如，所謂玄元，所謂靈子，許多帶麻醉性，超絕及不可思議，算他『無』的，拿來想想。　皆足以見一個的一班。　我目前却要大聲而疾呼曰，整個的『一個，』已是瓜分了。　你莫認他存在！　你不要當他老祖宗看待！　又引起了一大錯誤，以爲可以代用上帝神，遇有疑難，又向『一個』去磕頭求拜，你要完全明白一個就是我，我就是你，你就是毛厠裏的石頭，就是你所可愛的淸風明月及一切物質文明精神文明，就是你所可憎的塵垢粃糠及一切蛇狼虎豹政客丘八！

言歸正傳！　有人問，你所謂『一個』是活物，乃正經講話呢，還是滑稽一下，開開玩笑？我三薰三沐的再拜而答說我是正經講話。　他說，我想你是也想『大搖大擺，』不惜『無賴，』儘着附在你身上的玄學鬼，盡量的說笑罷了。　我說，我的玄學鬼最不高明，他是最低頭服小，那裏敢大搖大擺，他是最拜倒科學神的脚下，總要附會論理，豈敢無賴呢？　他說，那麼你所得『一個』是活物的結論，有論理嗎？　我對曰：有，有！　我的那位玄學鬼，論理學是一定不精明。　但他講起話來，至少也總喜歡用着老古董的三段論法，才肯出口的。　他說，凡活物才能產生活物，換過來說，亦就可說活物乃產生自活物。　吳稚暉是活物，推原他的產生，可以直追到『一個，』所以知道那『一個』亦是活物。　他說，你先想想看，你的前提到底靠得住靠不住？　若說凡活物才能產生活物，無異就是說活物必定產生活物。　那麼從『一個』產生出來的毛厠裏石頭，也是活物，豈非大笑話呢？　我說毛厠裏的石頭，自然也是活物。　我同你去科學廟裏遊逛遊逛看。　你先跑到博物學殿上，自然止看見動植物標做活物，金石標做礦物。　你若轉到化學宮裏，便差不多看見金石都活了起來。　你又走向物理學的寶塔上面去看見了萬有引力菩薩，及相對性大神，你才把萬有沒有，一齊都活了起來，自然直活到『一個』身上去了。

我今且再把那毛厠裏的石頭先活了起來，自然見得我們那位玄學鬼，還是懂些邏輯的呢，還是一味無賴的。　凡活物的界說，拿最淺薄的話來講，就是說：

（一）是這樣東西要有質地，

（二）是他能感覺。

人是活物，有十四種原質，一隻蒼蠅有若干原質，一棵玫瑰樹有若干原質，這都不能去驕傲毛厠裏的石頭，因爲那石頭也有若干原質，立於相等的地位。　所以質地是闊過了，不必討論。　人有感覺，蒼蠅有感覺，玫瑰樹有感覺，是大家承認的了。　請問毛厠裏的石頭，他的感覺何在呢？　是如何狀況的呢？　我說：要我的玄學鬼回答這問題，他先要問人與蒼蠅與玫瑰樹，他們的感覺是同等的呢，還是差等的？　我所問的同等差等，不是問程度有什麼高下，乃是問狀況有什麼異同。　我不相信程度的高下，止相信狀況的異同。　譬如我們『人是萬物之靈』，不是天天有這種聲浪進耳朶，又不是吾人一開口便居之不疑的嗎？　如何證明白他是萬物之靈呢？　便是感覺最高等。　此即執程度之說。　及問嗅覺及得狗嗎，視覺及得貓嗎，聽覺及得鼠嗎，便又遁而至他。　謂人則不但於外有感覺，而且於內有理智，故結爲思想，形成計畫，因此高出於庶物。然問彼何以拙劣野人，對織物不及蠶之一繭，對建物不及蜂之一房，便又恍惚周章，遁而之他。謂物之本能，實勝於人，但因是便無創作。人之所以由粗至精，多勞思慮，全欲玉成其創作之偉大。哈哈，『偉大否乎』那場官司太大，不是插說幾句可以了事，也不是本問題所急要。在本問題，又最好是相對的含糊承認着，可以與吳稚暉主旨的提倡物質文明少點歧誤。就是人爲萬物之靈，吳稚暉是個人，恭維他爲萬物之靈，固然一定可以甜蜜的承受。便是在多盡點義務上着想，也儘可替諸位貴『人』相對容認了。有如陶斯道先生要拿人爲萬物之靈，做他的安生立命的藥方，我何忍笑他老人家癡愚呢？我要極罵惡人，我也止好脫口而出，說道你還像個人嗎，如是而已。我良心自懺，也止有在被窩中細想，恐怕我若如是如是，人便不當我是人。覺得不像個人，不當是人，終於不好，卽隱隱不肯失了萬物之靈的地位，所以這句話，做個盡義務時候督促物，實比上帝利害。但是宇宙除『一個』外無絕對性的東西，止有相對性的罷了。從又一方面說，若把這句人爲萬物之靈，享受權利，頓時可覺人的獰惡，誰還忍說，誰還忍想。梁漱溟先生最佩服孔子的地方，便是直覺之『仁。』 仁是一定要解做無私心合天理。 宰我不仁，那是要在他父母新死食稻衣錦。 這種食稻衣錦，便是任着私心內最要不得的忍心，是最傷天理。 所以孔子也沒有法子，止好冷峭的問他道於汝安乎。 宰我乃說安。 所以孔子轉沈靜了，止能說汝安則爲之。 此如從前我在巴黎力駁無政府主義，他現在幼稚的信條，便叫做『各盡所能，各取所需』譬之於物理學，孔老先生的『施之己而勿願，亦勿施於人，』 耶老先生的『愛人如己』便是牛頓的萬有引力說。 這『各盡所能，各取所需，』便是恩斯坦的相對原理。 我當時老實不客氣，竟說我將不盡所能，止取所需，我不願燒飯，我止願吃飯，你奈我何。 李石曾先生心平氣和的對我說道，『你吃就是啦。』 而且他背後並不曾再說『吳稚暉之不仁也，』我明天便掛了無政府黨的口頭招牌。 梁先生慧眼看孔子，而且在覺海茫茫之中，摑握住了直覺，替孔子的仁下了的解，我不能不相對承認。 但是孔二先生同梁二先生，及我吳大先生，各掀了萬物之靈的資格，倘或不遭親喪，則製錦之蠶，結稻之禾，一若天理之天，皆爲我輩而生。 推至牛羊雞豕，無不由於天心之仁愛，以彼等見惠；故我等報天，亦牛一羊一家一制爲『齊之以禮』之禮。我輩竟也老實不客氣，割不方正不食，餒不食，敗不食，要生烹活割的才好。從而食不厭其精，膾不厭其細。并且我們是無私心而合天理的君子，值不得將或有不美之名，加在自己身上；讓一個稍下等的萬物之靈，所謂廚子，讓他代擔了責任，所以我輩儘可『遠庖廚。』照這種的做品，眞正叫做汝安則爲之，我們的額上有泚了。這個問題，我們在人生觀裏，還要詳細討論的。這裏羼說幾句，未免太長了。也不過要顯出人有理性，超過禽獸的止有本能，是自己吹着罷了。人的無私心而合天理，自矜爲最高的道德，亦不過爾爾。如是那所謂萬物之靈的徽號，到底爲萬物各推代表公舉的呢，還是我們人自己賣弄着的嗎，就也不免莞爾的呀。我說這一大篇，無非表明我所謂萬物的感覺，是差等的，不是同等的。差等乃是狀況的異同，不是程度的高下，人有人的感覺，蒼蠅有蒼蠅的感覺，玫瑰樹有玫瑰樹的感覺；感覺的狀況，各各不同，各有特殊發達的條件。甲之所有，可爲乙之所無，丙之所適，非卽丁之所需。如玫瑰樹挾其所有之感覺，因人與蒼蠅所無，稱玫瑰樹爲完全，或蒼蠅取其適用之感覺，笑人與玫瑰樹不知所需，稱蒼蠅爲高等，皆定然爲自吹而已矣。自吹原亦相對的可以容許。故分感覺之高下，而有進化之一說，亦人生觀內假設所難免。惟就宇宙觀推論而至於『一個』爲活物，則不容有此差別。

講到這裏第一層可先用不值錢的玄學理想，近乎游戲的，說道毛厠裏的石頭亦有感覺。蒼蠅的感覺，非卽人的感覺，他們感覺的狀況頗極差等。玫瑰樹的感覺，非卽蒼蠅的感覺，他們的感覺，又極差等。如是焉能禁我來瞎說，毛厠裏石頭的感覺，非卽玫瑰樹的感覺，他們感覺的狀況也極差等。若欲强分高下，則石頭有其寂然不動的感覺，眞所謂無私心而合天理，所以貞固永壽。一塊毛厠裏的石頭，可以閱幾十代人而依然如故，見數百兆蒼蠅存滅，看千萬棵玫瑰樹忽而芬芳，忽而萎枯。彼如曰毛厠裏的石頭爲萬物之靈，理由亦未嘗不充足。彼另有彼之可感與彼之可覺，人與蒼蠅及玫瑰樹之感覺，皆非彼所需，故亦非彼所有，如是而已。然這種蹈空的掉鎗花，我們中國古代的玄學鬼常用『孰爲正色孰爲正味』等的論調，鬧得甚囂塵上。自然受過科學洗禮的玄學鬼，不肯就把這種空言，來作惟一的搪塞。所以說到第二層，他就要戴上科學面具，正正經經，板起了面孔，來斷定毛廁裏的石頭亦有感覺。他不是說能夠按着分類代毛廁裏的石頭，做出一部石頭心理學。他簡單的止要問：我們人類的感覺，是否科學家承認爲完全出於神經系？神經系的腦質纖維等等，是否由血液營養，才能做工？倘然我們好幾天不裝煤（不食）血液枯竭，神經系失其營養，亦卽失其感覺，是否爲必信之果？『三咽，然後耳有聞，目有見，』這是無論何人承認的呀。那麼我們萬物之靈的人，吃飽着煖了，神經系才能作用興奮。一位才子，遇了一位佳人，才臭肉麻的直覺，不識羞的吐露出來，所謂天上人間，獨一無二，全爲愛情衝動，始有此親和力。但是，你不見毛廁裏的石頭麼，一旦爲化學家檢入玻璃瓶，用火酒的食料供給着他，他就排斥一部分故伴，一部分去尋着新的她，發起大大的愛情。他的衝動的愛情，何嘗少異於才子佳人？而且他的衝動，能受理性的節制，可結合的結合，不可結合的完全不結合。他的意志的堅强，幾遠過於人。這樣的顯然明瞭，還說毛廁裏的石頭，是沒有感覺的東西嗎？他

（一）是有質地，

（二）是有感覺，

非活物而何？

好了！把毛廁裏的石頭活了起來，我的宇宙觀才有着落了。有人說，石頭有感覺，理論上固然可通，但博物學家終嫌感覺的名詞止限於動植物，若幷礦物而賦予之，分類時便諸多淆亂。你的意思無非說石頭有質有力，力的表顯於化合的親和，無異感覺。我說對了！我本來止承認萬物有質有力，言質則力便存在，言力則質便存在；無無質之力，亦無無力之質。質力者，一物而異名。假設我們的萬有，方其爲『一個』之時，就其體而言曰質，就其能而言曰力，加以容易明白的名稱，則曰活物。及此一個活物，變而爲萬有，大之如星日，質力並存；小之如電子，質力俱完。故若欲將感覺的名詞，專屬於動植物，亦無不可。惟我還須作一甚可駭怪之詞，我以爲動植物且本無感覺，皆止有其質力交推，有其幅射反應，如是而已。譬之於人，其質搆而爲如是之神經系，即其力生如是之反應。所謂情感，思想，意志等等，就種種反應而強爲之名，美其名曰心理，神其事曰靈魂，質直言之曰感覺，其實統不過質力之相應。蒼蠅之神經系，有如彼之質，生如彼之力，亦卽有如彼之反應，成爲蒼蠅之感覺，蒼蠅之心理，蒼蠅之靈魂。玫瑰樹神經之質大異，力之反應亦大異，遂爲玫瑰樹之感覺，玫瑰樹之心理，玫瑰樹之靈魂。毛厠裏的石頭，神經系之組織，絕非吾人所能識別。則其質之構成，我等不能言，而其力之反應，我等亦不能言，遂爲石頭之感覺，石頭之心理，石頭之靈魂。其實毛厠裏的石頭呀，玫瑰樹呀，蒼蠅呀，八呀，何嘗有什麼感覺，什麼心理，什麼靈魂，止質與力之構造及反應，各各不同罷了。所以我的萬有有生論，本來止取乎兩言曰：

萬有皆活，有質有力，幷『無』亦活，有質有力。

感覺一名詞，便讓生物學家叫動植物去專有了，亦儘可不爭。然設或借給毛厠裏的石頭用用，也毫不足奇。並給我們大家的『老本身』所謂『一個』者有時亦感覺着，乃更平淡無奇呀。

寫到這裏，我本可以將我的宇宙觀正文，總括了簡單的說一說。但我不曾先將靈魂，明白的斥除，定然留着小小理障。我剛要插說一番，忽然小病了十幾天。這十幾天內，剛剛張君勱先生也調動了科學兵，保護了他的玄學鬼，與丁先生在晨報副鐫及時事新報學燈上開起火來。梁卓如先生還替他們制定了『論戰公法，』預備雙方都有附加軍隊，延長戰期。但我看了張先生的反攻隊，所謂上篇中篇，那是他們學者搬他們學者的貨色。止是擺着行頭做戲，沒有眞打仗。想來就是他們眞打起來，設或添了無數的好角兒進去，也離不了玄學科學，搬弄許多名詞，點點鬼，引引斷爛朝報，做個秀才造反罷了。本來沒有我們柴積上日黃中的事。可是，我現在要同靈魂算賬，倒可以借他來插說一說。

張先生的一篇清華講演的人生觀，我本不曾有機會拜讀。現在晨報也把他披露起來了。他反攻丁先生的下篇也發表完了。及讀了他的人生觀，我方才微微覺着張丁之戰，便延長了一百年也不會得到究竟。因為張先生豈但不無賴，而且不單是個玄學鬼簡直是一位科學大神。所差的，他小心謹愼，不敢排斥空中樓閣的上帝，他意中定然有個『靈魂』我想丁先生的意中，靈魂是不存在的。然而他也定然想不着專門與張先生的靈魂轟鬭。

我這篇文章的動機，雖已醞釀了五年，最簡單的幾句話，也嘗看見了什麼朋友，都扯着亂談。本來以為寫也好，不寫也好。自從有什麼新文化運動，中國人談宇宙觀人生觀的日多。（文學家的，照例可以信口開河，不能與之計較者除外。）接着有什麼東方文明，西方文明，物質文明，於是談着宇宙觀人生觀的更多。雖然學問是愈鬧愈進步，可是頭腦却愈鬧愈昏瞶。我做這篇文章之先，意中有四位先生，認他們是最近時代中國思潮的代表者。一是胡適之先生，我批評他是一個中國學者而有西洋思想。於我的新信仰，雖無具體的相同，却也不會尋出他的異點來，丁在君先生怒打玄學鬼，也定是同胡先生攜手着奮鬥的。　二是朱謙之先生，我批評他是一個印度學者而有西洋思想。他的論調叫人完全可以否認，也叫人完全可以承認。　三是梁漱溟先生，我批評他是一個印度學者而有三分西洋思想，七分中國思想。　四是那位老將梁卓如先生，我批評他是一個西洋學者而有中國思想。　張先生的人生觀，就不免受了二位梁先生的暗示。　否則張先生亦是一個學者裏的暴徒，不應縛手縛脚到如此。　雖然他亦有苦衷，一則在清華學校的講堂上，那裏可以否認上帝同靈魂；二則他以爲對將赴美國的學生說話，這是一服清涼散。　不曉得恰恰掉在二位梁先生的玄中。　二位梁先生的人生觀，不免大大的太可斟酌了。所以我在我這篇文章的開頭，已把二位梁先生的大名標舉了出來，隱隱也見得我的下半篇要做的人生觀也自有目標。　二位梁先生的上帝觀念靈魂觀念，究到什麼程度，若用名詞去討論，定要遭他們好笑。　惟擒住了張先生所引英人鼎鼎大名歐立克的『精神元素，』我想張先生滿意了，二位梁先生也無不首肯，這就是一個變相名詞的靈魂罷了。 張先生引歐氏之語曰，『第三曰精神元素之作用，此爲一種深遠能力，非常人所能察知。』 這正用得着丁先生所謂無賴玄學鬼的鬼擘談。 他不過有了一張社會哲學家的牌子，否則什麼『深遠能力非常人所能察知』的語氣，何異南池子口頭文王八卦攤上的話。 高等一點看，也不過福音堂裏外國先生的講道理一樣呀。 我輩固是常人，歐先生難道便是天人，既不會察知，如何老了面皮，竟『大搖大擺』把『精神元素』一個名詞寫了出來。 但是我們要原諒歐先生。 他是一個紳士。在歐洲社會裏不信上帝，無異在我們社會裏不信有天。 我們說到道學先生對了屋漏，在那裏寅畏，什麼人都悚然起敬。 他們若舉念動足，說有上帝鑒觀了他，也庶幾像一個穿燕尾服的人物。 這正可以如陶淵明所謂『不求甚解』的呀。 因爲反正終是解不透徹，不如不解，落得保存著身分。 否則成了無法無天的『狂徒』，便不能在中國紳士隊裏厮混。 做了不信神的『惡漢，』也便不能在西洋上等社會裏存身。　因爲認有上帝，就不能不連帶認有靈魂。　認有靈魂，更不能不說『人爲萬物之靈』。　橫了此等魔障，於是進化塙亦可以言有所謂向上，可惜不免上其所謂上。　創造塙亦可以有所謂超入，可惜不免超其所謂超。　而張先生等的人生觀，一若含無窮悲憫本着歐先生的精神元素作用，起而救世；果適類於抱薪救火乎，張先生等未計其責任也。其實精神元素自身的沒有着落，止是一種紳士應酬上帝，有麻醉性的讕言，豈但歐氏獨爲之；近代破天荒之哲人若裴根笛卡兒斯賓挪薩康德等力可以推倒上帝，其地位非特不敢斥言，並止可顯然反與拉弄。　惟孔德達爾文赫胥黎海格爾等現於聲色矣，終未忍大決裂。　尼采是絕等聰明人，然其意正欲利用上帝。　柏格森的胸中最是雪亮，然不能無所委蛇。　故尼采主張創造是出於權力意志，這是千對萬對。　然而又有什麼『由我們內部深處流出，決不是機械論所謂的力，支配我們肉體的團結』機械的力，止要支配得出你的權力意志，亦何嫌何疑，必要尋個『內部深處？』 內部深處，便是變相的精神元素。柏格森主張『宇宙是一個大生命，永遠的流動。 生之衝動，故……』那更千對萬對。 然又有什麼『向上的本能的過程中——爲植物動物。 下向的解體的過程中——爲礦物。』 又云『人類不是大自然的完全點，乃是大自然活動的頂點。』 這個頂點，又就是人爲萬物之靈。 尼柏兩位實在都是委蛇了上帝，所以有一些不澈底。 尼氏的超人，徒然做了强權者的護法。 柏氏的哲理，也就做着玄學鬼的有滋味材料，沒有影響於人生觀。 介紹到了中國，却被深通『鬼神情狀』的易學名家，證明了他的『生生爲易，』以爲孔二先生實是二千五百年以前的柏格森。 柏格森反做了孔二先生人生觀的經紀人。

其實用着尼柏二位洋先生的幾句話，也就夠開除了上帝的名額，放逐了精神元素的靈魂。 一樣還是可以向上，可以超人，并且在責任上講也可以權吹着人爲萬物之靈。（前已說過，後當再說。） 我們止要說『宇宙是一個大生命』他的質同時含有力。　在適用別的名詞時，亦可稱其力曰權力。　由於權力乃生意志。　其意是欲『永遠的流動，』及至流動而爲人分得機械式之生命，（質與力）本乎生命之權力，首造意志。　從而接觸外物，則造感覺。　迎拒感覺，則造情感。　恐怕情感有誤，乃造思想而爲理智。　經理智再三審查，使特種情感，恰像自然的常如適當，或更反糾理智之蔽，是造直覺。　有些因爲其適於心體，而且無需審檢，故留遺而爲本能。　如是每一作用，皆於神經系增造機械。　遂造成三斤二兩的腦髓（這是戲語成趣，因吾鄉俗說『頭大九斤半』腦髓當居三分之一，故云然。）　又接上五千零四十八根腦筋，（亦戲語，五千零四十八，亦吾鄉極言數多之市語）中惟直覺經理智審查情感而生，約略如胡適之先生所謂『直覺是根据於經驗的暗示，從活經驗裏湧出來的，』甚爲張先生所不服。　張先生看直覺與意志同，以爲皆出於先天。　雖然我們這種瞎嚼蛆，終之要被什麼心理學家等笑到前仰後合，然一根鯁已經刺在喉嚨口，也不能不隨便一吐。譬如孟老爹說『羞惡之心，人皆有之，』羞惡確是直覺之一。然天津祝壽的或對靳雲鵬說，我來替你老太太做個媒罷，靳先生一定紅漲於臉，勃然大怒。然若對『勞愛喬治』說之，彼亦止笑謝曰，伊想無此與會了，伊想無此與會了。則此羞惡之直覺，實會賦自環境，並不出於天然。丁張兩先生皆以電話室作譬，互相詰難。其實電話室亦聊用取譬云爾，何足深詰？三斤二兩腦髓及五千零四十八根腦筋，彼構造的繁複，豈人力一時所能殫究？一原子大小，假如截頭髮絲一段而爲立方，足可容原子四百兆。每一電子游離於原子『核心』之旁者，其小又止得原子十萬分之一。照這樣說來，一粒原子，他自己帶動了核心及電子，已經如太陽帶了行星衞星，自成一系。把這種兆兆兆兆的原子，構成這三斤二兩的腦髓，五千零四十八根的腦筋，他的機關複雜，還有什麼粗重的電話室可以擬議，他那發動出來的能力，什麼高等意志，極等理智，超等直覺，上等情感，頭等感覺，慶等本能，皆有何難。

那裏用得着什麼精神元素所謂靈魂者，來做隔靴搔癢的幫助。

所以他腐爛了，或割除了，亦便冥然罔覺。 一位個人的宇宙，便算終了。 幾千幾百個蛆蟲的宇宙，從而開始。 那裏有許多閑空的堆房，去存貯許多『得意精蟲』（人）的靈魂。 （一次性交解放着二百兆條精蟲，止有一條得意着做個萬物之靈。 不知一百九十九兆九十九萬九千九百九十九條失意精蟲的靈魂，又堆放何處，一笑。）

我排斥靈魂，却止舉張君勱先生引着歐立克先生的『精神元素』說破他是個變形妖怪，不曾來得及引着杜里舒先生簇新的豆人兒叫做『隱得來希』，這不是我的遺漏。 因爲上帝那位『大搖大擺』的『無賴』，久矣無處逃生。 雖然他搖身一變的方法，自然比孫悟空還多。 但他變化到靈魂，打算屈居僂儸，可以襯託大王，已想出一個極苦惱的苦肉計，以便推附在人身上，用三位一體的故智，糊裏糊塗，作個同命相憐的奮鬥。 且利用吾人自大好吹的弱點，比人於禽獸，已怫然大怒；何況比之於無情頑鐵之機械，自然堅決的不屑。見着爐火灼天，像煞有价事的動作，似乎竟有點私嘆不如，故又氣又羞，一定要清清楚楚，明明白白，辨一個完全沒有關係，才保固了『人生觀』的尊嚴。 不料上帝在大羅天上，拍手笑樂，贊同他的尊嚴，水漲船高，我才牢居着神聖不可侵犯的地位，（但癡人並忘了機械是積着幾百年人智，用頑鐵造成的，你是積了幾百兆年，用兆兆擔的蛋白質壅培起來，進化得來的，不必瞎吹，你栽培自己，與你栽培你的機器，化的時間經費，那就巧歷也不能開清賬的比較了。 當然千年狐狸，（人身）決不必降尊與漿糊三脚猫比例。 可以不必着急） 人身要與機械論個出身的貴賤，最便當自然是多個靈魂，同少個靈魂，有如掛了一等大綬寶光嘉禾章，去立在施衣棉襖隊裏，不必自讀脚色手本，便迥然不同。因此靈魂又搖身屢變，多方撑持他的架子。 變到精神元素，已戴上科學面具，况且精神元素，便是精神元素， 老實不客氣，也不配何人去問他來歷，這種大搖大擺的無賴如何輕易便混同夾賬，放他過去。至於『隱得來希，』名目的混成，縱然還遜我們蘇州的『像煞有价事』一籌，然他的面目，突然之間，似乎還比精神元素來得特別。但是這把戲，不是滑頭演出來的，是一個老實的吃香腸的老先生演出來的。所以手勢不大靈便，一方面把這隻猴子着起紗帽圓領，像煞一位官人；一方面又自己把尾巴拖到檯面前，因此也可以不用理會着的了。因為杜先生是一個博聞彊記，色色懂得的學者，他最富的特長是分類。他不是賣膏藥的江湖，口齒不老。他是極能耐的天橋衣攤學徒，假如說『馬褂一件咯，止賣一元錢，領子值三毛，鈕子五吊錢，裏子值四毛，送了一個面』。這便是他的演講。所以他一方面將『隱得來希』同物質『爭持，』成立個二元論；一方面又說『隱德來希之意欲，即要機體構成。』隱德來希是『初式』構的，『心是次式的。』呀呀！隱德來希既被機體構出來的，還要同爸爸（物質）爭個二元，真傻小子。

好了！　現在眞要將我的宇宙觀的緊要話頭交代明白，便將這篇文章的宇宙觀從而結束，而這篇文章的人生觀可以在下期太平洋雜誌上開始。

在無始之始，有一個混沌得着實可笑，不能拿言語來形容的怪物，住在無何有之鄉，自己對自己說道，悶死我也！　這樣的聽不到，看不見，聞不出，摸不着，長日如此，成年如此，永遠如此，豈不悶死人嗎？（請恕我，這幾句膚淺陳腐的帽子，而且是柴積上撒着誑，但加這幾句想當然的話，非但說下去才不突兀，庶幾叫他是主要的天機，一旦洩露，才澈頭澈尾，亦無不可。）　說時遲，那時快，自己不知不覺便破裂了。　這個破裂，也可叫做適如其意志，所謂求仁而得仁。　頃刻變起了大千宇宙，換言之，便是說兆兆兆兆的我。　他那變的方法，也很簡單。　無非拿具有質力的若干『不思議』量，合成某某子。　合若干某某子，成爲電子。合若干電子，成爲原子。　合若干原子，成爲星辰日月山川草木鳥獸昆蟲魚鼈。　你喜歡叫他是綿延創化也好，你滑稽些稱他是心境所幻也得。　終之他是至今沒有變好，幷且似乎還沒有一樣東西值得他愜意，留了永久不變。　這是我的宇宙觀。

自從我們不安本分，不甘願做那聽不到，看不見，聞不出，摸不着的一個悶死怪物，變了這大千宇宙，我們的目的何在呢？　我是不敢替我們自己吹一句牛皮的，却逼住我不得不說他是要向

真美善！

但是儘管你一樣一樣認着『真』要做到好看叫做『美』，做到不錯叫做『善』，畢竟叫做終不合意。　所以秒秒分分，時時刻刻，把舊的變去了，從新換着新的，正如下棋一般下成了，又投子在盒中，揩着棋盤又下，這種『無意識』的輕舉妄動，變到如此『一塌糊塗』收拾不來。（我是戲語）　於是衆兄弟們，自然而然，要鬧出三種意見。

（甲）

他說很有趣的呀！　我們本來嫌悶死，才來這樣變換。　換不好他麽，我抵死也不相信。　就是換不到頂好，常換一個較好，也就很夠消遣了。

（乙）

他說算了罷！ 多大的失望。 要這樣的痲煩死了我，還不如悶死了我，什麼能叫做較好，値得我來忙。 便做到了頂好，那時節一動都不好動了。 五光十色，都像嵌在玻璃球裏一樣，不依舊悶死麽。 有勇氣，何嘗不可連那聽不到，看不見，聞不出，摸不着的一個境界，索性也犧牲了。

（丙）

他說，不要太高興，亦不要太煩惱，我來折中，我來折中。 什麼叫做眞美善，與其畢竟達不到，不如說苟眞矣，『苟美矣，』苟善矣，我說達到，便算達到，豈不停當？ 他又搖頭吟哦曰『他人騎馬我騎驢，仔細想來總不如，驀地回頭挑擔漢，……』

這三種人，就是梁漱溟先生所謂三條路，他把三條路做了西洋印度中國的三代表，胡適之先生雖嫌他包含過多，然也可以攏統的代表一代表。 固然要仔細的分別，不但一民族之大，決不會共走一條路；就是一個人在一世之中，或一日之間，也不是止走一條路。 那三條路是容易隨着環境，時時變換走的。可是環境的力量能成功一個總算賬，却竟有一大民族，共上了一條路，中國向來走的是兩路，所以孔二先生以前的民族心裏，會造成孔二先生的學說。孔二先生又能隔了二千五百年用間接直接的方法，來逼住了梁卓如梁漱溟張君勱章行嚴諸位聰明絕頂的先生，進他的圈套。雖一路有什麼莊周墨翟胡適之丁文江任鴻雋等許多異端，全不濟事。我們在柴積上日黃中攪擾着，那更不相干了。不過我們自己把小鑼鏜鏜鏜的敲着，唱個道情兒罷了。你老有什麼人生觀？朋友呀！下文再詳細說罷。

人生觀

什麼叫做人？先要恭敬的又好像滑稽的對答道：人便是宇宙萬有中叫做動物的動物。人又便是動物萬類中叫做哺乳動物的哺乳動物。人又便是哺乳動物許多種類中，後面兩腳直立，前面兩腳脫除跑路義務，改名爲手，能作諸多運用的動物。這是就外表上說着。人的腦袋，其大九斤半，有三斤二兩的腦髓。人又有五千零四十八根腦筋。把什麼哺乳動物腦袋的『大』量，來同那動物自己腦髓的『多』量，作個比例，所得的額量，都比人少。什麼哺乳動物的腦筋，也沒有人的五千零四十八根那麼樣多。（我的三斤二兩腦髓哪，五千零四十八根腦筋哪，在上半篇宇宙觀裏已經辦過注，止是用游戲的俗談，作一個約略而乾脆的報告。一筆確數的淸賬，自然要問博物學家。我們在柴積上日黃中談閑天，止要大段不荒唐，也就罷了。）還有許多生理上的組織，比較着什麼哺乳動物，都有細微差別。但供着我們緊要的談話，就是三斤二兩腦髓，五千零四十八根腦筋，也就夠分別這個是『人動物』。這是就內容上說着。概括起來說，人便是外面止賸兩隻腳，却得到了兩隻手，內面有三斤二兩腦髓，五千零四十八根腦筋，比較占有多額神經系質的動物。

什麼叫做生？就是無論你說上帝造成的傀儡罷，『隱得來希』串出的戲法罷，眞如幻起的妄相罷，直覺悟着的變動罷，綿延不斷的罷，片段分割的罷，或承認我吳稚暉所謂

『漆黑一團』（另注下方）破裂了，變起大千宇宙，至今沒有變好中的一變罷，終之我們講話，止好大胆的把綿延的分割着說道，這便是兆兆兆兆剎那中，那位或造或幻或變的趙老爺，或錢太太，或孫少爺，或李小姐，從出了娘胎，到進着棺木，從喫起三朝湯麵，到造了百歲牌坊，他或她，用着手，用着腦筋，把『叫好』的戲，或把『叫倒好』的戲，演着的一剎那，便叫做生。於是我又敢通着文總括一句，說道，生者演之謂也，如是云爾。生的時節，就是鑼鼓登場，清歌妙舞，使槍弄棒的時節。未出娘胎，是在後臺。已進棺木，是回老家。當着他或她，或是未生，或是已經失了生，就叫做擇吉開場，暫時停演。

『漆黑一團的宇宙觀』是北京晨報替我起的標題。這漆黑一團的名詞才叫乾脆。因為我要把無始之始，非有，非非有，聽不到，看不見，聞不出，摸不着，混沌得着實可笑，不能拿言語形容的怪物，所謂整個兒的『一個，』簡括地而又活潑地的說出，甚不容易。若止說『一個，』或變稱『一團，』便囫圇呆板，終不痛快。又或者開口閉口，動輒稱做『本體，』或言『太極，』那是在柴積上，日黃中談閑天，却扮出玄學先生的面孔，冒着講學的招牌了。犯不着如此迂腐。所以我們信口開河，自由說笑的談話，寧可犯了漆黑兩字，稍落着邊際的毛病，叫做『漆黑一團，』便活躍着說也得神，聽也爽朗。但聽的人若覺把漆黑兩字，眞當着石炭，當着木炭，當着烟煤，當着墨汁看待，那就糟了。止希望當做『非有非非有』的代名詞，才剛剛恰好。

宇宙有四謎：一是叫做怎樣起頭。二是叫做怎樣完結。三是叫做大到怎樣。四是叫做小到怎樣。這四個謎，我們常說絕對不可知。現在敢說惟有那整個兒的『一個，』乃是絕對。此外更無絕對。有『有』又有『無，』有始又有終，有大又有小，都是相對。知道絕對是『一個，』便是已知一切。無所謂更有什麼謎，更有什麼絕對不可知。始終大小，止要拿中國老玄學鬼的滑頭套話，他們有他們用套話的目的，我們有我們借套話的理由，恭恭敬敬的說着，就什麼道妙，一齊拆穿。更有什麼謎，更有什麼絕對不可知。假如：

有始是有，無始是無，有無相對，同出於絕對的一個；乃就說個『無始之始，』始就已經知道。

有終是有，無終是無，有無相對，同出於絕對的一個；乃就說個『無終之終，』終也已經知道。

有大是有，無外是無，有無相對，同出於絕對的一個；乃就說個『無外之大，』大也已經知道。

有小是有，無內是無，有無相對，同出於絕對的一個；乃就說個『無內之小，』小也已經知道。

從『無始之始，』到『無終之終，』這條時間線，就是宇宙萬有唱戲的季候。『人生』也在中間占有演唱的鐘點。從『無內之小，』到『無外之大，』這個空間場，就是宇宙萬有唱戲的檯盤。『人生』也在裏頭占有舞蹈的角隅。

無始之始，我們已經不管三七二十一，把『漆黑一團』去說明了。那無終之終又如何呢？ 現在可用四個譬況，表明三種結果。 我在宇宙觀的結末，說是我們宇宙萬有的幾兄弟們，雖然都是那漆黑一團，所謂整個兒『一個』的分裂了的變相。 然而既分裂了，便自然的各有個性。 有的是『常常高興者，』他願意儘變不歇，便是梁漱溟先生所謂向前要求的。 這是甲。 有的是『死不高興者，』他到底不願再變，便是梁先生所謂向後要求的。 這是乙。 有的是『也能高興而到底退縮者，』他很盼望不必儘變，便是梁先生所謂持中的。 這是丙。 我所謂三個結果，就是因爲甲乙丙三種的個性。 何以三個結果，却用得着四個譬況，他的理由如左：

第一個譬況是『下棋，』得到向前要求的結果，所謂進步，屬甲。 甲以爲眞美善是有的，是無窮的。 變起來終能較眞又眞，較美又美，較善又善。 向前不歇的變下去很好頑。 從當初漆黑一團，變到現在的局面，雖極不滿意，却正好再變。 這種變個不歇，並非多事。 這是下棋人常有的傾向。 下得最好，也不惱隨手亂却，檢子入盒，從新再下。 這個精神，應用到人生，即所謂四時之序，功成者退。又所謂已陳芻狗，不必再登。無所謂聖賢王侯，到頭皆空，定要不勝其戚戚。

第二個譬況是情願『漆黑一團，』得到向後要求的結果，所謂滅絕，（好聽點叫做涅槃）屬乙。乙以爲眞美善是沒有的，是幻執的。變起來止有苦趣。若妄執了再變下去，叫衆生愈加的沉淪在苦海，不如反到漆黑一團，雖然說不到眞美善，也就看不見僞醜惡。倘嫌漆黑一團的氣悶，不如努力把漆黑一團都滅絕了，成個正覺。這個精神，應用到人生，便是自殺，便是滅種，所謂求仁得仁。

第三個譬況是『活動影戲，』得到持中的結果，所謂命定，屬丙。丙以爲眞美善是有的，是固定的。宇宙的變遷，止是順着定數的變遷。活動影戲乃是這個意向的惟一說明。從前惟袁子才子不語上，曾經有這種類似的譬況。數年前傅佩青先生在倫敦對我說，英國亦有人相信這個道理。他們相信宇宙好像活動影戲就是以爲宇宙萬有乃是一次鑄造停當，好像是活動影戲的膠帶一般。這個膠帶是很長膠帶在那裏轉着，就是宇宙的萬象換着。周而復始，已過去者，從新再現；止是時間長得不可思議罷了。有如現在有個中華民國十二年，又有個北京石達子廟，又有個吳稚暉在這年，在這廟裏，寫一篇『一個新信仰的宇宙觀及人生觀』從前也是如此，已有過了兆兆兆兆次。以後依舊如此，還要有兆兆兆兆次。這算做滑稽，然不能不說他有些理致。（但恐那條膠帶若也一樣要磨損，便恐走樣倒是一個問題。一笑。）這個精神，應用於人生，便是樂天知命，適來夫子時也，適去夫子順也，吾與汝皆無盡也，而又何羡乎，……一類的哲人高士詩翁都隱隱消息在這個玄中。

第四個譬況是『玻璃花球，』也得到持中的結果，所謂停滯也屬丙。這又有丙A及丙B。丙A是一個『便宜玻璃花球。』丙A以爲眞美善是有的，是要就現實而容易取得的。不變固不可，太變亦不是。（錢玄同先生常笑這類先生總帶些從前某冬烘不撤薑食的八股調，所謂神明不可不通，神明亦不可太通。）　這種精神，應用於人生，就是把石器時代的茹毛飲血穴居野處，看做文明不夠。　把物質世界的飛機潛艇汽船火車，又看做文明太過。　惟雞犬相聞，老死不相往來，或扶犁荷鋤，載耕隴畝。　芒鞋竹杖，相伴風月，或至奢泰，卽鑪香鼎茗，犢車魚艇，得此至於宇宙末日，亦可算得至樂，算得淸福。　這是要把苟完苟美的現實狀況，定爲宇宙悠久的標準。　把這個現實狀況，嵌在玻璃，固定不變，他也不問這個玻璃花球，到底工料如何，所以止好喚做便宜玻璃花球。

丙B是一個『精緻玻璃花球』　丙B以爲眞美善是有的，是要想法而趕緊結賬的。　隨宜泛變是紆曲了前途，不如直接的開起一筆淸賬來，一變就變到頂點，一勞可以永逸。　這種精神，應用到人生，就是崇樓傑閣，玉階瑤柱，名曰天國。　奇花美草，青獅白象，名曰仙境。　入其中可以永樂，居其間可以長生。

或信仰而得救，或薰脩而飛昇。 終之失了變動的意志，止有息肩的慾望。 果然如願以償，亦永遠的嵌在一個精緻玻璃花球之中，長此不變，幾與漆黑一團的毫不變動者無異。 若說天國仙境亦尙有不斷的進步，乃便顯得天國仙境仍非頂點。 所謂一勞永逸者何在呢？

於是可見宇宙本身的所以要變動，所以要綿延，便應有高興的義務。 不如取甲的向前要求，下着棋，不斷的進步爲好。 乙的向後要求，反到漆黑一團，也太負氣。 至於學丙的持中，弄到做成活動影戲，做成玻璃花球，皆固定了，停滯了，變成死板板的，也就無味極了。

現在閒話插了許多，又要言歸正傳。 所謂人生，便是用手用腦的一種動物，輪到『宇宙大劇場』的第億垓八京六兆五萬七千幕，正在那裏出臺演唱。 請作如是觀，便叫做人生觀。 這個大劇場，是我們自己建築的。 只一齣兩手動物的文明新劇，是我們自己編演的。 並不是敷衍什麼後臺老板，貪圖趁幾個工錢，乃是替自己盡着義務。 倘若不賣力，不叫人『叫好，』反叫人『叫倒好，』也不過反對了自己的初願。因爲照這麼隨隨便便的敷衍，或者簡直踉踉蹌蹌的鬧笑話，不如早還守着漆黑的一團。何必輕易的變動，無聊的綿延，擔任演那兆兆兆兆幕，更提出新花樣，編這一幕的兩手動物呢？并且看客亦就是自己的衆兄弟們，他們也正自粉墨了登場。演得好不好，都沒有什麼外行可欺。用得着自己騙自己麼？并且賣錢的戲，止要幾個臺柱子，便敷衍過去。其餘跑龍套的也便點綴點綴，止算做沒有罷了。這唱的是義務戲，自己要好看才唱的，誰便無端的自己扮做跑龍套的，辛苦的出檯，止算做沒有呢？并且眞的戲，唱不來，下場了不再上場，就完了。這是叫做物質不滅，連帶着變動，連帶着綿延，永遠下了場馬上又要登臺的呀。儘管輪到你唱，止是隨隨便便的敷衍，踉踉蹌蹌的鬧笑話，叫人搜你的根脚，說道，這到底是漆黑一團的子孫，終是那漆黑一團的性氣，不丟人麼？

我反復的先講這幾十句的老生常談，爲的是什麼呢？爲的是我說『人生』便是『兩手動物唱戲，』生怕有些道學先生同高明哲人聽了，犯了他們的尊嚴，失了他們的高尙，嫌我游戲得太利害，未免不敬重人生。所以我在滑稽裏頭，表示出我的敬重人生，還要比他們迂廱。而且正正經經的板着一回面孔的分辨，照我的敬重人生，還比較透澈。我却並不以爲止有兩手動物的新劇，該當唱得認眞。便是什麼木石戲，鹿豕戲，都該一樣的認眞。我與讀者先生們，都不是個木石，都不是個鹿豕，止是個兩隻手的人，所以我們商量着這幕戲，我們應當也唱得精彩，如是的罷了。

兩手動物戲的劇評，雖多到不可究詰。我儘管把什麼諸子評論，哲學史，儒學案，名人傳記等，摘抄起幾萬紙來，登到太平洋雜誌第一千期也登不完，還一定是掛一漏萬。所以我索性不嫌疏漏，止把三句話表明頭等名角的態度。縱然粗看這三句話，好像拉雜，細講下去，也頗可以算做概括。三句話是凡是兩手動物戲裏的頭等名角，應當

有清風明月的嗜好，

有神工鬼斧的創作，

有覆天載地的仁愛。

現在這三句話，好像隨便在琉璃廠書畫鋪裏，把亂七八糟掛着的對子，抄上三句便算。但是第一句是詩翁相對贊成，第二句是美術家相對贊成，第三句是宋學先生相對贊成。自從物質文明破了產，現在我們中國新文化造出來的，便是詩翁，美術家，宋學先生最多。皆是精神文明的產物。因此我不能不先尊重這種新人格，爲相對的承認。但既然承認了之後，不能不把這三句江湖尺牘調，再解剖了，剝了他們的皮，赤裸裸使他們的眞相用粗俗話交代明白。換三句粗俗話是怎麼呢？便是

喫飯，

生小孩，

招呼朋友。

這三句話未免太粗俗了。況且這三句粗俗話，同前面三句的江湖尺牘調，又有什麼密切的關係呢？且慢且慢，這是到了我這篇文字的中心點了。我這篇新信仰的宇宙觀及人生觀，也可以說就爲這三句粗俗話，與那三句江湖尺牘調的關係，所以做的。我自然把那

關係，在下面分段的詳細說明。但我現在却先要插說幾句閒話。我說，喫飯，生小孩，書本上便叫做飲食男女。再包括緊一點，也可以叫做食色。從前也有人大胆的說道，食色性也。仔細一點的分別着，叫他這是慾性。招呼朋友用什麼手續呢？最周到是要惻隱，辭讓，是非，羞惡，完全了，招呼才算盡心。這惻隱等四項，還標明便是仁義禮智四根大柱子。人有這四端，便像人有兩腿兩手的四體一樣。這是人皆有之的良心。亦卽是人性本善的善性。與喫飯生小孩的慾性分別着，這個叫做理性。或者承認慾性是性，理性也是性，不過彼此加個形容詞是要的。這就是主張性是善惡混的。或者承認理性才是性，慾性是情。這就是主張性是純粹善的。或者承認慾性眞是性，善都是人爲的僞做作。這就是主張性是純粹惡的。道學先生各自善其所謂善，惡其所謂惡，牢把善惡二字膠黏在胸中，所以性善性惡的官司，打到現在也不曾判決。但是無論那一種的道學先生，都是右理抑情，乃是不約而同。到了文學家美術家哲學家的眼光裏，大都右情抑理。以爲情卽是性，理智的確起於後天。故文學家美術家隱隱承認飲食男女含有至情，卽是至性，如此，那講性惡的道學先生着個惡字，便多事了。　哲學家則謂惻隱辭讓是非羞惡，都是直覺的情，倘了理智便僞。　如此，那是講性善的道學先生以爲四端出於理性，且認是非爲智，也錯誤了。　然而倘感情則精神文明將普及，倘理智則物質文明將侈張，現在文學家美術家哲學家，與科學家又正是各進訴狀，纒訟不休。　恐怕這種精神物質的官司，也與性善性惡的交涉，到世界末日，不會結案。　我們是一來沒有那種學問，二來是沒有那種工夫，能把古今中外的案卷都吊齊了，做個大裁判。　我們隨便在此略略的提及，簡直狂妄點，要想把他們的頑意兒加個總批駁，算他們都是夢中的說夢。　一方面老實說話，我們說的話，材料還是他們的。　不過覺得他們朝三暮四的說着，說得不痛快。　我們改個朝四暮三的說品，似乎稱了我們自己的心，像煞新鮮點罷了。

我們怎樣說呢？　我說：（一）我們的老祖爺爺，那位漆黑一團先生，搖身一變，今天變，明天變。　變這樣，變那樣。　變的日子已經沒有法子數得清。　變的東西亦是沒有法子數得完。　內中有個我。　我將占着號稱的一百年。　那兆兆兆兆的一百年裏有一個一百年，不能沒有個我。　非但是理論，竟成了事實。　然我沒有飯喫，七天便死了，如何支持到一百年？　所以趕緊給我飯喫。　如此，各位聽清楚，喫飯便是存在一百年的我。　（二）據說猴子變了人已有三百萬年。　我若向上些，竟說人變超人就在明年，自然是說得最體面。　可惜說不響嘴，怕要打嘴巴，不如索性把細點，說是人的變超人還有三百萬年。　於是六百萬年便是人世界。　那兆兆兆兆的六百萬年裏有一個六百萬年，不能沒有人。　非但是理論，也成了事實。　人是怎樣有呢？　最便當，就是請人來自己創造。　甲人創造乙人，乙人創造丙人，平均三十年創出一個。　從甲人創造到我，已有三百萬年，我便是第三十萬次的一個。那三十萬次的老人，都已盡過創造義務，叫做生小孩。　（或從國家起義，名曰造百姓，一笑。）　從我創造到超人，還有三十萬次。　我是前三十萬次生出來的一個小孩。　我又是後三十萬次，應該生小孩的一個人。　如此，各位再聽清楚，生小孩便是存在六百萬年的人。（三）在一百年裏，宇宙也不是專門止要一個我。　在六百萬年裏，宇宙又不是專門止要我來生小孩，或止要我生的小孩來生小孩。　同一百年裏，應要數不淸的我。　又要更數不清的『非人的』我。同六百萬年裏，數不清的我，都要生小孩。數不清的『非人的』我，也都要生小孩。倘若我竟不講理性，簡直止好有我，止好讓我生小孩，那就盤天際地，一物無有，止有『我他』與『我伊』及所生的小孩存在，無異反到漆黑一團，還那裏有什麼宇宙。如此，各位格外聽清楚，招呼朋友便是存在老祖爺爺——漆黑一團先生所愛變的宇宙。換言之，就是存在萬有。

如此，食的性，色的性，惻隱羞惡辭讓是非的性，並沒有什麼善惡，無非漆黑一團先生變動綿延，要扮演萬有的作用罷了。

如此，清風明月賞玩之情，裸體美人創作之情，本着良知直覺，以無抵抗爲大同起點之情，並不是什麼神秘的精神生活，也無非漆黑一團先生變動綿延，要扮演萬有的作用罷了。

好了！我們柴積上日黃中的稱說道妙，也止可至此而止。我們急急乎要把三句粗俗話，同三句江湖尺牘調的關係，所謂我這篇文章的中心點者，來暢說一番。要頭緒清爽一點，可以竟把他分做三節。並且不客氣，不管他通不通，做出三個題目，叫做

（甲）清風明月的喫飯人生觀，
（乙）神工鬼斧的生小孩人生觀，
（丙）覆天載地的招呼朋友人生觀。

（甲）清風明月的喫飯人生觀

喫飯這件事，有時被人看做最重要的一件事，所以我們也不必諱言，竟把喫飯列做人生觀的重要成分。有時又被人看做最鄙陋的一件事，到彼時我們也實在難為情，竟把喫飯要竄入人生觀的高尚問題裏討論。

例如東京大地震，有鉅萬災民沒有飯喫。世界各國都趕快送飯過去。那種風義，全世界什麼人都感動。這是證明喫飯確是人生觀裏的重要成分。

例如中華民國的八百羅漢，境況為難的，實在也居大半。不靠南北奔馳，捧住那隻飯碗，簡直便有許多人，將憔悴失業，弄得室人交謫，有無窮的苦趣。與東京災民不相上下。

而且東京災民是等災象過了，有從新復業，自行尋飯的希望。那些寄生蟲的羅漢，幷另尋正當新飯碗的勇氣，完全被那雞肋式的議席，銷沉到零度以下。因爲沒有什麼事業，再比這種可貧可富可賤可貴的勾當，逍遙而容易。所以止剩了一個患得患失，不肯另圖別業。老實那種高等流氓，貪喫懶做，也少有人請教。故彼等的實在可以算做終身落難的災民。縱使大選費呀，出席費呀，儘他受用，原有些可惡。至於僅僅發一點北京的打折歲費，受一點上海的客中津貼，存在存在他的裝飯臭皮囊，或兼恤他的妻子，也正與賑濟東京災民一樣。即使讓一步兩步說，也不好算有十分差別。然而大家對他那種喫飯，竟有種說不出話不出的鄙惡，全世界無論什麼人沒有一個不搖頭。這又證明喫飯很辱沒了人生觀。

又例如黎菩薩前年有句話，叫做『有飯大家喫。』在狗爭骨頭同軍閥喫人的狀況中，得到這句很像體面的談話，一時也確實感動着人心。又證明喫飯問題，雖夠不上說是人生觀裏的重要問題，畢竟還算得上一個問題。

又例如自從得了菩薩的暗示，不但佔據地盤的，偷竊高位的，公然自訴他的爲着飯碗，有所不得已。餘如紳士專爲子弟謀差缺，學生專爲父母求文憑，更看做領了菩薩法旨，十分正當。現在也不必憑着理論來討論我們的滿意不滿意。但憑事實，來看大家的贊成不贊成。那可說贊成的居少數，都以爲被喫飯害了。又證明喫飯問題，近乎在人生觀裏是應屏斥的問題。

這樣的忽是忽非，原悉數不能盡。引着兩個比較，也夠可把一切概括。儘管有如創辦實業，叫多數人有飯喫，自是好事。然結局自己面團團作富家翁，便不大高明。又有如勤儉成家，叫子孫有飯喫，也不算大差。然結局造成許多無所事事的少爺，就畢竟錯誤。諸如此類，皆可讓大家空閑了自己推想，不必我來多占太平洋雜誌的篇幅。總而言之，統而言之，歸到實際，喫飯是完全是人生觀裏的重要成分。喫飯本身，一毫不鄙陋，一毫無罪惡。

惟喫飯有個標準，我却沒有新鮮批評，止有老生常談。就是：

（一）是喫飯要用自己的勞力換得才是。（到了大同世界，『各取所需，』也要將『各盡所能』做交換。 不過人人道德高尚，去了算賬式的交換形迹而已。）

（二）是我的喫飯，若把阻礙別人的喫飯得來，就不對了。（現在的羅漢與菩薩叫人民愈窮，資本家叫別人歇業，少爺叫供養他的增多勞苦，皆阻礙人家喫飯。）

（三）是化了勞力喫不到飯，還是不願意奪別人的飯來喫，也便算做難能可貴。

（四）是能夠想出許多飯來給人喫，自然最好。 但反過來，奪了許多人的飯，給我親愛的去不勞而喫，那就更不對。

第一條喫飯要用自己勞力換來，其原理是：宇宙萬有，都從漆黑一團變出。 維持各個體的存在，原無從再到宇宙以外去想法。 止是采用此有，供給彼有。 但其原則，應希望取於無用，以供有用。 雖取於異類，亦難免因不能盡知，誤取有用者自給。 然實出一時所不知，自可相恕。至對同類，旣深信自己爲有用，卽應推知同類皆爲有用，不當互相供給。所以同類相殘，什麽東西都不肯幹。勞力卽爲生命的一部分。喫飯不用自己勞力，一定犧牲別人的勞力供養自己，卽犯第二條的阻礙別人喫飯。間接消耗人家一部分的生命，無異同類相殘。故第一條便是救濟第二條。但是儘管遵着軌道而行，仍不免於失敗，亦是宇宙變動中所不可避免的實事。因爲萬有雖然自由出發各自進行，並不受有劃一强制之命令。所共同遵守之大法，惟不許有意爲無故的相斫罷了。（以其願變萬有，不願吞併爲漆黑一團而知之。）然惟其甚自由，故無意中之互相阻礙極多。宇宙永無至極的眞美善，亦就因爲如此。所以個體盡了勞力，竟換不到喫飯，或喫亦不能飽，乃是道理上的尋常之事。到此勞力旣盡，喫飯艱難之際，若定要强喫，亦必生有阻礙別人喫飯的影響。因此那第二條，用第一條救濟了不夠，應當再用第三條救濟。說到第三條救濟法，喫飯問題遂忽變爲淸風明月問題了。

喫飯罷，食罷，原不過維持個體存在的代名詞。個體存在的需要，類乎飯的很多。譬如飽喫白米飯，固然肥頭胖耳。但飽看明月，飽領清風，亦神清氣爽。白米飯同清風明月，在生命上同一重要。因此把維持個體存在的需要列舉出來，當說營養需飲食，呼吸需空氣，肌膚軀體需光熱需衣需住，目需色耳需聲，鼻需嗅，心腦需愉快。（憂憤則頃刻可以隕命，終夜可以頓老。）概括說之，可曰生活問題。弔詭其詞，不妨就說喫飯。僥倖止有衣食住，都要化勞力的高價，方能備物。至於半分鐘不可斷的空氣，一半天不可少的陽光，江上的清風，山間的明月，耳得之而為聲，目遇之而成色，都能取之不盡，用之不竭。沒有玉米饝饝那麼矜貴，沒有高粱桿子的土屋那麼難得。於是悲憫的哲人，高尚的節士，曉得喫飯常有緩急。勞力有效，自然被袗衣，鼓琴，食不厭精，膾不厭細，『固有』之可也。倘勞力失效，則飯糗茹草，若將終身焉可也。一簞食，一瓢飲，在陋巷，不改其樂亦可也。飲水，曲肱枕之亦可也。即井上有李三咽然後耳有聞，目有見，亦無不可也。而且餓死勿做賊，儘將出於自然也。而又在平日，一味把取不盡用不竭，頂便宜的江上清風，山間明月，貯做有客無酒，有酒無殽時的代用娛樂品。還把所謂盡善盡美的道德禮樂，怡悅心腦，連肉味竟可以不知。　索性朝晨聞了道，就不喫晚飯，死了也不妨。　把他包括說起來，便是凡人不可無高尙的存在，便叫做應有淸風明月的嗜好。　他的意思，就是嗇於口腹而豐於耳目，一樣也可以得到生命的舒適。　我雖忘不了喫飯，却也極崇拜淸風明月，故願意兩全了，成功一個淸風明月的喫飯人生觀。　其實說來說去，無非要當着化了勞力喫不到飯的時節，能做到還是不願意奪別人的飯來喫，圓滿了第三條，去幫着第一條救濟第二條，使第二條我的喫飯，不阻礙別人的喫飯，可以實行就是了。

　　但是這淸風明月的喫飯人生觀，既爲消極道德的極軌，爲至難能的『持中』主義，斷無不表一百二十分的相對同情。　可惜若把這個主義勉强一般人民，便是衣食未足，叫人知榮辱。　便是救死不贍，叫人治禮義。　便是不等富之，卽便敎之。　春秋責備賢者，或者可以有效。　撥亂世而反之正，亦或因有一二模範人物，隻手可以擎天。　然結果止小部分自盡其心，爲天地留正氣而已，無補於生民之塗炭者其常。　所以大布之衣，大帛之冠，又必務材訓農通商惠工，立成器以爲天下利，方足以致小康，開太平。　因爲消極之道德，乃個人之道德，非公共之道德。　若因自己要持中，便納履踵決，出金石的歌聲，坐嘯於清風明月之中。其君子居於陋巷，致其小人皆羣陷冢牢。　若還說君子愛人以德，贈之以困窮，無異贈之以高貴，也就滑稽太厲害了。　當初漆黑一團，變動而爲萬有，綿延而亘無窮，時時傾向於眞美善，難道整備如此的苟延殘喘，敷衍這持中的麼？　所以反對物質文明，幾無異自己萎縮其精神，還有什麼精神文明可言。　故分析人生觀之成分，清風明月一問題，喫飯又一問題，二者不可偏廢。　況其人非卽黃州太守，誰能輕易到江上去領略清風，到山間去玩賞明月？清風吹向無褐之夫，明月照進空釜之室，悽慘則有之，而高曠何在呢？　彼物質文明進步之邦，從工廠出門，卽入廣大花草的公園中披拂清風。　執壺漿行市，卽在坦平列樹的大道上仰看明月。　其君子避囂於江上與山間，其小人行歌於公園與大道，以視曳破膠皮車於泥塗中，啖窩窩頭於敗厠邊，我等爲我同胞之設備，果盡心焉否耶？　高談個人私德，拒人於千里之外，絕不顧全體公德，至此而知飽享不取值之清風明月，直卽自然界之扒手而已。（望之也重，故責之亦周，幸勿以爲忤也。）　故喫飯的正軌，應該歸結到第四條。　所謂能夠想出許多飯來喫，那方才使得衣食住略與淸風明月等價，雖不能說到不盡，不竭亦足以多取多用。 喫飯問題，便解決起來，容易多了。 要想出許多飯來喫，不仰仗物質文明的科學，更有什麼方法呢？

況且因喫飯之故，對於人與人之同類，卽不必用科學去進取，但使人人能淡泊消極，亦確可敷衍解決。 至對着供給我們喫飯材料的異類而言，却又有大問題發生。 上面不是說宇宙萬有各自維持存在，止是采用此有，供給彼有麼？ 不又說但應取於無用，以供有用麼？ 爲呼吸，肌膚耳目計，取於空氣，取於光熱，取於淸風明月，都是不盡不竭的東西，別人用不了，就算無用亦可。 取那種無用的空氣光熱淸風明月，來供我有用的人，自然恰好。 至於爲着口腹，以供營養，便不能不取牛羊雞豚，稻粱菜蔬。 難道他們都是活着無用，惟我活着有用，所以取彼無用，供我有用麼？ 眞是因其異類而多所不知，不免很錯誤了。 故從淺顯的看着，似乎宇宙止是一個相斫的世界，什麼競爭互助，全說不上。 所以佛做太子時，在郊外看耕田，見犂鋤把泥土翻了過來，便蚯蚓甲蟲一齊顯露。 隨卽鴉鳶三五的下來，把他們啄食了。太子感傷這種相殺，決意出家，把宇宙使他涅槃，仍反做漆黑一團，免得常演綿延的慘劇。然太子時代科學還說不上，還止見其一，未見其二。若在現在批評，更覺得相殺的程度遠高。譬如一鳶啄食三五甲蟲，或飯莊佳客點食清炒蝦仁，這都是一個殺多個。但塵土飛揚，肺癆病蟲數萬入口，或飲水不潔，虎列拉菌成隊下腸，或三數週年或三數小時，一個龐大個體就此涅槃，這叫做多個殺一個。拿着此有，來供彼有，是無從另到宇宙外想法的緣故。倘不高興的向後要求派有如佛者，他不願意看這相斫世界，原也大有理由。但他要涅槃，涅槃不了，徒然造成許多待布施的乞丐，簡直無意中阻礙同類喫飯，好像是變相的同類相殘，也是他初意所不及料。然就着他的實行消極，有兩條辦法，雖助不了涅槃多少，却幫了我們高興進行的，也開着一些法門。我們不甘願漆黑一團，儘着高興地進行。所有維持萬有的存在，無非便在萬有中拿着此有，供給彼有，這是無可諱言。但於無法中想出一條方法，叫做取着無用，以供有用。什麼叫做有用無用，沒有確實的標準好定，定了也沒法强制的執行，也是無可諱言。因爲若是標準容易定出，或執行可以强制，豈非絕對的眞美善，便眞正可以湧現麼？ 絕對的眞美善，與眞正的涅槃一樣，那裏有這麼一回事呢？所以確實的標準也是永遠沒有。 惟較有理由的標準，乃是隨時可定，隨時可改，終有一個盡着心的較好又較好可言。 這便是誠能動物，爲了『美善，』竭力傾向於『眞，』止管據其所知，盡心罷了。 因此据我們（是指柴積上日黃中的我們。）盡心的立起幾個無用標準，便是：

（一）是依我們現在的智識，沒法想得出他與我們有同樣的作用，及同樣的感覺，便權且妄認他爲無用。

（二）是尚未成熟，暫時分辨不出他同成熟的一樣，也便權且妄認他爲無用。

（三）是在這一物的自己，亦不知彼所願棄的成分，到底還是有用或沒用，也便權且妄認他爲無用。

（四）是這物已經公認爲無用，不管他到底確實否，也權且妄認爲無用。

第一條的，例如金石及草木金石是至今被人看做專爲動植物的補充品。 妄斷做無用，雖有吳稚暉代毛厠裏石頭辨護，說他在理化試驗室裏，也會鬧戀愛自由，到底吳稚暉在另一問題上，又持之不堅。 至於草木，從前綠滿窗前草不除的道學先生，也已經能夠贊他生機洋溢。 所以吳稚暉在天文會講漆黑一團的宇宙觀，也慮及和尙留朋友喫素飯，田裏的青菜必聽見了同留着後拔的青菜泣別。 南先生在晨報上做食菓小說，也說菓魂掉淚不答。 但我現在閉着眼，忍心害理的瞎說，也就可以抄老文章，說『誕降嘉種，』青菜同菓子的作用，止是天爺爺仁愛我們，專爲我們而生。 況且他們的泣別與掉淚，秋波生在何處，我們尙未發見。 所以爲我們喫飯要緊，權且妄認他們爲無用，暫時我們也不會敗訴。 這就是我佛慈悲，主張素食的一個辦法，他把他作爲正覺未圓滿時的暫局，我們也可把他化作爲五光十色進行中的改良過程。 但和尙到底不及博士，就是科學博士要想在金石中取出蛋白質，乃博士使將來能實行古代風流天子辟穀餌金石的仙方。 可以免流青菜紅菓的幾缸眼淚。 和尙畢竟還要齩着菜根，如此要想從佛學進一步，不就是科學麽？

第二條的，例如精蟲及子卵死的孕蛋同精蟲，有顯微鏡片子及書本的插圖可看。 活的雖殺着兎子之類，也能看到。 我却同許多朋友看見了人的活精蟲。 當着他們出了陽性的機體，約有半分鐘，便將針頭撥一滴在玻璃片上，用一百倍的顯微鏡看着。 早看見這針頭大的一滴原精，顯現了帶尾的蝌蚪蟲，不下二三百尾。 在透明的玻璃世界內，彼此南行北行東行西行，比北京前門大街在熱鬧時的過客，還要繁忙。 不過精巢裏尚無科學工藝，還沒有一個『不可徒行』的大夫在內，膠皮車汽車是都不曾備。 可憐忙了三分鐘，玻璃世界大約酸化了，起了超過東京地震的大災，把二三百枚的曳尾客都變成一榻糊塗，一齊超入涅槃。 剩着黏滴滴的鼻涕一團。 這就是全部的精蟲宇宙史。 所以叫精蟲是無用，老僧搖頭不敢答。 但是一英方寸肺癆病的痰，可含癆病蟲二百兆尾。 精蟲比癆病蟲大上多少倍，我因不考性交博士，沒有查考。 但曾在五百倍的顯微鏡裏看同樣一滴的肺癆病蟲，也有二三百尾光景。 （這是我的姨甥馬光斗君吐出的血痰，他不到一年便死在比利時了。 一個很聰明的少年，因不相信食物潔淨等等，便做了多個喫一個的一個。）

姑且瞎說算精蟲大上痨病蟲五倍。 如此，每與『老妻敦倫』一次，洩漏半茶杯的原精，夠算五英方寸，也是二百兆尾。 倘個個精蟲都要出世，止要某三爺同某三太太兩回團圓，就可以把全國四百兆百姓流放南北兩極，盡叫他的少爺來補充。 那就總統選舉票，投四百兆張，也不必運動，全體通過了。 可惜據說某三太太的孕蛋每回止有一個，至多兩個或三個。 所以某三爺每次化用的精蟲，倒有一百九十九兆九十九萬九千九百九十七枚，化給寇大頭身上了。 不說笑話，這化給寇大頭身上的一百九十九兆九十九萬九千九百九十七枚的精蟲，簡直可以算是無用廢物呀。 倘然抽足了鴉片，又要應酬三妻四妾，又要胡同裏去偷偷摸摸，傷害了恆河沙數的未來小百姓，還有什麼李闖張獻忠比得上他的兇惡呢？然我們那位漆黑一團的老祖爺爺，恐怕後面吳稚暉要做神工鬼斧的生小孩人生觀，沒有資料，竟不肯把性慾絕了。 今且按下不表。 再說有人說過，一對蒼蠅倘然孳生三禮拜，一無天札，全地球便止能位置蒼蠅，更無別的飛潛動植的飯碗可剩。 又如播穀一升，得稻三擔，倘三擔盡要入地傳種，也不上數年，地球上止能插稻，更不能並容種稻人插足。 到了這裏，我們便由不得冒冒失失，暫時要自稱得着一個結論：就是漆黑一團先生眞是周到，一是對於宇宙萬有中的每一個有預備着恆河沙數倍的候補當選者，做個綿延（傳種）的計畫，機會較多，（他竟化幾百萬元，去買十萬額一元一張的彩票，把額票一齊買了，便什麼彩都能得到。可惜一張偏爲人買去，偏偏失却頭彩，所以也還有不斷的滅種）不怕諸有的不綿延。二是把這用不了的，便充別一個的存在資糧。三是本來不過預備着原知道恆河沙數要遇着天然陶汰，於是宇宙萬有各自有得剛剛恰好，便叫至眞極美最善漆黑一團先生就要改名精緻玻璃花球了。可惜也做不到，所以誰應若干，還是辛苦的在那裏分配。自以爲分配常有進步，因此吹做進化。或笑着止有綿延，故定要改稱積疊。開文我們不管。我們此處止把他所謂候補選不到的，所謂本來充資糧的，所謂曉得要淘汰的舉這些的精蟲子蛋，皆權且妄認爲無用。因此大米飯三碗一餐，沒人非議。紅棗兒十枚一呑，止算小事。并且雞蛋到眼，就是和尚也許流涎。所謂『混沌乾坤一氣包，也無皮骨也無毛，老僧送爾西天去，請你喉嚨裏邊跑。』到底比便壺裏偷燉豬蹄，罪惡輕些，歐陽竟無先生也必定點頭允許，稱是『方便法門。』但是除了少數的賀蘭進明（？）一流的齷齪怪物，有什麼嗜精癖之外，精蟲就不得充數雜糧。然而在從前南京考舉子的時代，有首傳誦的打油詩，叫做『何物秦淮有，妓樓試院通，廩增附監貢，尿屎血膿蟲，』然則狠籍秦淮河邊的精蟲天然認爲無用，自有擔糞夫同尿屎一齊收拾去，充做肥料，間接使他化身在穀子粟子裏，供我們大嚼。而且每次性發，製造了二百兆，就是止許有一條放他跑進孕蛋，果眞是一條一條無限制的叫他成人有用，人數必然太多，也沒有許多白米紅棗鮮蛋能供他受用。因此老僧雖偶爾思凡，也要強制了入定。竟叫他在卵巢裏暫增二百兆口頭刻復滅絕在卵巢裏，這又是我佛慈悲，主張絕慾的辦法。他是用他實行湼槃，我們也可以借他限制過庶。我們倘然凡心未淨，偶爾放二百兆大國民逃出卵巢，他裏頭的最大多數，自然是自討苦喫，徒然去逐隊膿血，浮沈在秦淮河邊。就使有一二强梁頭目，公然闖進孕蛋，而花旗國又來了一位女菩薩，叫做珊格夫人，竟能用辣手連孕蛋拖進醋浸棉花裏，結果他的歷史，決不放他成功有用。但這位女菩薩雖學過些科學，還不算甚精。手術偶爾不良，仔細弄點悲劇出來。　如此，要想絕慾絕得道地，避孕避得穩當，能夠不好好的去請教科學麽？（科學家在傳染病不曾成功時，想出打針的預防法，也就是替代微生物避孕。　並不是一味相斫。　科學功用之大如此。）

第三條的，例如牛乳羊毛：奶媽賣人乳，與膠皮車夫賣腿力差不多一樣。　人乳消耗，有肥肉湯可以充補。　腿力消耗，有窩窩頭可以充補。　因此料想大武太太供給我們些兒牛乳，也可以用乾草充補。　在母牛自己看來，簡直可以算做無用，落得供我們的有用。　我們兩個月不翦髮，自然嫌他太長。　三十二枚銅子的翦髮費，要省也不能。　翦下的髮，再也沒有人用手巾包了回去。　聽憑整容匠積多了，若干銅子一斤，賣給莊戶去充肥料。　這正像綿羊因為禦冬之計，長了一身長毛。　一交夏令正沒有方法脫却那重裘。　我們却替他一齊翦了，令他一身輕快，免得學狗子的伸舌取涼。　我們却舶來的嗶嘰大氅，從此得到。　果否牛乳羊毛自身亦有生命，那就敬謝不敏，不敢置答。　幸虧目下也無人詰問。　拔一毛而利天下，楊朱弗為。　那是古代翦刀難得，改翦為拔，自然劇痛。　若早說翦一毛而利天下，楊朱定也欣然。照此種的不必難爲牛羊，我們居然飲牛乳，穿嗶嘰，飽享文明之福。兩利爲利，什麼更有圓滿於此呢？惟狐貉之厚以居，割不方正不食，就慘厲厲的不堪設想了。便是食夫稻，我們在上面講過，算是廢物利用。至於衣夫錦，那就糟糕。一衣之錦，其來路至少要幾千條活蛹，宛轉在沸湯裏剝盡繭絲而死。所以佛祖爺也不贊成孔聖人衣錦尙絅，裼裘而行。然而他的八寶莊嚴也還免不了繡緞寶披，蓋在象背，增出大羅天上威儀。即我亦贊成到無政府時代，應該街上皆鋪紅緞毯子。而且我們不喜歡油盞，愛在電燈光下，討論玄學，則電線的絕緣，又不能無絲。消極辦法，惟有共換布衣，改點油燈，强火車倒開到宋朝。倘要積極進行，周程張朱的格物，他們都不是尋一物來格，叫做格不到區區之蠶。這件小事，竟也同蠶在湯裏，叫做殭了。幸虧二十世紀的科學家，他把藥水瓶橫和竪和倒在破繭爛衣之中，居然在法蘭西的里昂城裏，繅得上好的細絲。於是有了辦法，蠶在作繭以後，聽憑他在繭裏成蛾。他咬破繭頭飛去。我們拾他的破繭，抽得好絲。電線，緞毯，緞披，合着最美之錦，可以無一不備。雖現在一面藥水已經在那裏救世。一面仍舊斃千萬擔的活繭，在那裏湯燙火炙。這止是我們還怕麻煩，貪圖省事，不顧傷天害理罷了。却已不是我們沒有辦法。有了辦法，自然將來蠶國裏的浩刼，可以避免。將來恆河沙數的蠶公公蠶婆婆，都應到科學廟裏去磕頭謝神。我想我們暫時承認牛乳羊毛破繭，於牛於羊於蠶，爲最是無用，他的不關痛癢，幾同金石一般。但做起我們衣食的供給來，又最是得力。我們倘要不看見相斫世界，我們如何不在科學上努力，把研究科學看做宇宙間第一義務呢？

第四條的，例如死體遺蛻：這個但拿我們人來一說，不必多贅。人死七日不殮，便蛆出於戶。足見第一把我們的廢物，先可做蛆的美餐，眞是惠而不費。照例不給爲蛆糧，亦可得油若干，提鹽若干，骨灰充肥料若干，我亦何爲而不許？而且縱使竟費材木，並災土石，建築了山陵，亦不過早晚之間，畢竟是蟲蟻之點心。倘投牒閻羅王，訟將來的蟲蟻爲相斫，閻羅王必擲狀地下，命牛頭馬面扶出。所以這個死體遺蛻，當然確可承認爲無用之物。但此種品物，什八九皆有碍衞生，不合我們供給。除是科學家能消毒利用，則鉅額之廢物甚可惜矣。所以也是念念不忘了科學。

至此而我清風明月的喫飯人生觀，略已說明。我們再來生小孩，造百姓。

（乙）神工鬼斧的生小孩人生觀

把生小孩子，着個神工鬼斧四字這個題目，就使不算七扯八扭，無理得可笑；便被冬烘先生看做生小孩是名詞，加上神工鬼斧的形容詞，也就無賴得可以。他定然大喫一驚，預料這神工鬼斧般生出來的小孩，決非區區徐樹錚或吳佩孚。也不像止是楚霸王同拿破崙。至少定是托塔天王或是齊天大聖。這眞被他猜得糟了。然冬烘先生的天人化，猶可說也。最怕是被新文化少年去看做神秘化，以爲生小孩確有神工鬼斧的奇妙，那就更糟。這就不可不在未入正文之先，百忙中插說幾句。

生小孩的一件事，決連不上什麼神工鬼斧。生小孩是止是宇宙變動的綿延。狹言之，又止是宇宙萬有各個自己的綿延。例如人爸爸，人媽媽，生個人小孩，便是人在六百萬年中，綿延六十萬次，如是而已。 宇宙萬有各個的綿延，並不用絕對相同的一種方式。 假如下生動物，陰陽便寄於一體，並不需有『他』又有『伊』。 我想陰陽具於一體，難免容易絪縕，容易醇化。 銷耗過頻，母體亦就容易涅槃。 我們爲慎重生命起見，漸漸各自把陰陽兩性，隨宜排除滅殺其醇化。 或偏排陰性者至於陰性由不發達而淪滅。 偏排陽性者，陽性亦積久漸失。 於是甲則偏存陰性，乙則偏存陽性，及絪縕洋溢，有需於醇化，必得兩物相遇，方可實行。 其實恰可救濟早衰，得生命之向上。 此當爲動物進化的最鉅一階級。質言之，恰如照相顯影藥水，甲貯一瓶，乙貯一瓶，可經久不敗。 臨時配合，功用以顯，而轉瞬亦遂變性，以至於無用。 設平時亦甲乙共和一瓶，便無法持久。 所以『他』也者，不過甲瓶貯精蟲者也。 『伊』也者，不過乙瓶貯孕蛋者也。 他伊交接也者，不過精蟲想合着孕蛋，綿延一小宇宙者也。 故生小孩也者，並不需有神工鬼斧，絕無奇妙可言者也。 其以奇妙稱者，有最爲臭肉麻之綺語，若曰『夫婦之愛，乃不可思議特別之愛，是直愛之至也』是眞醜之至矣。（一笑） 其實止因精蟲起了絪縕，要尋找孕蛋來醇化。 孕蛋也起了絪縕，要尋找精蟲來醇化。　一如飢之擇食，寒之擇衣，皆一種需要時的反應作用。　與久病後思父母昔年之保抱困迫時思良友充分之救濟，其因所衝動而起所反應，完全無不同。　此時愛情對此暫亦加重於床頭人者，因其時精蟲孕蛋皆不起作用，而痛癢及危急，非卿卿我我所能體貼入徵及有力援手之故也。　然疾痛困迫其暫，富卽想易妻，飽煖卽想淫慾其常。兩性常易絪縕，又爲人類所特別，於是知好色則慕少艾，有妻子則慕妻子，似乎兩性之愛，一若甚深不可思議，決非他愛所能並矣。　豈知全是生理作用，並無絲毫徵妙。　倘於此有人，以爲『男女出於性慾，可以相對承認。　因老爺上胡同裏走走，姨太太向遊藝園淌淌，原說不上愛。　至於高尚之夫婦，同死之情人，亦謂止有性慾，未免侮辱人生。』　我則對曰，堅決的說到男女之愛，純粹止有性慾，可不問其爲胡同裏之老爺，爲遊藝園之姨太太，爲高尚之夫婦，爲同死之情人。　高尚之夫婦，乃是用他愛來制限性慾之愛，故得高尚。　高尚其因而夫婦其果。　否則亦祼祼一對狗男女而已。　決非夫婦其因，高尚其果也。　同死之情人，乃性慾橫決，被抑而發狂，所以同死。　是性慾之愛，不肯受一毫制限之結果。　所謂一對癡男女而已。我之如是批評，未含一毫稱揚或侮辱，乃恰如其同死之目的而止。但上文置答兩事，皆引而未申，易起隨便之反對。故止能多費筆墨，再分條詳細一說，以罄吾之所見。

一就高尚之夫婦言：世間性慾甚淡之高尚夫婦，愛情甚濃郁者，多至不可勝計，此事實之不可誣也。吾應曰唯。在此我要插了不倫不類的議論，才能講到本題。

當漆黑一團之際，自然先有意志，才起變動。如此無外之大，無內之小的宇宙，包羅無量數之萬有，一部十七史從何說起。若說何不設一預定之計畫而動，我可以說至今也不曾計畫得好，何論當初。自然先是瞎撞。膽大妄爲，全要仗着情感。故意志立而情感隨生，必爲原始時候的眞相。任情而行，遭遇阻礙，遂由思維而生理智。由理智再增意志，從而再增情感，從而再增理智，如環無端，變動而已，綿延不可劃分。起二百兆條精蟲，去撞一孕蛋，或儘一孕蛋，去撞二百兆條內到底能滿意否的一條精蟲，其瞎撞之程度，自然過高。而情感之盛，自然可驚。一撞不已，盲目再撞，亦自然不肯自己限制。漆黑一團的能變爲萬有，且永遠綿延，永遠瞎撞，全同精蟲孕蛋的性格一樣。

但情感由你去盛，而製造精蟲孕蛋的原料，卻自有限制。製造原料不足時，精蟲孕蛋爲暫停絪縕。停止絪縕，或發生絪縕，其時間的久暫，及間歇的疏密，大約都看原料供給的來源，及醇化時消耗的狀況，爲各物之不同。所以他種動物皆每年止有一定的絪縕期。惟人則常年隨時能起絪縕。故我上文說，兩性常易絪縕，又爲人類所特別。推原所以致此之故，照我瞎說，一定他的重要原因，其一必爲原料的供給較豐，其二必爲醇化的消耗較當。（恰恰合度，不浪費也。）又推原消耗較當的一端而言，必是由於人的神經系發達，理智較爲細密之故。疏漏點說說，在單純男女的情感中，又加多了節適生命的理智。因節適則供給富，故絪縕可頻。因絪縕頻，將消耗多，故節適更密。因需要而循環促進，爲宇宙惟一方法。

由此轉入夫婦正文，不難說明其高尚。高尚者，一是他們的精蟲孕蛋，不肯盲目多撞而無限制也。二是因性慾節嗇而以夫婦名義之道義，以準乎朋友之聲氣與術方，相與補充也。二者加入男女，遂得夫婦之眞。現在男女未到廢婚姻程度，故需夫婦之名，需其名，而又行其眞，恰合時宜，斯推爲高尚矣。究復有性慾媒介其間，因節嗇而不即不離，自然趣味更永。粗率認爲夫婦之愛，特別微妙，乃不加深察的錯誤罷了。我爲什麼要揭去微妙等籠統名詞呢？因爲籠統說個微妙，等到夾入性慾，往往特有籠統之微妙，不復能制限極熾之情感，便要弄出甚大的錯誤。赤裸裸止剩着男女，不成其爲夫婦。失夫婦之眞，在少數亦或恰能超入無政府世界，其多數定不免於胡同式的對待。

Love 一詞，畢竟帶有義務性質一半。單用『愛』字移譯，原已適當。惟華字獨用，往往含義兩歧。愛國愛人一愛也，愛嫖愛賭又一愛。所以必幫貼一字，意義才能比較固定。現在往往幫上一『戀』字。戀乃未免多帶着權利性質。愛上加戀，恰恰好像固定在愛嫖愛賭方面。戀與慕正同。知好色則慕少艾，有妻子則慕妻子（雖定妻之名義，不過作一已慕到之少艾觀）這兩個慕，即戀愛之確解。赤裸裸止是男女，未盡合於夫婦之眞正。孟子於此有微詞，以下文慕君與熱中連說，可以見之。惟對了父母，能用權利之熾情，移作義務之永愛，過頭一點，因爲尙孝，故慕父母可以遷就贊同。換句話說，孔夫子贊成好德如好色，其意亦相似。非慕少艾之慕，因慕父母而妥當，亦非好色之好，因好德而高明也。故名 love 爲戀愛，用之於情人較當，用之於老婆則較失當。還是用『情愛』移譯，目前常說的夫婦當以戀愛結合，不如改做夫婦當以情愛結合，毛病較少一點。試粗直的把兩語各做一問答，便可分出差別。如甲方曰我不愛你了，你另走道路罷，倘契約是以戀愛結合，乙方止可問曰，你竟不戀我了麼，自然應曰我不戀你了。乃理直氣壯，叫做失戀便算。倘契約以情愛結合，乙方可問曰你竟無情於我麼，就不好應曰我無情於你了。因無情不大理直氣壯，不能以無情便算。雖毫釐之差，而有千里之別。夫婦果以單純的戀愛結合，恐去高尙將遠。

若全世界之男，及全世界之女，皆用情愛，男女本可雜交，用不着夫婦名義。夫婦者，爲男女尙落戀愛時代，故不得已殘存。今反說夫婦當以戀愛結合，剩着赤裸裸的男女，僅有胡同式之交關，豈不大誤？　情愛者，用理智限制情感。大同之世，乃一雜交之世。　挾貴挾富，固無其事。　卽挾賢挾美，亦在所陋。　性交之事，直與兩個朋友會談相等。　因需要談話，便聚而談話，談竟各散。　不因有談話之遇合，遂衣食居處，子女，互相牽累。　於是不正之性交需要，亦無從彼此相强。　今夫婦因性交而有衣食居處，子女等之共同。　牽係多端，性交復多起於需要之不正，乃僅以戀愛，輕易結合，輕易解約，眞所謂談何容易。

廢婚姻，男女雜交，乃人類必有之一境。　然必在子女公共養育，私產廢止之時。　又有一大難事，非科學更向上，不能解决。　卽雜交以後，如何而血統不亂，可使人類更爲優種是也。　同姓爲婚，其生不繁，卽前乎今日一萬年之野蠻，亦已知之。　因血屬相交，所以子女往往盲目殘缺，乃科學所證明。　人類的最高道德，卽在改良進種。　由人而變超人，其機鍵在此。　血屬之分辨，用人類之標誌，不如用天然之生理。　必待科學一步一步的增進，辨明人類內部有如何的差異，即顯現於外部，爲狀貌之如何分別。　男女彼此一望便知，有如今日之辨別諸姑伯姊，血屬相同，或肺癆痳瘋，不可嚮邇。　皆不待諳誡，自不起性慾。　幷精細的辨知甲乙交合，雖配偶適宜，然無良於種，而有損於身，皆自惕然冰冷，不待另加檢制。　如是則雜交自行。　雜交既行，無家室之私，則節孕益周。　過庶之患，亦由此而救。　世乃可以大同。　大同之效，惟課之於科學而能實現。

二就同死之情人言；精蟲孕蛋因絪緼而欲醇化，以圖厮併，冀造其小宇宙常常至爲熱烈。　故無論夫婦情人，凡爲性慾之情感所用，即有摶起兩塊泥，造成一個我，造成一個你，再把幷合了，再造一個我，再造一個你，你中便有我，我中便有你之概。　故當佳晨月夕，感事傷往，往往相互擁摟，恐百年終有差池離散之苦。　欲如泥之摶而爲一，又不可得，故覺同衾復得同穴，差可相代。　不如早遂同穴之願，庶幾訢合無間，可以早些成就。　所以無端涕泗交頤，願即相抱倏逝，一若至快。　這種不識羞的肉痳醜態，雖彼此相笑，然閨房之內有甚於畫眉時，誰亦不免。　因此神工鬼斧的大文豪，亦遂借此『至情』造其至文。　有人譏議，必吐之爲傖矣。其實我來拆破板壁說亮話，無非精蟲孕蛋欲厮併混合之度至强，因此感得他們貯藏的兩個瓶子，亦想厮併混合，如是而已。夫婦則同穴之希望大，故能忍而有待，不以自殺急進。情人則有種種阻難，離散在不可把握之間，於是斷然同死，了此不可說之苦趣，遂其說不盡之感戀，也不問到底有他們所想的一回事麼？他們也不顧問。吾故以不狂爲狂，正正經經證之曰癡男女。

終之男女罷，夫婦罷，情人罷，雜交罷，都是生小孩惹出來的枝葉。因生小孩而有精蟲孕蛋。因精蟲孕蛋而有强烈的絪縕情感。因强烈的絪縕情感而有奇妙微妙等之批評。因奇妙微妙等之批評而有戀愛男女高尚夫婦同死情人科學雜交等之主張。於是神工鬼斧的文學藝術，及諸多美術品之創作，不但新式文學美術家之解剖，兩性實爲骨幹。即老頑固亦言詩首關雎，易紀乾坤，看得精蟲孕蛋，終是不可思議之大神。實在我來澆上冷水一杓，生小孩的本身止是一件應當科學化的小事情。原先我們那位漆黑一團老祖爺倘進過了一個甲種科學學校，然後再造宇宙，也便不至於分配萬有，如此雜亂。預備補充，如此過剩。豈有造一個小孩，要耗費二百兆精蟲。造了一次造成，或造了數十百次儘造不成。浪費也未免太多。幷且反引他呀伊呀，芬芳穠郁，甜密得要死。迷離惝恍，神奇得要死。生離死別，辛酸得要死。神工鬼斧的創作，描摩得要死。這漆黑的老頭兒，眞是惡作劇。照我辦法，若早有科學的精密計算，絪縕也不必如許之頻。絪縕出來的精蟲少爺，孕蛋姑娘，也不必如許之多。把他們分裝在『他』的瓶及『伊』的瓶，自是好法。但亦當用錢先生所誦的不撤薑食八股調，訓之曰，『你們戀愛，不可不戀愛，亦不可太戀愛。』而且生小孩也不是個個負有義務。如此不必節孕也就分配恰好，不愁過庶。這就叫做科學的戀愛。豈知這種科學戀愛，不但梁卓如先生早就嘲笑，幷且冰冰冷的，簡直精蟲也睡覺，孕蛋也負氣，不客氣拒絕做工。各位試想，北大第三院開救國會，忽有一位少年，對衆明光亮的小刀一閃，指頭割破，寫起救國兩字。旁觀皆咋舌擊掌。明晨報紙大書特書。區區半小杯血，就沒有第二個人再肯犧牲。一次性交的原精，過於半小杯，消耗過於熱血。倘無盲目的過剩精蟲，大家各要尋着孕蛋，爭一飯碗之故，熱烈驅他下水，誰肯化半杯原精，替國家造百姓麼？儘管報紙一樣大書，也不勸了。所以袁子才晚年得子阿遲，有些老而無子的健羨着寫信請求方法。他回信說『你們學狗』（在他的尺牘中）亦竭力形容性交之先，若先在祖宗神主前點起香蠟，請祖宗幫同祈請閻王，俾今夜鄭重敦倫，必一索得男。於是上床道，娘子，卑人無禮了，院君答道，相公請便，這種科學式的有條有理卑劣的精蟲孕蛋會與奮嗎？於是知道『你們學狗』四字眞是才子神工鬼斧，鏤心嘔血想出來的神秘浪漫派的寫實作品，眞不愧是前清一個文豪。自從蔡子民先生欲以美學代宗敎，國人得了這個暗示，年來文學的創作品，藝術的創作品，都用神工鬼斧的手段，叫空氣中造成穠烈的高尙感情。使枯寂無味貧弱的中國，有活潑生氣，得引出無上眞愛，瀰滿全球，可造永遠和平。偉哉今日神工鬼斧的創作，仁哉今日神工鬼斧的創作，高明哉今日神工鬼斧的創作！而兩性骨幹的原則，洋溢於新文學之篇章，及新藝術之出品。就是國故先生，亦東南學府，京津文壇，弦誦關睢，闡揚乾坤，協助進行。懿歟休哉，新詩賦，洋八股，軼明清，而駕唐宋矣。惟愛情之定則，戀愛之原理，不能不使乘神工鬼斧之潮流，倒灌逆捲而來，終奪美感之席，盛開醜化之門。　學狗之徒又復公然打油詩篇，評花文章，助麻將烏煙，在胡同公園作一般之普及。　新文化歟，舊國粹歟，老江湖歟，膠黏在一片，還我戊戌前『說空話』之舊物，乃現象所不能諱也。　此坐先以生小孩為神秘，搖身一變而為愛情。　搖身再變而為美學兩性化。　搖身再變而為神工鬼斧之創作，使精蟲孕蛋居改造世界之中心。　然創造宇宙的原始，亦不過拿神工鬼斧做一過程。　意志生情感，情感起理智，理智定意志，循環為聯合，不曾有中心。　生小孩之精蟲孕蛋相盲撞，自是情感之表現。　但分貯兩瓶等之作用，又理智之表現。　故不必但有愛情之戀愛，儘可尙有科學之戀愛。　且神工鬼斧之手段合以生小孩之始願，我們漆黑老祖，已以神工鬼斧，造成星辰日月飛潛動植的奇觀了。　我們亦何不可以神工鬼斧，造成銑質鑪，以太線，開火星航路，結月球探隊，幫他老人家生些機械性的小孩，助着萬有的熱鬧呢？　你若說地球有時而毀滅，即造成了火星航路，必有如橫濱為斷港。　即結成了月球探隊，必有如東京為絕地。　我應曰，此言是也。　然你的令郎幾十年後反正要入木，你現在造之之勇，何為竟興奮如此乎？　萬物方成方毀，如芻狗然，陳即撤去。下棋式之宇宙觀，生小孩式之人生觀，方覺意味無窮。此卽我的神工鬼斧的生小孩人生觀是也。

歐陽竟無先生作生公之說法，說到宇宙及人生之幻，尙要拿夢來譬況。殊不知科學家並不必做夢，已斷定無物常存，無物實有，然他呀，的確執了一個物質。我亦不必做夢，可堅言無物常存，無物實有，然我呀也的確執了一個漆黑一團。歐陽先生辛苦的做着夢，才勸人知道一切皆妄，萬不可執，然他呀也竟的確執了一個眞如，又添上一個正覺。大家所爭，止在半斤之與八兩。王恩洋先生六根未淨，婆心甚熾。忽妄執了一個現在時世衰敗，要把眞如正覺來救濟。我雖一面有個大惑不解，蓋因眞如正覺乃敎人涅槃。衰敗比着隆盛，去涅槃較近，正是漸入佳境，何以反要救濟？又佛法無邊，何以但救衰敗，不救隆盛？將救衰敗之世，使進於隆盛乎，何以佛之出世，能助人入世？此皆愚惑不解者也。然王先生竟開方便之門，暫認衰世非妄，如此，正可予我方便，進與一商。 充認衰世之本意，實卽承認萬有雖妄，止有物質，止有漆黑一團，止有眞如正覺。 然當前衰世，姑可並予妄在，捨身入夢，救使隆盛。 然後再把隆盛之世涅槃，使歸正覺。 正與我說現在佛法廢話，姑可暫予妄在。 執筆做夢，救使入世，使主張科學，燒却亡國滅種之佛經，造成物質文明。 然後再把物質文明毀滅，共返正覺式的漆黑一團。 彼我固同一主張。 若笑造物質文明是妄，則造隆盛之世同妄。 又是半斤八兩之爭。 我當結以諧語，使彼此同發一笑。 吾十四歲時在蘇州玄妙觀聽『小熱昏』唱瞎話，他說『先生喫飯像眞珠，喫子下來就變屎，胡勿喫子屎？』 這小熱昏都比我們澈底。 飯便是隆盛之世，及物質文明。 屎才是正覺，及漆黑一團。 我們若愛正覺及漆黑一團，正應喫屎。 喫飯乃是喫妄。 但小熱昏自己也止是嚼蛆罷了，也不肯喫屎。 小熱昏罷，吳稚暉罷，王先生罷，歐陽先生罷，皆止管喫飯。 有時還偶爾要上禪悅齋呀，六味齋呀，喫至好之飯。 因此看來，我們本此精神，止管造隆盛之世，止管造物質文明，也不算太愚。　物質文明的破產，還是遠哩，好比現在正是燒飯，出恭還要到夜分哪。（這一段很像着謗佛，因爲在『生小孩人生觀』的文章後，微微觸犯着不肯生小孩的出家人，也是順了口收不住，得罪的很。）

上面兩個人生觀，都是所謂人欲橫流的人生觀。　豈知說穿了，也不見得同道德有多少的衝突。　現在且把天理流行的人生觀，叫做覆天載地的招呼朋友人生觀者，再在太平洋雜誌下一期上拉雜來說說，安慰了別人的精神文明，貢獻了理想的物質文明，於是便把一個新信仰，從而結束。　再會再會。

——轉錄太平洋第四卷第一號和第三號——